Tartes & Pies

süß und salzig

KOCHLUST

Tartes & Pies

süß und salzig

DORLING KINDERSLEY

Inhalt

Tartes und Pies für jeden Anlass

Frisch aus dem Ofen, dampfend und knusprig – und das in einer erstaunlichen Vielfalt: Tartes, Quiches und Pies gibt es für jeden Anlass. Sie eignen sich fürs Picknick genauso wie für gediegene Einladungen oder als Leckerei zu einem Getränk. Käse und Gemüse der Saison, Meeresfrüchte oder Schinken lassen sich zu einer köstlichen Füllung verarbeiten. Wer es bodenständig mag, bleibt bei Fleisch und Fisch, und wer will, versucht sich an exotischen Rezepten: Von Tandoori über Lammpastete bis zum tunesischen Brik à l'œuf bietet dieses Buch etwas für jeden Geschmack.

Natürlich dürfen auch süße Klassiker nicht fehlen. Hier eignen sich fertige Teige sehr gut (ein selbst gemachter Filoteig etwa ist eine Herausforderung). Doch selbst gemacht schmeckt es am besten! Lockere Blätter- und köstliche Mürbeteige sind nicht kompliziert – sie erfordern nur ein wenig Geschick und Geduld.

Das Erfolgsrezept: Nehmen Sie sich Zeit! Viele Teige etwa müssen ruhen, einige von ihnen sogar mehrmals. Achten Sie auch darauf, dass Sie tatsächlich die erforderlichen Zutaten zu Hause haben. Verwenden Sie zum Beispiel statt Margarine nur echte Butter – mit der Butternote schmeckt der Kuchen einfach besser. Am besten verarbeiten Sie den Teig zügig, sobald die feuchten Zutaten mit den trockenen vermengt sind – langes Kneten erzeugt mehr Glutenverbindungen im Mehl und macht den Teig schnell zäh und klebrig. Um eine Backform auszulegen, rollen Sie den Teig gleichmäßig aus – wenn Sie ihn ziehen, fällt er im Ofen zusammen.

Sie werden sehen: Mit wenigen Tricks und Kniffen ist Ihnen der Backerfolg sicher. Bleibt nur, zu entscheiden, an welchem der vielen köstlichen Rezepte in diesem Buch Sie sich zuerst versuchen.

Herzhafte Pies

Picknick-Pies mit Hähnchen

VORBEREITUNGSZEIT: 20 MINUTEN | GESAMTZUBEREITUNGSZEIT: 1 STUNDE 15 MINUTEN | ERGIBT 6 STÜCK

400 g gehacktes Hähnchenfleisch
35 g geschälte Pistazien, gehackt
½ Apfel, gerieben
1 TL fein gehackter Salbei
Salz
frisch gemahlener schwarzer Pfeffer
280 g Weizenmehl Type 405
80 g Butter
1 Ei, leicht verquirlt
1 Eigelb
125 ml Gemüsebrühe
125 ml ungesüßter Apfelsaft
1½ TL Gelatinepulver

1 Den Backofen auf 200 °C vorheizen. Für die Füllung Hähnchen, Pistazien, Apfel und Salbei in einer Schüssel mischen und mit Salz und Pfeffer abschmecken. Eine kleine Menge probeweise anbraten, abschmecken und bei Bedarf nachwürzen. Abdecken und kühl stellen.

2 In einer großen Schüssel Mehl und ½ Teelöffel Salz mischen, in die Mitte eine Mulde drücken. Die Butter mit 80 ml Wasser aufkochen und in die Vertiefung geben. Das verquirlte Ei hinzugeben und zu einem geschmeidigen Teig verrühren.

3 Eine Muffinform für 6 Stück einfetten. Ein Drittel des Teiges beiseite stellen und den Rest in 6 Portionen teilen. 6 Teigkreise ausrollen und die Formen damit auslegen, dabei die Teigränder etwas über den Rand der Form hängen lassen. Die vorbereitete Füllung darauf verteilen und zu einer Kugel festdrücken – die Füllung sinkt beim Backen zusammen. Den restlichen Teig in 6 Portionen teilen und Teigdeckel ausrollen. Die Ränder mit Wasser bestreichen und die Deckel auf die Förmchen legen. Die überhängenden Teigränder einfalten und einrollen oder -drehen. Ein kleines Loch in die Mitte der Pastetchen stechen. Eigelb mit 1 Esslöffel Wasser mischen und den Teig damit bestreichen.

4 Die Muffinform auf ein Backblech stellen und 30 Minuten backen. Wenn die Teigdeckel noch sehr hell sind, weitere 5–10 Minuten backen. 5 Minuten ruhen lassen, dann vorsichtig aus der Form lösen, damit sie nicht brechen. Auf dem Backblech 15 Minuten backen – oder so lange, bis die Pies an den Seiten goldbraun sind.

5 Die Gemüsebrühe und die Hälfte des Apfelsaftes aufkochen. Die Gelatine über den restlichen Apfelsaft träufeln und quellen lassen. In die kochende Gemüsebrühe geben und rühren, bis sich die Gelatine auflöst. Mit einem kleinen Trichter (am besten einer Spritztülle) ein wenig Gelatinemischung durch das Loch in die Pies füllen. Absetzen lassen und nachgießen, bis die Pies voll sind. Sie müssen prall gefüllt sein, damit keine Leerräume entstehen, wenn die Gelatinemischung fest wird. Die Flüssigkeitsmenge kann variieren, je nachdem, wie sehr die Füllung einsinkt. Abkühlen lassen und dann servieren.

NÄHRWERTE PRO PIE
375 kcal; 25 g Eiweiß; 17 g Fett; 32 g Kohlenhydrate; 3 g Ballaststoffe; 25 mg Cholesterin

Die Form mit Teig auslegen, Teigränder etwas über den Rand der Form hängen lassen.

Die Teigdeckel auf die Füllung legen und die Teigränder einklappen.

Mit einem feinen Trichter die Gelatinemischung in das Loch füllen.

Speck-Pies mit Eiern

VORBEREITUNGSZEIT: 30 MINUTEN | GESAMTZUBEREITUNGSZEIT: 30 MINUTEN | ERGIBT 6 STÜCK

1 TL Öl
4 Frühlingszwiebeln, gehackt
6 magere Speckstreifen, gehackt
125 ml Milch
60 g Sahne
2 EL frische gehackte glatte Petersilie
1 Prise geriebene Muskatnuss
7 Eier
Salz
frisch gemahlener Pfeffer
10 Blätter Filoteig
zerlassene Butter zum Bestreichen

1 Öl in der Pfanne erhitzen und die Frühlingszwiebeln mit dem Speck 2–3 Minuten anschwitzen, dann abkühlen lassen. Milch mit Sahne, Petersilie, Muskat und 1 Ei verrühren und mit Salz und Pfeffer würzen.

2 1 Blatt Filoteig mit Butter bestreichen, dann 1 weiteres Blatt bestreichen und darauf legen, bis 5 Blätter aufeinanderliegen. Den Block in 6 Quadrate schneiden. Die übrigen 5 Blätter ebenfalls schichten und in 6 Quadrate schneiden. Je 2 Quadrate versetzt übereinanderlegen, sodass sie einen achtzackigen Stern bilden. In eine große Muffinform (etwa 250 ml je Muffin) füllen.

3 Den Backofen auf 200 °C vorheizen. Die Zwiebel-Speck-Mischung gleichmäßig auf die ausgekleideten Förmchen verteilen. Die Sahnemischung darübergießen und vorsichtig je 1 Ei darüberschlagen. 10 Minuten backen, dann bei 180 °C weitere 10–15 Minuten backen, bis der Filoteig knusprig goldbraun und das Ei fest ist. Sofort servieren.

Aus 2 Teigquadraten einen achtzackigen Stern formen und die Muffinform damit auslegen.

Die Füllung in die Teighülle geben und vorsichtig 1 Ei darüberschlagen.

NÄHRWERTE PRO PIE

270 kcal; 15 g Eiweiß; 15 g Fett; 10 g Kohlenhydrate; 1 g Ballaststoffe; 245 mg Cholesterin

Mini-Spinatpasteten

VORBEREITUNGSZEIT: 45 MINUTEN + ABKÜHLZEIT: 30 MINUTEN | GESAMTZUBEREITUNGSZEIT: 35 MINUTEN | ERGIBT 24 STÜCK

80 ml Olivenöl
2 Zwiebeln, fein gehackt
2 Knoblauchzehen, gehackt
150 g Champignons, grob gehackt
200 g Blattspinat, gehackt
½ TL gehackter Thymian
100 g Feta, zerbröckelt
Salz
frisch gemahlener Pfeffer
750 g fertiger Mürbeteig
Milch zum Bestreichen

1 2 Esslöffel Öl bei mittlerer Hitze in der Pfanne erwärmen. Zwiebel und Knoblauch etwa 5 Minuten anbraten. Die Champignons hinzugeben und nochmals etwa 4 Minuten braten, bis die Pilze weich sind. In eine Schüssel geben.

2 1 Esslöffel Öl in der Pfanne erhitzen, die Hälfte des Spinats zugeben und unter Rühren 2–3 Minuten garen, bis er zusammengefallen ist. Den Spinat in die Schüssel geben. Die andere Hälfte des Spinats im restlichen Öl erhitzen und ebenfalls in die Schüssel geben. Thymian und Feta dazugeben, mit Salz und Pfeffer abschmecken und abkühlen lassen.

3 Den Backofen auf 200 °C vorheizen und eine Mini-Muffinform (für 12 Stück) einfetten. Die Hälfte des Mürbeteigs zwischen zwei Stück Backpapier ausrollen und 24 Kreise mit einem Durchmesser von ca. 7,5 cm ausschneiden. Die Muffin-Förmchen damit auslegen und mit der Spinatmischung füllen. Den übrigen Teig ausrollen und Kreise mit einem Durchmesser von etwa 7 cm ausschneiden; die Pasteten damit bedecken. Dann die Ränder mit der Gabel gut andrücken.

4 Die Pasteten mit der Gabel einmal einstechen, mit Milch bestreichen und 15–20 Minuten backen, bis sie goldbraun sind. Heiß servieren oder auf einem Backrost abkühlen lassen.

Die Form mit Teig auslegen und mit der Spinatmischung füllen.

Die Teigränder mit einer Gabel gut andrücken und die Pasteten einstechen.

NÄHRWERTE PRO PASTETE
175 kcal ; 3 g Eiweiß; 12 g Fett; 14 g Kohlenhydrate; 1 g Ballaststoffe; 12 mg Cholesterin

Kleine Pot Pies mit Hähnchen und Gemüse

VORBEREITUNGSZEIT: 45 MINUTEN + 20 MINUTEN KÜHLZEIT | GESAMTZUBEREITUNGSZEIT: 1 STUNDE 20 MINUTEN | ERGIBT 6 STÜCK

150 g Weizenmehl Type 405
Salz
90 g kalte Butter, gewürfelt
1 EL fein gehackter Thymian
1 EL fein gehackte glatte Petersilie
3–4 EL eiskaltes Wasser

FÜLLUNG
750 g Hühnerbrustfilets
1 Zitrone, geviertelt
5 Frühlingszwiebeln
2 Lorbeerblätter
375 ml Hühnerbrühe
60 ml trockener Weißwein
½ TL Salz
60 g Butter
1 große Zwiebel, in dünnen Scheiben
1 EL fein gehackter Estragon
100 g Champignons, in dünnen Scheiben
90 g Weizenmehl Type 405
2 große Möhren, fein gewürfelt
1 Stangensellerie, fein gewürfelt
90 g Erbsen
1 Ei, leicht verquirlt, zum Glasieren

1 Für den Teig das Mehl und eine Prise Salz in eine große Schüssel geben und mit der Butter zu einer krümeligen Masse verrühren. Die gehackten Kräuter untermischen. In die Mitte der Mehlmischung eine Mulde drücken, den Großteil des Wassers zugeben und mit einem Buttermesser verhacken, bis sich ein glatter Teig bildet. Wenn nötig, etwas mehr Wasser dazugeben.

2 Den Teig leicht zusammenkneten und aus der Schüssel auf eine bemehlte Arbeitsfläche legen. Teig zu einer Kugel formen, flach drücken und in Frischhaltefolie gewickelt mindestens 20 Minuten im Kühlschrank ruhen lassen.

3 Den Backofen auf 180 °C vorheizen. In einem großen Topf Hühnerbrust, Zitrone, 4 Frühlingszwiebeln, Lorbeerblätter, Hühnerbrühe, Weißwein, 375 ml Wasser und Salz bei starker Hitze zum Kochen bringen. Die Hitze reduzieren und weitere 20 Minuten köcheln lassen, bis das Fleisch gar ist. Das Fleisch mit einem Sieblöffel aus der Brühe nehmen und die Brühe etwa 10 Minuten aufkochen, bis sie auf etwa 500 ml eingekocht ist. In eine Schüssel abseihen. Das Hähnchenfleisch in kleine Stücke schneiden.

4 Die Butter in einem großen Topf bei mittlerer Hitze schmelzen, die Zwiebel zugeben und 2–3 Minuten glasig anbraten. Estragon und Champignons dazugeben und unter gelegentlichem Rühren 3–4 Minuten braten, bis die Pilze weich sind. Mehl zugeben und unter ständigem Rühren weitere 3 Minuten braten. Die Brühe dazugeben, aufkochen und unter Rühren 2 Minuten kochen, bis die Mischung leicht eindickt. Vom Herd nehmen, Möhren, Sellerie, Erbsen und Fleisch beifügen und verrühren. Die Masse gleichmäßig auf 6 Soufflèförmchen (etwa 375 ml Inhalt) verteilen.

5 Den Teig in 6 gleich große Portionen teilen und jede zu einer flachen Scheibe von etwa 12 cm Durchmesser ausrollen oder mit einem Teigschneider ausschneiden. Die Ränder der Backförmchen anfeuchten und den Teig über die Füllung legen. Die Teigränder gut andrücken. Teigreste erneut ausrollen und zum Dekorieren verwenden. Die Pies oben mit einer Gabel leicht einstechen, dann mit verquirltem Ei bestreichen. Etwa 30 Minuten backen, bis die Pies goldbraun sind.

NÄHRWERTE PRO PIE
475 kcal; 28 g Eiweiß; 25 g Fett; 36 g Kohlenhydrate; 4 g Ballaststoffe; 154 mg Cholesterin

Möhren, Sellerie, Erbsen und Hühnerfleisch einrühren, bis die Masse leicht eindickt.

Jede Teigportion zu einer flachen Scheibe ausrollen oder mit einem Teigschneider ausschneiden.

Die Teigdeckel über die Füllung legen und die Ränder gut zudrücken.

Süßkartoffel-Kürbis-Gitterkuchen mit Kokosmilch

VORBEREITUNGSZEIT: 45 MINUTEN + KÜHLZEIT: 20 MINUTEN | GESAMTZUBEREITUNGSZEIT: 55 MINUTEN | ERGIBT 8 STÜCK

Die restlichen zwei Blätterteigplatten mit einem Gitterschneider in Streifen schneiden.

Die Gitterstreifen lösen, über die Gemüsefüllung legen und die Ränder gut festdrücken.

2 EL Öl
1 Zwiebel, fein gehackt
2 Knoblauchzehen, zerdrückt
1 TL gemahlener Ingwer
1 kleine rote Chilischote, gehackt
250 g Süßkartoffeln, geschält und gewürfelt
250 g Kürbis, geschält und gewürfelt
je ½ TL Fenchelsamen, Senfsamen, gemahlene Kurkuma und gemahlener Kümmel
Salz
frisch gemahlener schwarzer Pfeffer
150 ml Kokosmilch aus der Dose
15 g gehackte Korianderblätter
4 Platten fertiger Blätterteig
1 Eigelb zum Bestreichen

1 Öl in der Pfanne erhitzen und die Zwiebel mit Knoblauch, Ingwer und Chili 5 Minuten unter ständigem Rühren weich rösten. Die Süßkartoffeln, Kürbis, Fenchel- und Senfsamen, Kurkuma, Kümmel, Salz und Pfeffer dazugeben. 2 Minuten braten, dann Kokosmilch und 2 Esslöffel Wasser zugeben. Bei geringer Hitze 20 Minuten köcheln lassen und regelmäßig rühren, bis das Gemüse weich ist. Koriander zufügen, abkühlen lassen.

2 Den Backofen auf 190 °C vorheizen und ein Backblech einfetten. Aus 2 Blätterteigplatten 8 Teigscheiben mit etwa 9 cm Durchmesser ausschneiden, auf das Backblech legen und die vorbereitete Füllung darauf verteilen. Die Füllung zu Häufchen formen, dabei ca. 1 cm am Rand frei lassen. Die Ränder mit etwas Wasser bestreichen.

3 Mit einem Gitterschneider oder einem scharfen Messer 8 Scheiben mit etwa 10 cm Durchmesser aus dem restlichen Teig schneiden. Vorsichtig Gitterstreifen lösen und über die Gemüsefüllung legen. Teigränder gut festdrücken. Den Rand in Abständen von etwa 1 cm einkerben. Mindestens 20 Minuten kalt stellen.

4 Eigelb mit etwas Wasser mischen und Kuchen damit bestreichen. 20–25 Minuten backen.

NÄHRWERTE PRO KUCHEN
430 kcal; 7 g Eiweiß; 30 g Fett; 40 g Kohlenhydrate; 3 g Ballaststoffe; 45 mg Cholesterin

Mini-Austernkuchen

VORBEREITUNGSZEIT: 30 MINUTEN + KÜHLZEIT: 20 MINUTEN | GESAMTZUBEREITUNGSZEIT: 45 MINUTEN | ERGIBT 30 STÜCK

500 ml Fischfond
1 EL Olivenöl
2 Lauchstangen, in Ringe geschnitten
30 g Butter
1 EL Weizenmehl Type 405
1 TL Zitronensaft
Salz, frisch gemahlener schwarzer Pfeffer
1 TL getrockneter Schnittlauch
8 Platten fertiger Blätterteig
30 frische Austern
1 Ei, leicht verquirlt, zum Bestreichen

1 Den Fischfond in eine Kasserole geben und bei mittlerer Hitze 15 Minuten köcheln lassen, bis er etwa auf die Hälfte eingekocht ist.

2 Das Öl bei mittlerer Hitze in der Pfanne erhitzen. Den Lauch darin 5 Minuten unter ständigem Rühren anbraten, bis er weich ist. In eine kleine Schüssel geben und leicht abkühlen lassen.

3 Die Butter bei schwacher Hitze schmelzen. Das Mehl unter ständigem Rühren 2 Minuten darin anschwitzen, bis es braun ist. Die Mischung vom Herd nehmen und den Fischfond einrühren. Erneut erhitzen und unter Rühren 2 Minuten kochen lassen, bis die Mischung eindickt. Zitronensaft, Schnittlauch und Lauch zugeben und mit Salz und Pfeffer abschmecken. 20 Minuten abkühlen lassen. Den Backofen auf 200 °C vorheizen und zwei Backbleche einfetten.

4 Mit einem Teigschneider 30 Teigkreise mit je 6 cm Durchmesser ausschneiden und jeden mit einer Auster und 1 gehäuften Teelöffel der Füllung belegen. Einen schmalen Rand lassen und die Teigränder mit Ei bestreichen.

5 Aus dem verbleibenden Teig 30 Teigkreise mit je 8 cm Durchmesser ausschneiden und die Kuchen damit bedecken. Ränder mit der Gabel festdrücken. Die Teigdeckel mit dem übrigen Ei bestreichen, Kuchen auf die Bleche legen und 15–20 Minuten knusprig und goldbraun sind.

NÄHRWERTE PRO KUCHEN
190 kcal ; 3.5 g Eiweiß; 12 g Fett; 17 g Kohlenhydrate; 1 g Ballaststoffe; 24 mg Cholesterin

Den Fischfond langsam einrühren, bis die Mischung eindickt.

Die Teigkreise mit je einer Auster und einem Teelöffel von der Füllung belegen..

Pilz-Pie mit Sahne

VORBEREITUNGSZEIT: 45 MINUTEN + EINWEICH-UND KÜHLZEIT: 35 MINUTEN | GESAMTZUBEREITUNGSZEIT: 1 STUNDE | 4–6 PORTIONEN

250 g Weizenmehl Type 405
75 g feine Polenta (Maisgrieß)
½ TL Salz
125 g kalte Butter, gewürfelt
60 g Sahne
2–3 EL eiskaltes Wasser

FÜLLUNG
10 g getrocknete Steinpilze
150 g Austernpilze
1 große Lauchstange
150 g Butter
2 Knoblauchzehen, zerdrückt
200 g Shiitakepilze, grob in Scheiben geschnitten
200 g braune Champignons, grob in Scheiben geschnitten
350 g Wiesenchampignons, in Scheiben geschnitten
100 g Enokipilze
2 EL Weizenmehl Type 405
125 ml trockener Weißwein
125 ml Hühner- oder Gemüsebrühe
60 g Sahne
2 EL Thymian
Salz
frisch gemahlener schwarzer Pfeffer
1 Ei, leicht verquirlt, zum Bestreichen

1 Für den Teig das Mehl in eine große Schüssel sieben, mit der Polenta und dem Salz vermischen. Die Butter mit der Mehlmischung zu einer krümeligen Masse verarbeiten. In die Mitte eine Mulde drücken, die Sahne hineingeben und mit dem Buttermesser verhacken, bis ein glatter Teig entsteht. Wenn der Teig zu trocken ist, etwas kaltes Wasser dazugeben.

2 Den Teig auf einer bemehlten Arbeitsfläche locker verkneten, zu einer Kugel formen und flachdrücken. In Frischhaltefolie wickeln und mindestens 20 Minuten kühl stellen.

3 Die Steinpilze 15 Minuten in 3 Esslöffel kochendem Wasser einweichen . Wenn nötig, die Austernpilze halbieren. Den Lauch waschen und in dünne Ringe schneiden.

4 Den Backofen auf 210 °C vorheizen und ein Backblech darin erwärmen. Eine Backform mit etwa 18 cm Durchmesser leicht einfetten.

5 Die Steinpilze abseihen und grob hacken, die Einweichflüssigkeit beiseite stellen. Die Butter in einer großen Pfanne bei mittlerer Hitze erwärmen, Lauch und Knoblauch darin 7–8 Minuten weich braten. Alle Pilze in die Pfanne geben und unter Rühren 5–6 Minuten weich kochen.

6 Mehl dazugeben und 1 Minute weiter braten. Wein und Steinpilzsud darübergießen und 1 Minute aufkochen. Die Brühe zufügen und weitere 4–5 Minuten kochen lassen, bis die Flüssigkeit verdampft. Die Sahne unterrühren und 1–2 Minuten einkochen lassen. Thymian zugeben, mit Salz und Pfeffer würzen, abkühlen lassen.

7 Den Teig in zwei ungleiche Hälften teilen. Die etwas größere Hälfte zwischen Backpapier legen und 3 mm dünn ausrollen, Boden und Ränder der Kuchenform damit auslegen. Die abgekühlte Pilzmischung darauf verteilen und glatt streichen. Teigränder mit Ei bestreichen.

8 Die kleinere Teighälfte zwischen Backpapier 3 mm dünn ausrollen und die Pastete damit bedecken. Teigränder gut andrücken und den Deckel mit der Gabel dreimal einstechen. Überstehende Teigränder abschneiden, ausrollen und in Pilzform ausstechen. Die Pie damit verzieren und den Teig mit Ei bestreichen. Auf das heiße Backblech stellen und 35–40 Minuten goldbraun backen. 5 Minuten abkühlen lassen, dann aufschneiden.

NÄHRWERTE PRO PORTION (6)
695 kcal; 14 g Eiweiß; 48 g Fett; 51 g Kohlenhydrate; 8 g Ballaststoffe; 173 mg Cholesterin

Die Sahne in die Mehlmischung geben und den Teig zu einer krümeligen Masse rühren.

Alle Pilze unter die Lauchmischung rühren und weich kochen.

Überhängende Teigränder abschneiden, ausrollen und Pilze ausstechen. Die Pastete damit verzieren.

Shepherd's Pie

VORBEREITUNGSZEIT: 30 MINUTEN + KÜHLZEIT | GESAMTZUBEREITUNGSZEIT: 1 STUNDE 35 MINUTEN | FÜR 6 PERSONEN

3 EL Olivenöl
1 große Zwiebel, fein gehackt
2 Knoblauchzehen, zerdrückt
2 Stangensellerie, fein gehackt
3 Möhren, gewürfelt
2 Lorbeerblätter
1 EL Thymian
1 kg gehacktes Lammfleisch
1½ EL Weizenmehl Type 405
125 ml trockener Rotwein
2 EL Tomatenmark
Salz, frisch gemahlener schwarzer Pfeffer
400 g stückige Tomaten aus der Dose
800 g Kartoffeln, klein geschnitten
60 ml Milch
100 g Butter
½ TL geriebene Muskatnuss

1 2 Esslöffel Öl in einer großen Pfanne erhitzen, die Zwiebel 3–4 Minuten anschwitzen. Knoblauch, Sellerie, Möhren, Lorbeerblätter und Thymian zugeben und 2–3 Minuten mitbraten. In eine Schüssel geben, Lorbeerblätter entfernen.

2 Das übrige Öl in die Pfanne geben und das Lammfleisch bei starker Hitze 5–6 Minuten anbraten. Mehl einrühren und 1 Minute braten, dann Rotwein dazugeben und 2–3 Minuten köchen lassen. Die Gemüsemischung mit den Tomaten und Tomatenmark unterrühren. Zugedeckt bei mittlerer Hitze 45 Minuten köcheln lassen und gelegentlich umrühren. Mit Salz und Pfeffer abschmecken, in eine tiefe Auflaufform (etwa 3 Liter Inhalt) füllen und abkühlen lassen. Den Backofen auf 180 °C vorheizen.

3 Die Kartoffeln 20–25 Minuten in Salzwasser weich kochen. Abtropfen lassen, Milch und Butter zugeben und mit einem Mixer zu Püree verarbeiten. Mit Muskat und schwarzem Pfeffer würzen. Das Püree über dem Fleisch verteilen und mit einer Gabel auflockern. Im Ofen etwa 40 Minuten knusprig backen.

Das gebratene Gemüse in die Pfanne geben und unter das Lammfleisch rühren..

Das Kartoffelpüree über dem Fleisch verteilen und mit einer Gabel lockern.

NÄHRWERTE PRO PORTION
645 kcal; 42 g Eiweiß; 35 g Fett; 37 g Kohlenhydrate; 7 g Ballaststoffe; 159 mg Cholesterin

Lammpastete mit Filoteig

VORBEREITUNGSZEIT: 20 MINUTEN | GESAMTZUBEREITUNGSZEIT: 50 MINUTEN | FÜR 6 PERSONEN

2 EL Öl
2 Zwiebeln, gehackt
1 Knoblauchzehe, zerdrückt
1 TL gemahlener Kreuzkümmel
1 TL gemahlener Koriander
½ TL gemahlener Zimt
1 kg gehacktes Lammfleisch
3 EL getrocknete Petersilie
2 EL getrocknete Minze
1 EL Tomatenmark
Salz
10 Blätter Filoteig
250 g Butter, zerlassen

1 Öl in einer großen Pfanne erhitzen, Knoblauch und Zwiebeln darin 3 Minuten anschwitzen. Kreuzkümmel, Koriander und Zimt zufügen und unter Rühren 1 Minute rösten.

2 Das Lammfleisch zugeben und bei mittlerer bis starker Hitze 10 Minuten braun anbraten, bis die Flüssigkeit verdampft ist. Wenn sich Blasen bilden, mit einer Gabel aufstechen. Mit übrigen Kräutern, Tomatenmark und etwas Salz würzen, verrühren. Abkühlen lassen.

3 Backofen auf 180 °C vorheizen und eine feuerfeste Form (etwa 33 x 23 cm) mit Butter oder Öl leicht einfetten. 3 Blätter Filoteig entnehmen, die übrigen mit einem feuchten Geschirrtuch abdecken, damit sie nicht austrocknen. Ein Blatt Filoteig mit zerlassener Butter bestreichen, 2 weitere darauf legen und das oberste wieder bestreichen. Die Form damit auslegen, sodass die Teigblätter über den Rand lappen.

4 Die Füllung auf dem Teigboden verteilen und die überhängenden Teigränder darüberklappen. 2 Blätter Filoteig buttern, übereinanderlegen und in der Mitte zusammenfalten. Als Deckel über die Füllung legen und die Ränder einschlagen. Die übrigen 3 Teigblätter buttern, in Quadrate schneiden, einrollen und auf der Pastete verteilen. Im Ofen 40 Minuten knusprig goldbraun backen.

NÄHRWERTE PRO PERSON
665 kcal; 47 g Eiweiß; 46 g Fett; 17 g Kohlenhydrate; 5 g Ballaststoffe; 105 mg Cholesterin

Lammfleisch auf dem Teigboden verteilen und Teigränder über die Füllung klappen.

Aus dem Teig Quadrate schneiden, dekorativ einrollen und auf der Pastete verteilen.

Kanadische Tourtière

VORBEREITUNGSZEIT: 40 MINUTEN + KÜHLZEIT: 20 MINUTEN | GESAMTZUBEREITUNGSZEIT: 1 STUNDE | FÜR 6 PERSONEN

310 g Weizenmehl Type 405
½ TL Backpulver
½ TL Salz
140 g kalte Butter, gewürfelt
½ TL Thymian
1 TL Zitronensaft
1 Ei, leicht verquirlt
2–3 EL eiskaltes Wasser

FÜLLUNG

1 kleine Möhre
1 kleine Fenchelknolle (die äußeren Blätter entfernen)
4 Schalotten
30 g Butter
200 g Speck, gehackt
3 Knoblauchzehen, zerdrückt
500 g Schweinehackfleisch
1 TL Thymian
1 TL getrockneter, gehackter Salbei
¼ TL geriebene Muskatnuss
Salz
frisch gemahlener schwarzer Pfeffer
180 ml Hühnerbrühe (Brühe)
250 g Kartoffeln, fein gewürfelt
1 Ei, leicht verquirlt, zum Bestreichen

1 Für den Teig das Mehl mit Backpulver und Salz in eine große Schüssel sieben. Butter würfeln und mit der Mehlmischung zu einem krümeligen Teig verarbeiten. Thymian darübergießen, eine Mulde formen und Zitronensaft, Ei und etwas kaltes Wasser hineingeben. Den Teig verrühren, bis sich eine geschmeidige Masse bildet. Wenn nötig, etwas mehr Wasser dazugeben.

2 Den Teig vorsichtig verkneten und auf eine bemehlte Arbeitsfläche legen. Zu einer Kugel kneten, flachdrücken und in Frischhaltefolie gewickelt mindestens 20 Minuten kalt stellen.

3 Für die Füllung Möhre, Fenchel und Schalotten mit der Küchenmaschine fein hacken. Butter bei mittlerer Hitze in einer Pfanne erwärmen und das zerkleinerte Gemüse, Speck, Knoblauch und Fleisch darin 10 Minuten braten, bis das Fleisch gebräunt ist. Thymian, Salbei und Muskat unterrühren. Mit Salz und schwarzem Pfeffer abschmecken. 60 ml Brühe darübergießen und 10 Minuten köcheln lassen, bis die Flüssigkeit aufgenommen ist. Vom Herd nehmen.

4 Backofen auf 200 °C vorheizen und ein Backblech darin erwärmen. Eine Auflaufform mit etwa 18 cm Durchmesser einfetten. Die übrige Brühe in einem Topf erhitzen und die Kartoffeln darin 10 Minuten weich kochen, nicht abseihen. Die Masse grob pürieren und unter das Fleisch rühren.

5 Den Teig in eine größere und eine kleinere Hälfte teilen. Die größere Hälfte ausrollen und die Auflaufform damit auskleiden. Die Füllung auf dem Teig verteilen und die Oberfläche mit einem Löffel glattstreichen. Die Teigränder mit Ei bestreichen.

6 Den übrigen Teig ausrollen und die Tourtière damit bedecken. Die Kanten einrollen und einen Rand formen. Den Teigdeckel mit Ei bestreichen und anschließend mir dem Messer mehrere Schlitze einstechen. Auf dem erwärmten Backblech auf mittlerer Schiene 30 Minuten goldbraun backen.

NÄHRWERTE PRO PORTION
560 kcal; 33 g Eiweiß; 30 g Fett; 42 g Kohlenhydrate; 3.5 g Ballaststoffe; 189 mg Cholesterin

Vom Fenchel die dicken äußeren Blätter entfernen, dann klein hacken.

Die Kartoffeln mit der Brühe grob pürieren, dann unter die Fleischmischung heben.

Die Teigkanten einrollen, gut verschließen und einen Rand formen.

Gemüsestrudel

VORBEREITUNGSZEIT: 30 MINUTEN + ZIEHZEIT: 30 MINUTEN | GESAMTZUBEREITUNGSZEIT: 1 STUNDE | FÜR 6–8 PERSONEN

1 große Aubergine, in dünne Scheiben geschnitten
Salz
1 rote Paprikaschote
3 Zucchini, längs in Streifen geschnitten
2 EL Olivenöl
6 Blätter Filoteig
50 g junger Blattspinat
60 g Feta, in Scheiben geschnitten

1 Den Backofen auf 190 °C vorheizen. Die Auberginenscheiben mit Salz bestreuen und in einem Sieb 30 Minuten Wasser ziehen lassen. Mit Küchenpapier trockentupfen.

2 Paprikaschote vierteln und mit der Hautseite nach unten etwa 10 Minuten grillen, bis die Haut schwarz ist. In einer Plastikschüssel abkühlen lassen, dann die Haut abziehen. Aubergine und Zucchini mit Olivenöl bestreichen und 5–10 Minuten grillen, bis sie goldbraun sind. Abkühlen lassen.

3 Je ein Blatt Filoteig mit Olivenöl bestreichen und die Blätter aufeinanderschichten, dann den Teig in der Mitte mit Gemüse belegen: Zuunterst die Hälfte der Auberginenscheiben, je eine Schicht Zucchini, Paprika, Spinat und Feta. Wiederholen, bis Gemüse und Käse aufgebraucht sind. Teigränder links und rechts einfalten und den Teig zu einem Strudel rollen. Mit etwas Öl bestreichen, in die Mitte eines Backblechs legen und 35 Minuten goldbraun backen.

HINWEIS: *Filoteig kann ungeöffnet mindestens einen Monat im Kühlschrank aufbewahrt werden. Geöffnete Packungen innerhalb von 2–3 Tagen verbrauchen.*

Den Teig abwechselnd mit einer Schicht Auberginen, Zucchini, Paprika, Spinat und Feta belegen.

Die Teigenden links und rechts einschlagen und den Teig zu einem Strudel rollen.

NÄHRWERTE PRO PORTION (8)
115 kcal; 4 g Eiweiß; 7 g Fett; 9 g Kohlenhydrate; 3 g Ballaststoffe; 5 mg Cholesterin

Tunesisches Brik à l'œuf

VORBEREITUNGSZEIT: 30 MINUTEN | GESAMTZUBEREITUNGSZEIT: 20 MINUTEN | FÜR 2 PERSONEN

6 Blätter Filoteig
30 g Butter, zerlassen
1 kleine Zwiebel, fein gehackt
200 g Thunfisch (Öl abtropfen lassen)
6 schwarze Oliven ohne Stein, gehackt
1 EL getrocknete Petersilie
2 Eier
Salz, frisch gemahlener schwarzer Pfeffer

1 Backofen auf 200 °C vorheizen. Die Teigblätter quer in 2 Hälften schneiden. 4 Blätter mit zerlassener Butter bestreichen und aufeinanderlegen. Zwiebeln, Thunfisch, Oliven und Petersilie mischen und die Hälfte auf ein Teigende legen. In der Mitte der Masse eine Mulde formen und ein Ei hineinschlagen; das Eigelb darf nicht zerlaufen. Mit Salz und Pfeffer abschmecken.

2 2 weitere Teigblätter mit Butter bestreichen, aufeinanderlegen und die Füllung damit bedecken. Seitliche Ränder einschlagen und zu einem Paket rollen, das Ei sollte nicht zerlaufen.

3 Auf ein Backblech legen und mit Butter bestreichen. Mit den übrigen Zutaten ein zweites Paket formen. 20 Minuten goldbraun backen.

HINWEIS: *Das Eigelb braucht mindestens 15 Minuten, um fest zu werden; eventuell länger backen. Verwenden Sie Thunfisch in Öl, da dieser die Füllung während des Backens feucht hält.*

NÄHRWERTE PRO STÜCK
545 kcal; 35 g Eiweiß; 35 g Fett; 25 g Kohlenhydrate; 1 g Ballaststoffe; 260 mg Cholesterin

Vorsichtig ein Ei über die Thunfischfüllung schlagen. Das Eigelb soll dabei nicht zerlaufen.

Zwei weitere Blätter Filoteig über die Füllung legen und die seitlichen Ränder einschlagen.

Den Teig zu einem festen Paket rollen. Das Ei soll dabei nicht zerlaufen.

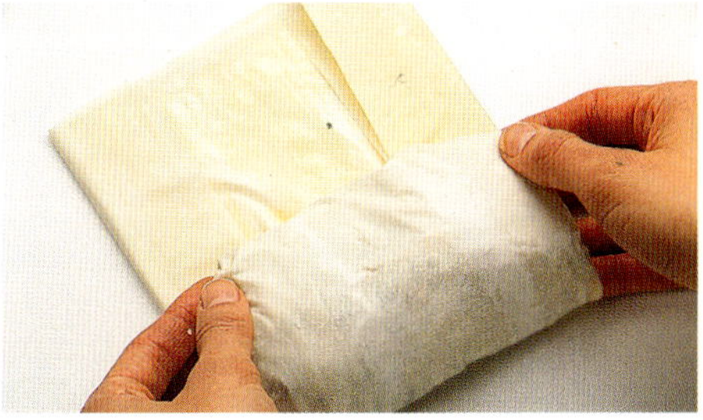

Lammauflauf mit Rosmarin

VORBEREITUNGSZEIT: 30 MINUTEN | GESAMTZUBEREITUNGSZEIT: 2 STUNDEN | FÜR 4–6 PERSONEN

600 g Lammfleisch (aus der Keule), in kleine Würfel geschnitten
30 g Weizenmehl Type 405
Salz
30 g Butter
2 EL Olivenöl
8 Frühlingszwiebeln, gehackt
3 Knoblauchzehen, zerdrückt
500 ml Rinderbrühe
250 ml trockener Weißwein
2 TL grober Senf
2 TL Rosmarin
2 Selleriestangen, in Scheiben geschnitten
1 TL abgeriebene Schale einer Bio-Zitrone
1 TL Zitronensaft
125 g saure Sahne

BELAG
180 ml Milch
1 Ei
2 EL zerlassene Butter
180 g Weizenmehl Type 405
2 TL Backpulver
1 TL Rosmarin
2 EL fein gehackte glatte Petersilie
frisch gemahlener schwarzer Pfeffer
1 TL Salz

NÄHRWERTE PRO PORTION (6)
520 kcal; 31 g Eiweiß; 28 g Fett; 31 g Kohlenhydrate; 2.5 g Ballaststoffe; 153 mg Cholesterin

1 Lammfleisch, Mehl und Salz zusammen in einem Plastikbeutel verschütteln, bis das Fleisch gut benetzt ist. Restliches Mehl entfernen.

2 Butter und 1 Esslöffel Olivenöl in einer Pfanne erhitzen und das Fleisch in 2 Portionen je 5 Minuten braun anbraten. Bei Bedarf bei der zweiten Portion übriges Öl dazugeben.

3 Die Hälfte der Frühlingszwiebel und den Knoblauch zufügen und 30 Sekunden anschwitzen. Die erste Portion Lammfleisch wieder zufügen, mit Brühe und Wein auffüllen, Senf, Rosmarin, Sellerie, Zitronenschale und -saft unterrühren und aufkochen. Bei mittlerer Hitze 1¼ Stunden köcheln lassen und gelegentlich umrühren, bis das Fleisch gar und die Sauce eingedickt ist.

4 Vom Herd nehmen und einen Teil der Sauce mit der sauren Sahne verrühren, dann zusammen mit den übrigen Frühlingszwiebeln wieder unter die Fleischmischung rühren. Abkühlen lassen. Den Backofen auf 190 °C vorheizen.

5 Milch, Ei und zerlassene Butter in einer großen Schüssel verrühren. Mehl und Backpulver mischen und mit den Kräutern unterrühren, mit Pfeffer und Salz würzen. Der Teig soll zähflüssig sein. Ist er zu flüssig, etwas Mehl zugeben, ist er zu fest, Milch zugeben.

6 Die Lammfleischmischung in einer tiefen Auflaufform verteilen. Aus dem Teig mit 2 Löffeln Häufchen formen und in losen Abständen auf die Füllung setzen, damit der Teig aufgehen kann. 30 Minuten goldbraun backen.

Das Lammfleisch köcheln lassen, bis das Fleisch gar und die Sauce eingedickt ist.

Einen Teil der Fleischsauce mit der sauren Sahne verrühren.

Mit zwei Löffeln Häufchen aus dem Teig formen und auf die Füllung setzen.

Gefüllter Zwiebel-Käse-Kuchen

VORBEREITUNGSZEIT: 25 MINUTEN + KÜHLZEIT: 10 MINUTEN | GESAMTZUBEREITUNGSZEIT: 45 MINUTEN | FÜR 4 PERSONEN

2 EL Olivenöl
2 Zwiebeln, gehackt
180 g geriebener Gouda
1 EL gehackte glatte Petersilie
1 TL scharfer Senf
2 TL Worcestersauce
2 Eier, verquirlt
Salz
frisch gemahlener schwarzer Pfeffer
2 Platten Blätterteig

1 Den Ofen auf 190 °C vorheizen. Öl in einer großen Pfanne bei mittlerer Hitze erhitzen und die Zwiebel darin 5–7 Minuten anschwitzen. In eine Schüssel geben und 10 Minuten abkühlen lassen.

2 Käse, Petersilie, Senf und Worcestersauce mit der Zwiebel vermischen. Die Häfte der Ei-Mischung unterrühren und mit Salz und Pfeffer würzen.

3 Aus den Teigblättern je einen Kreis mit 23 cm Durchmesser ausschneiden. Einen Kreis auf ein mit Backpapier ausgelegtes Backblech legen und die Füllung darauf verteilen, zur Mitte hin etwas erhöhen. Einen schmalen Rand freilassen und diesen mit etwas Ei bestreichen. Den zweiten Teigkreis darauf legen, wenn nötig etwa ziehen, sodass er genau abschließt. Teigränder gut zusammendrücken und den Deckel mit dem restlichen Ei bestreichen. Mit einem Messer zwei Schlitze einschneiden, damit Dampf entweichen kann.

4 10 Minuten backen, dann die Backtemperatur auf 180 °C reduzieren und weitere 20–25 Minuten knusprig goldbraun backen.

Den freien Teigrand mit etwas verquirltem Ei bestreichen.

Den Teigdeckel über die Zwiebel-Käse-Mischung legen und die Ränder gut festdrücken.

NÄHRWERTE PRO PORTION
630 kcal; 21 g Eiweiß; 47 g Fett; 34 g Kohlenhydrate; 2 g Ballaststoffe; 158 mg Cholesterin

Polenta-Gemüse-Pie

VORBEREITUNGSZEIT: 20 MINUTEN + ZIEH- UND KÜHLZEIT: 15 MINUTEN | GESAMTZUBEREITUNGSZEIT: 1 STUNDE | FÜR 6 PERSONEN

2 Auberginen, in dicke Scheiben geschnitten
330 ml Gemüsebrühe
150 g feine Polenta (Maisgrieß)
50 g geriebener Parmesan
1 EL Olivenöl
1 große Zwiebel, gehackt
2 Knoblauchzehen, zerdrückt
1 große rote Paprikaschote, gewürfelt
2 Zucchini, in dicke Scheiben geschnitten
150 g Champignons, geviertelt
400 g stückige Tomaten (aus der Dose)
3 TL Balsamico
Salz
frisch gemahlener schwarzer Pfeffer
Olivenöl zum Bestreichen

1 Die Auberginenscheiben in ein Sieb geben, salzen und 15 Minuten Wasser ziehen lassen. Abspülen, trockentupfen und würfeln.

2 Eine runde Auflaufform (etwa 23 cm Durchmesser) mit Alufolie auslegen. Die Gemüsebrühe und ca. 330 ml Wasser in einer Kasserole aufkochen, Polenta einrühren und bei schwacher Hitze 5 Minuten unter Rühren eindicken lassen. Vom Herd nehmen und Käse unterheben. Rühren, bis der Käse geschmolzen ist. In die Form streichen und kalt stellen, damit die Masse fest wird.

3 Backofen auf 200 °C vorheizen. Das Öl in der Pfanne erhitzen und die Zwiebel darin bei mittlerer Hitze 3 Minuten unter Rühren anschwitzen. Knoblauch zugeben und eine weitere Minute braten, dann das Gemüse unterrühren. Die Mischung aufkochen und zugedeckt etwa 20 Minuten köcheln lassen. Essig unterrühren, mit Salz und Pfeffer abschmecken.

4 Die Gemüsemischung in eine Auflaufform mit etwa 23 cm Durchmesser füllen, zur Mitte etwas erhöhen. Die Polenta stürzen, Folie abziehen und in 12 Stücke schneiden. Das Gemüse locker damit belegen. Mit etwas Olivenöl bestreichen und 30 Minuten goldbraun backen.

NÄHRWERTE PRO PERSON
205 kcal; 8 g Eiweiß; 8.5 g Fett; 23 g Kohlenhydrate; 4.5 g Ballaststoffe; 8 mg Cholesterin

Die Polenta unter ständigem Rühren köcheln lassen, bis die Flüssigkeit aufgenommen ist.

Die Polenta in Tortenstücke schneiden und auf die Gemüsemischung legen.

Marokkanische Rindfleischpasteten

VORBEREITUNGSZEIT: 45 MINUTEN + KÜHLZEIT: 30 MINUTEN | GESAMTZUBEREITUNGSZEIT: 1 STUNDE 30 MINUTEN | ERGIBT 4 STÜCK

1 EL Öl
2 Knoblauchzehen, zerdrückt
1 Zwiebel, in dünne Scheiben geschnitten
2 TL gemahlener Kümmel
2 TL gemahlener Ingwer
2 TL Paprikapulver
1 Prise Safranfäden
500 g Rumpsteak, gewürfelt
375 ml Rinderbrühe
1 kleine Zimtstange
100 g entsteinte Dörrpflaumen, halbiert
2 Möhren, in Scheiben geschnitten
1 TL abgeriebene Schale einer Bio-Orange
Salz

¼ eingelegte Zitrone ohne Mark und Fruchtfleisch, fein gehackt (nach Belieben)
200 g griechischer Joghurt (nach Belieben)

TEIG
250 g Weizenmehl Type 405
125 g kalte Butter, gewürfelt
1 Ei, leicht verquirlt
1–2 EL eiskaltes Wasser

NÄHRWERTE PRO PASTETE
760 kcal; 40 g Eiweiß; 40 g Fett; 64 g Kohlenhydrate; 6.5 g Ballaststoffe; 205 mg Cholesterin

1 Öl in einer großen Pfanne erhitzen, Zwiebel und Knoblauch darin 3 Minuten anschwitzen. Kümmel, Ingwer, Paprikapulver und Safran 1 Minute einrühren, bis sich das Aroma entfaltet. Fleisch zugeben und Pfanne schwenken, um die Gewürze gleichmäßig zu verteilen. Brühe, Zimtstange, Dörrpflaumen und Möhren untermengen, alles aufkochen und bei geringer Hitze zugedeckt 30 Minuten köcheln lassen. Nochmals erhitzen, Orangenschale und Salz zugeben und ohne Deckel 20 Minuten weiterkochen, bis die Flüssigkeit verdampft und die Masse eingedickt ist. Zimtstange herausnehmen und abkühlen lassen.

2 Für den Teig Mehl in eine große Schüssel sieben und mit Butter zu einer krümeligen Masse rühren. In die Mitte eine Mulde drücken, Ei hineinschlagen und Wasser zugeben. Teig zu einer glatten Masse verrühren.

3 Den Teig locker zusammenkneten und auf einer bemehlten Arbeitsfläche zu einer Kugel formen. Mit Frischhaltefolie abdecken und 30 Minuten kalt stellen.

4 Den Backofen auf 200 °C vorheizen. 4 kleine Pastetenformen einfetten. Teig in 4 Portionen teilen und Kreise mit etwa 20 cm Durchmesser ausrollen. Die Förmchen damit auslegen, sodass die Teigränder über den Rand ragen.

5 Die Füllung auf die Förmchen verteilen. Die Teigränder einschlagen und falten. Die Pasteten auf ein Backblech stellen und 35–40 Minuten goldbraun backen. Nach Belieben Joghurt und Zitrone verrühren und dazu servieren.

Die Fleischfüllung nochmals aufkochen, bis die Flüssigkeit verdampft und die Masse eingedickt ist.

Den Teig locker kneten, zu einer Kugel formen und kühl stellen.

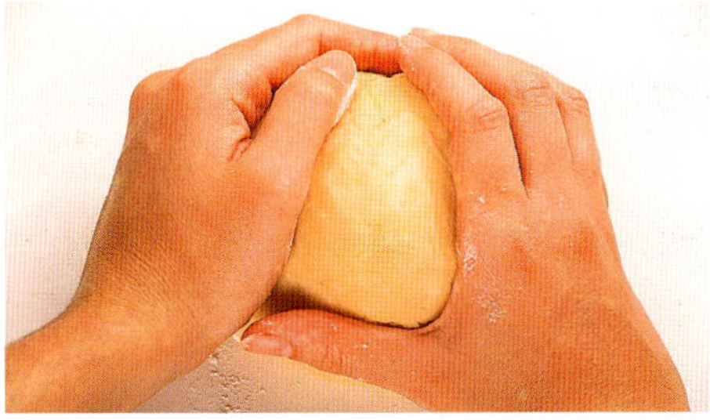

Die Teigränder zur Mitte hin einschlagen und in kleine Falten legen.

Hähnchen-Pie mit Koriander

VORBEREITUNGSZEIT: 40 MINUTEN | GESAMTZUBEREITUNGSZEIT: 45 MINUTEN | FÜR 4 PERSONEN

50 g Butter
2 Zwiebeln, gehackt
100 g Champignons, in Scheiben geschnitten
250 g gebratenes Hähnchenfleisch, gehackt
4 hart gekochte Eier
1 EL Weizenmehl Type 405
280 ml Hühnerbrühe
1 Eigelb
3 EL gehackte Korianderblätter
Salz
frisch gemahlener schwarzer Pfeffer
250 g Blätterteig
1 Ei, leicht verquirlt, zum Bestreichen

1 Die Hälfte der Butter in einer großen Pfanne zerlassen, Zwiebel und Pilze darin 5 Minuten rösten. Das Fleisch unterrühren. Die Hälfte der Hähnchenmischung in eine runde, feuerfeste Form mit etwa 20 cm Durchmesser füllen. Mit einer Schicht aus Eischeiben bedecken, die übrige Hähnchenmischung darüberschichten.

2 Backofen auf 200 °C vorheizen. Die übrige Butter schmelzen und mit Mehl 1 Minute erhitzen. Nach und nach die Brühe zugeben und 4 Minuten unter Rühren aufkochen lassen, dann beiseite stellen. Eigelb und Koriander unterrühren und mit Salz und Pfeffer abschmecken. Abkühlen lassen und über die Hähnchenfüllung geben.

3 Blätterteig zu einem Quadrat ausrollen, das größer ist als die Form. Die Ränder mit Wasser befeuchten, die Pie mit dem Teig bedecken, die Ränder gut verschließen und überstehenden Teig wegschneiden. Die Teigreste zu einem langen Strang formen, der Länge nach dritteln und flechten. Die Pie mit Ei bestreichen. Den Teigzopf um den Rand legen und ebenfalls mit Ei bepinseln. Einige Löcher in den Teig stechen, damit Dampf entweichen kann. 35 Minuten goldbraun backen.

Die hart gekochten Eier in Scheiben schneiden und die Hähnchenfüllung damit bedecken.

Die Teigreste zu einem Zopf flechten und die Pie damit dekorieren. Mit Ei glasieren.

NÄHRWERTE PRO PERSON

530 kcal; 25 g Eiweiß; 35 g Fett; 30 g Kohlenhydrate; 3 g Ballaststoffe; 385 mg Cholesterin

Kalbshack-Pastete mit Kartoffel-Topinambur-Haube

VORBEREITUNGSZEIT: 40 MINUTEN | GESAMTZUBEREITUNGSZEIT: 1 STUNDE 20 MINUTEN | FÜR 4–6 PERSONEN

1 EL Olivenöl
500 g mageres Kalbshackfleisch
2 Zwiebeln, fein gehackt
3 Knoblauchzehen, zerdrückt
150 g Speck, gewürfelt
½ TL Rosmarin
2 EL Weizenmehl Type 405
1 Prise Cayennepfeffer
125 ml trockener Weißwein
Salz
frisch gemahlener schwarzer Pfeffer
150 g Sahne
1 Ei, leicht verquirlt
2 hart gekochte Eier, grob gehackt

KARTOFFELMASSE
500 g Topinambur
400 g Kartoffeln
100 g Butter

1 Öl in einer großen Pfanne erhitzen und das Kalbfleisch mit Zwiebeln, Knoblauch, Speck und Rosmarin unter ständigem Rühren 10 Minuten braten, bis das Fleisch gebräunt ist. Mehl und Cayennepfeffer zufügen und 1 Minute garen. Wein und 125 ml Wasser zugeben, mit Salz und Pfeffer abschmecken. 5 Minuten köcheln lassen, bis die Sauce stark eingedickt ist, dann Sahne und Ei unterrühren und die hart gekochten Eier zugeben.

2 Den Backofen auf 210 °C vorheizen. Eine Springform mit ca. 20 cm Durchmesser leicht einfetten. Topinambur und Kartoffeln schälen, klein schneiden und zusammen 12–15 Minuten weich kochen. Abtropfen lassen und mit der Butter pürieren.

3 Die Kalbfleischmischung in der Form verteilen und mit der Kartoffelmasse bedecken. 20 Minuten backen, Backtemperatur auf 180 °C reduzieren und weitere 30 Minuten goldgelb backen.

NÄHRWERTE PRO PORTION (6)
540 kcal; 31 g Eiweiß; 38 g Fett; 17 g Kohlenhydrate; 4 g Ballaststoffe; 258 mg Cholesterin

Die Sauce eindicken lassen, dann Sahne und Ei unterrühren und die hart gekochten Eier zugeben.

Kartoffeln und Topinambur weich kochen, mit Butter glatt zerdrücken oder pürieren.

Herzhafte Beef Pie

VORBEREITUNGSZEIT: 35 MINUTEN + KÜHLZEIT: 30 MINUTEN | GESAMTZUBEREITUNGSZEIT: 2 STUNDEN 45 MINUTEN | FÜR 6 PERSONEN

FÜLLUNG

2 EL Öl
1 kg Rindernacken, gewürfelt
1 große Zwiebel, gehackt
1 große Möhre, fein gehackt
2 Knoblauchzehen, zerdrückt
2 EL Weizenmehl Type 405
250 ml Rinderbrühe
2 TL Thymian
1 EL Worcestersauce
Salz
frisch gemahlener schwarzer Pfeffer

TEIG

250 g Weizenmehl Type 405
150 g kalte Butter, gewürfelt
1 Eigelb
3–4 EL eiskaltes Wasser
1 Eigelb und 1 EL Milch zum Bestreichen

1 1 EL Öl in einer großen Pfanne erhitzen und das Fleisch portionsweise anbraten. Aus der Pfanne nehmen und beiseite stellen. Das übrige Öl erhitzen und Zwiebel, Knoblauch und Möhre bei mittlerer Hitze braten.

2 Das Fleisch wieder zugeben, das Mehl einrühren und 1 Minute garen. Die Pfanne vom Herd nehmen und langsam die Brühe einrühren, sodass sich das Mehl klumpenfrei damit mischt. Mit Thymian und Worcestersauce aufkochen und mit Salz und Pfeffer abschmecken.

3 Die Fleischmischung bei sehr geringer Hitze zugedeckt 1½–2 Stunden köcheln lassen, bis das Fleisch gar ist. Für die letzten 15 Minuten den Deckel abnehmen und die Brühe leicht einkochen, dann abkühlen lassen.

4 Für den Teig Mehl in eine große Schüssel sieben und Butter darübergießen. Mit den Fingern Mehl und Butter zu einem krümeligen Teig verreiben. Eigelb und 2 Esslöffel eiskaltes Wasser zugeben und verrühren, bis sich eine geschmeidige Masse bildet. Wenn nötig, mehr Wasser zugeben. Den Teig auf eine leicht bemehlte Arbeitfläche geben und rasch zu einem glatten Teig verkneten. In Frischhaltefolie gewickelt 30 Minuten kalt stellen.

5 Den Backofen auf 200 °C vorheizen. Teig in zwei Portionen teilen, eine Hälfte auf Backpapier auf etwa 23 cm Durchmesser ausrollen und eine feuerfeste Form dieser Größe damit auslegen. Die Füllung darauf verteilen. Die zweite Teighälfte für den Deckel ausrollen. Die Teigränder mit etwas Wasser anfeuchten und die Pie damit bedecken, die Ränder leicht zusammendrücken. Mit einem scharfen Messer die überhängenden Ränder abschneiden, Teigreste frisch ausrollen und Verzierungen ausstechen.

6 Einige Löcher in den Teig stechen, damit Dampf entweichen kann. Eigelb und Milch verquirlen und die Pastete damit bestreichen. Im Backofen 20–30 Minuten goldgelb backen.

NÄHRWERTE PRO PERSON
615 kcal; 40 g Eiweiß; 35 g Fett; 35 g Kohlenhydrate; 3 g Ballaststoffe; 235 mg Cholesterin

Den Teig auf dem Backpapier in eine feuerfeste Form geben und die Form damit auslegen.

Die Füllung auf dem Teigboden verteilen, dann die zweite Teighälfte zu einem Deckel ausrollen.

Die Teigränder zusammendrücken und überhängende Ränder mit einem scharfen Messer abschneiden.

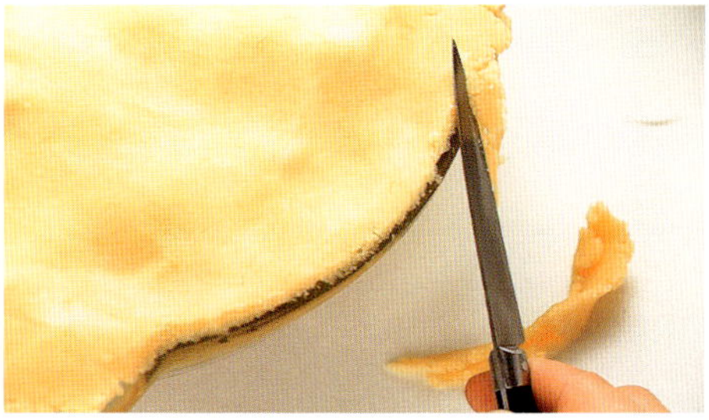

Spinat-Pie

VORBEREITUNGSZEIT: 30 MINUTEN + KÜHLZEIT: 30 MINUTEN | GESAMTZUBEREITUNGSZEIT: 1 STUNDE | FÜR 8–10 PERSONEN

250 g Weizenmehl Type 405
½ TL Salz
80 ml Olivenöl
4 Eier, verquirlt
4–5 EL eiskaltes Wasser
1 kg Blattspinat, ohne Stängel, gehackt
1 EL Olivenöl
1 große Lauchstange, in Ringe geschnitten
4 Knoblauchzehen, zerdrückt
500 g Ricotta
90 g geriebener Pecorino
300 g Feta, zerbröckelt
3 EL gehackter Dill
15 g gehackte glatte Petersilie

1 Mehl und Salz in eine große Schüssel sieben und in die Mitte eine Mulde drücken. Öl, ein Viertel der verquirlten Eier und etwa 4 Esslöffel eiskaltes Wasser verrühren und unter das Mehl heben, bis ein glatter Teig entsteht. Wenn nötig, etwas mehr Wasser zufügen. Den Teig zu einer Kugel kneten, in Frischhaltefolie wickeln und mindestens 30 Minuten kalt stellen.

2 Spinat in einem großen Topf mit etwas Wasser besprenkeln und 5 Minuten garen, bis er zusammengefallen ist. Gut abtropfen lassen und die übrige Flüssigkeit ausdrücken, fein hacken.

3 Backofen auf 200 °C vorheizen und ein Backblech darin erwärmen. Eine gerippte Tarteform mit 25 cm Durchmesser einfetten. Öl in der Pfanne erhitzen, Lauch und Knoblauch bei geringer Hitze 5 Minuten anschwitzen. Käse, Spinat, restliche Eier, Dill und Petersilie unterrühren und mit Salz und Pfeffer abschmecken.

4 Zwei Drittel des Teigs auf die Größe der Tarteform ausrollen und diese damit auslegen. Die Spinatmischung darauf geben. Den übrigen Teig zu einem Deckel ausrollen, die Ränder abschneiden und 3 Löcher hineinstechen, damit Dampf entweicht.

5 Die Pie auf dem heißen Backblech 15 Minuten backen, dann bei 180 °C weitere 30 Minuten backen. Mit Alufolie abdecken, wenn die Pie zu rasch bräunt. 5–10 Minuten abkühlen lassen, dann aufschneiden.

Spinat weich kochen, gut abtropfen lassen und mit einem scharfen Messer fein hacken.

NÄHRWERTE PRO PORTION (10)
395 kcal; 20 g Eiweiß; 26 g Fett; 20 g Kohlenhydrate; 4 g Ballaststoffe; 123 mg Cholesterin

Speck-Pie mit Ei

VORBEREITUNGSZEIT: 20 MINUTEN | GESAMTZUBEREITUNGSZEIT: 1 STUNDE 10 MINUTEN | FÜR 4–6 PERSONEN

1 Packung fertiger Mürbeteig
2 TL Öl
4 Scheiben Speck, gehackt
5 Eier, leicht verquirlt
60 g Sahne
1 Platte Blätterteig
1 Ei, leicht verquirlt, zum Bestreichen

1 Backofen auf 210 °C vorheizen. Eine Tarteform mit etwa 20 cm Durchmesser dünn mit Öl bestreichen, mit dem Mürbeteigboden auslegen und überhängende Ränder abschneiden. Backpapier zuschneiden und über den Teigboden legen, mit einer Schicht Backkugeln (alternativ getrocknete Hülsenfrüchte oder Reis) beschweren. 10 Minuten blindbacken, dann Kugeln und Papier entfernen. Weitere 5–10 Minuten goldbraun backen, abkühlen.

2 Öl in einer Pfanne erhitzen und den Speck darin einige Minuten braten, bis er leicht gebräunt ist. Mit Küchenpapier abtupfen und etwas abkühlen lassen. Den Speck auf dem Kuchenboden verteilen, die Eier mit Sahne verrühren und die Mischung darübergießen.

3 Die Teigränder mit Ei bestreichen, Blätterteig als Deckel darüberlegen und Ränder gut zudrücken. Überhängende Teigränder abschneiden und als Dekoration verwenden. Mit dem übrigen Ei bestreichen und 40 Minuten backen, bis der Blätterteig aufgeht und goldgelb ist.

NÄHRWERTE PRO PORTION ETWA (6)
375 kcal; 14 g Eiweiß; 26 g Fett; 23 g Kohlenhydrate; 1 g Ballaststoffe; 215 mg Cholesterin

Teigboden mit Backpapier und mit getrockneten Hülsenfrüchte bedecken, dann blindbacken.

Die geschlagenen Eier mit Sahne verrühren und den Speck vorsichtig damit übergießen.

Rindfleischpasteten mit Rotwein

VORBEREITUNGSZEIT: 50 MINUTEN | GESAMTZUBEREITUNGSZEIT: 2 STUNDEN 40 MINUTEN | ERGIBT 6 STÜCK

60 ml Öl
1,5 kg Rindernacken, gewürfelt
2 Zwiebeln, gehackt
1 Knoblauchzehe, zerdrückt
30 g Weizenmehl Type 405
300 ml trockener Rotwein
500 ml Rinderbrühe
2 Lorbeerblätter
2 frische Thymianzweige
2 Möhren, gehackt
Salz
frisch gemahlener schwarzer Pfeffer
4 Stück fertiger Mürbeteig
1 Ei, leicht verquirlt
4 Platten fertiger Blätterteig

NÄHRWERTE PRO PASTETE
873 kcal; 60 g Eiweiß; 47 g Fett; 51 g Kohlenhydrate; 3 g Ballaststoffe; 200 mg Cholesterin

1 2 Esslöffel Öl in einer großen Pfanne erhitzen, das Fleisch darin portionsweise braten, dann herausnehmen. In derselben Pfanne das übrige Öl erhitzen, Zwiebel und Knoblauch darin unter Rühren anschwitzen. Mehl zugeben und bei mittlerer Hitze 2 Minuten unter Rühren rösten, bis die Zwiebeln gebräunt sind.

2 Pfanne vom Herd nehmen, Brühe und Wein mischen und nach und nach hineingeben. Unter Rühren erneut aufkochen, bis sie etwas eindickt. Das Fleisch zusammen mit Lorbeerblättern und Thymian zugeben und 1 Stunde köcheln lassen. Möhren zufügen und weitere 45 Minuten köcheln lassen, bis Fleisch und Möhren gar sind und die Sauce eingedickt ist. Mit Salz und Pfeffer abschmecken, Thymian und Lorbeerblätter entfernen. Abkühlen lassen.

3 Den Backofen auf 200 °C vorheizen und 6 Auflaufförmchen mit etwa 9 cm Durchmesser leicht einfetten. Mürbeteigblätter diagonal halbieren, die Förmchen damit auslegen und überhängende Ränder abschneiden. Mit Backpapier bedecken und mit Backkugeln (alternativ getrocknete Hülsenfrüchte oder Reis) beschweren, 8 Minuten blindbacken. Backpapier und Kugeln entfernen, weitere 8 Minuten backen, bis der Teig leicht gebräunt ist, abkühlen lassen.

4 Die Füllung mit dem Löffel auf die Förmchen verteilen und die Ränder mit Ei bestreichen. Blätterteig diagonal teilen und die Pasteten damit bedecken. Überstehenden Teig abschneiden, Ränder mit der Gabel festdrücken. Die Deckel einschneiden. Mit Ei bestreichen und 20–25 Minuten goldbraun backen.

Rindfleisch in einer großen Pfanne portionsweise braten, bis es gut gebräunt ist.

Mürbeteig diagonal halbieren und Boden und Seiten der Förmchen damit auslegen.

Die Füllung mit Blätterteig bedecken und den überhängenden Teig mit dem Messer abschneiden.

Cornish Pasties

VORBEREITUNGSZEIT: 1 STUNDE + KÜHLZEIT: 30 MINUTEN | GESAMTZUBEREITUNGSZEIT: 45 MINUTEN | ERGIBT 6 STÜCK

300 g Weizenmehl Type 405
125 g kalte Butter, gewürfelt
Salz
4–5 EL eiskaltes Wasser
160 g Rumpsteak, gewürfelt
1 kleine Kartoffel, fein gehackt
1 kleine Zwiebel, fein gehackt
1 kleine Möhre, fein gehackt
1–2 TL Worcestersauce
2 EL Rinderbrühe
frisch gemahlener schwarzer Pfeffer
1 Ei, leicht verquirlt, zum Bestreichen

1 Ein Backblech einfetten. Mehl, Butter und eine Prise Salz etwa 15 Sekunden in der Küchenmaschine zu einem krümeligen Teig verarbeiten. Schluckweise Wasser zugeben, bis sich eine glatte Masse bildet. Auf einer bemehlten Arbeitsfläche zu einer Kugel kneten. In Frischhaltefolie wickeln und mindestens 30 Minuten kalt stellen. Den Backofen auf 210 °C vorheizen.

2 Das gewürfelte Rumpsteak mit Kartoffel, Zwiebel, Möhre, Worcestersauce und Brühe verrühren. Mit Salz und Pfeffer abschmecken.

3 Den Teig in 6 Portionen teilen und etwa 3 mm dünn ausrollen. 6 Teigkreise mit etwa 16 cm Durchmesser ausschneiden und die Füllung in die Mitte der Kreise setzen.

4 Die Teigränder mit Ei bestreichen, Pasteten zu einem Halbmond formen und über der Füllung zudrücken. Mit den Fingern einen gewellten Rand bilden und die Pasteten mit dem übrigen Ei bestreichen. 15 Minuten backen, die Temperatur auf 180 °C reduzieren und weitere 25–30 Minuten goldbraun backen.

Fleisch, Kartoffel, Zwiebel, Möhre, Worcestersauce und Brühe verrühren.

Pasteten zu einem Halbmond formen, Teigränder zudrücken und mit den Fingern Wellen formen.

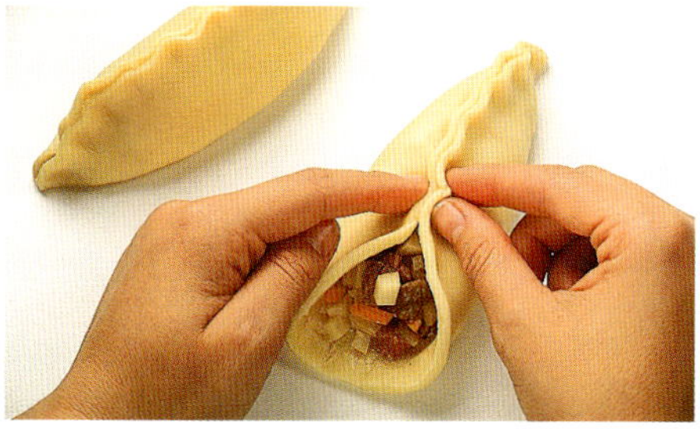

NÄHRWERTE PRO PASTETE

395 kcal; 15 g Eiweiß; 20 g Fett; 40 g Kohlenhydrate; 3 g Ballaststoffe; 100 mg Cholesterin

Fisherman's Pie

VORBEREITUNGSZEIT: 40 MINUTEN | GESAMTZUBEREITUNGSZEIT: 1 STUNDE | FÜR 4 PERSONEN

800 g Filets von weißfleischigem Fisch
375 ml Milch
1 Zwiebel, gehackt
2 Gewürznelken
50 g Butter
2 EL Weizenmehl Type 405
1 Prise geriebene Muskatnuss
2 EL getrocknete Petersilie
150 g Erbsen
Salz, frisch gemahlener schwarzer Pfeffer
750 g Kartoffeln, geschält und geviertelt
2 EL warme Milch
3 EL geriebener Gouda

1 Den Fisch in einer weiten Pfanne mit Milch begießen, mit Zwiebel und Nelken aufkochen. Die Hitze reduzieren und 5 Minuten köcheln lassen, bis der Fisch gar ist und leicht zerfällt.

2 Backofen auf 180 °C vorheizen. Fisch aus der Pfanne nehmen, Milch-Zwiebel-Mischung beiseite stellen, Nelken entfernen. Fisch abkühlen lassen, Gräten entfernen und Fisch mit der Gabel in mundgerechte Stücke teilen.

3 Die Hälfte der Butter in der Pfanne erhitzen und das Mehl darin 1 Minute unter Rühren anschwitzen. Unter ständigem Rühren die Milchmischung zugeben und zu einer glatten Sauce verrühren. Aufkochen, bis die Sauce brodelt, und eine weitere Minute köcheln lassen. Vom Herd nehmen,etwas abkühlen lassen. Muskat, Petersilie und Erbsen zugeben. Fisch unterheben, mit Salz und Pfeffer abschmecken und in eine Auflaufform (etwa 1,25 Liter) füllen.

4 Kartoffeln weich kochen und abseihen. Mit heißer Milch und Butter pürieren und Käse zufügen. Die Masse sollte fest und geschmeidig sein.

5 Kartoffelmasse auf die Fischfüllung auftragen und mit der Gabel auflockern, oder mit dem Spritzbeutel gleichmäßig verteilen. 45 Minuten backen, bis die Kartoffelkruste gebräunt ist.

NÄHRWERTE PRO PORTION
610 kcal; 55 g Eiweiß; 25 g Fett; 40 g Kohlenhydrate; 6 g Ballaststoffe; 200 mg Cholesterin

Fischfilets mit Milch begießen und mit Zwiebel und Nelken aufkochen.

Für eine gleichmäßige Kartoffelkruste das Püree mit dem Spritzbeutel auftragen.

Wildpastete

VORBEREITUNGSZEIT: 50 MINUTEN + RUHEZEIT: ÜBER NACHT | GESAMTZUBEREITUNGSZEIT: 4 STUNDEN | FÜR 6–8 PERSONEN

GELEE

Wildbretknochen (falls vorhanden)
2 Schweinsfüße
1 Zwiebel, geviertelt
1 Möhre, grob gehackt
1 Selleriestange, gehackt
2 Lorbeerblätter
6 ganze schwarze Pfefferkörner

FÜLLUNG

250 g Schweinebauch, fein gewürfelt
4 Scheiben Speck, gehackt
400 g Wildbret (z. B. Hase, Fasan), vom Knochen gelöst und fein gewürfelt (Knochen aufbewahren)
½ kleine Zwiebel, fein gehackt
½ TL geriebene Muskatnuss
½ TL Zimt
2 getrocknete Wacholderbeeren, zerdrückt
1 TL Thymian
Salz
frisch gemahlener schwarzer Pfeffer

TEIG

500 g Weizenmehl Type 405
½ TL Salz
90 g Schweineschmalz
1 Ei, leicht verquirlt, zum Bestreichen

1 Für das Gelee zunächst alle Zutaten mit 1,75 Litern Wasser in einem großen Topf bei starker Hitze zum Kochen bringen. Eventuell entstehenden Schaum entfernen. Bei geringer Hitze 3 Stunden köcheln lassen, hin und wieder Schaum abschöpfen. Dann abseihen und die Flüssigkeit in dem Topf ohne Deckel köcheln lassen, bis sie auf etwa 500 ml verdampft ist. Abkühlen lassen und in den Kühlschrank stellen.

2 Für die Füllung Zutaten in einer Schüssel verrühren, mit Salz und Pfeffer abschmecken.

3 Für den Teig Mehl und Salz in eine große Schüssel sieben und in die Mitte eine Mulde drücken. 200 ml Wasser und Schmalz aufkochen, heiß über das Mehl geben und mit einem Holzlöffel zu einem glatten Teig verrühren. Auf eine bemehlte Arbeitsfläche stürzen und zu einem geschmeidigen Teig kneten. Mit Frischhaltefolie bedecken und an einem warmen Ort ruhen lassen.

4 Den Backofen auf 190 °C vorheizen und eine Springform mit etwa 18 cm Durchmesser einfetten. Vom noch warmen Teig zwei Drittel zwischen Backpapier so ausrollen, dass Boden und Seiten der Form bedeckt sind und der Teig etwas über den Rand lappt. Die Füllung auf dem Teigboden verteilen und festdrücken. Den übrigen Teig etwa 4 mm dünn auf einen Durchmesser von 20 cm ausrollen. Die Pastete damit bedecken und die Teigränder fest zusammendrücken. Überstehende Ränder abschneiden und ein kleines Loch in den Deckel schneiden.

5 Die übrigen Teigränder ausrollen und Dekoration für die Pastete ausstechen. Die Verzierung mit Ei fixieren und die Pastete mit Ei bestreichen. 1 Stunde und 20 Minuten backen. Nach 45 Minuten mit Alufolie bedecken, damit der Teig nicht zu schnell bräunt. Abkühlen lassen.

6 Das Gelee erwärmen, bis es gießfähig ist. Ein kleines Röhrchen (z. B. eine Spritztülle) in das Loch im Deckel stecken und etwas Gelee hineingießen. Absetzen lassen und nachgießen, bis die Pastete gefüllt ist. Es soll kein Leerraum entstehen, wenn das Gelee einwirkt. Die Pastete über Nacht kalt stellen. Bei Zimmertemperatur servieren.

NÄHRWERTE PRO PORTION (6)
585 kcal; 40 g Eiweiß; 20 g Fett; 63 g Kohlenhydrate; 3.5 g Ballaststoffe; 113 mg Cholesterin

Den Teigdeckel über die Füllung legen und die Teigränder mit den Fingern festdrücken.

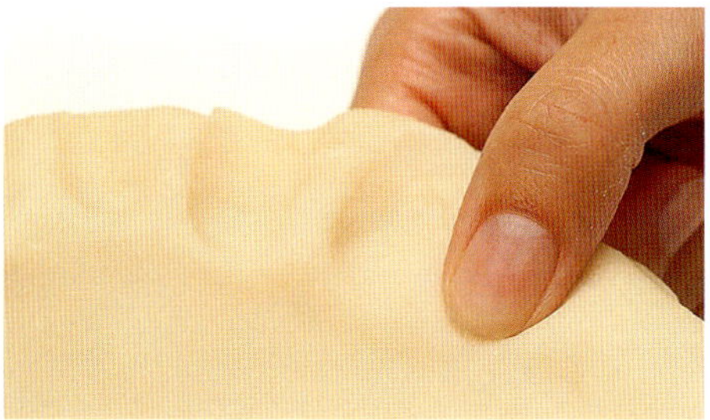

Mit einem kleinen scharfen Messer ein Loch als „Kamin" in den Deckel schneiden.

Eine Spritztülle in das Loch stecken und etwas Gelee hineingeben. Absetzen lassen, dann nachgießen.

Fleischpastete nach Hausfrauenart

VORBEREITUNGSZEIT: 30 MINUTEN + ABKÜHLZEIT + KÜHLZEIT | GESAMTZUBEREITUNGSZEIT: 1 STUNDE 45 MINUTEN | FÜR 6 PERSONEN

1 EL Öl
1 Zwiebel, gehackt
1 Knoblauchzehe, zerdrückt
750 g Rinderhackfleisch
250 ml Rinderbrühe
250 ml Bier
1 EL Tomatenmark
1 EL Hefeextrakt
1 EL Worcestersauce
2 TL Speisestärke
375 g fertiger Mürbeteig
375 g fertiger Blätterteig
1 Ei, leicht verquirlt, zum Bestreichen

1 Öl bei mittlerer Hitze in der Pfanne erwärmen und die Zwiebel darin 5 Minuten anschwitzen. Die Hitze erhöhen, Knoblauch und Hackfleisch zugeben und etwa 5 Minuten anbraten, bis das Fleisch gebräunt ist. Sich bildende Klumpen zerkleinern.

2 Brühe, Bier, Tomatenmark, Hefeextrakt, Worcestersauce and 125 ml Wasser zufügen. Bei mittlerer Hitze 1 Stunde köcheln lassen, bis der Großteil der Flüssigkeit verkocht ist. Die Speisestärke mit 1 Esslöffel Wasser mischen und unter das Fleisch rühren, 5 Minuten köcheln lassen, bis die Mischung eindickt. Vom Herd nehmen und vollständig abkühlen lassen.

3 Eine Auflaufform mit etwa 18 cm Durchmesser leicht einfetten. Den Mürbeteig auf etwas mehr als 18 cm ausrollen und die Auflaufform damit auslegen. Den Teigboden gut festdrücken, bei Bedarf beschweren. Der überschüssige Teig soll über den Rand ragen.

4 Blätterteig zu einer runden Platte von etwa 23 cm Durchmesser ausrollen. Die Füllung auf dem Mürbeteigboden verteilen und glattstreichen. Die freien Teigränder mit Ei bestreichen, dann mit dem Blätterteig bedecken. Überstehenden Teig abschneiden. Die Teigränder gut zusammendrücken und mit dem Messer oder den Fingern einen gewellten Rand formen. 20 Minuten kalt stellen und im Backofen ein Backblech auf 200 °C vorheizen.

5 Die Pastete mit dem übrigen Ei bestreichen und auf dem erwärmten Backblech auf unterer Schiene 25–30 Minuten backen, bis der Blätterteig aufgegangen und goldbraun ist.

NÄHRWERTE PRO PORTION
745 kcal; 38 g Eiweiß; 44 g Fett; 52 g Kohlenhydrate; 3 g Ballaststoffe; 129.5 mg Cholesterin

Die abgekühle Fleischmischung in die mit Mürbeteig ausgelegte Form füllen.

Mit Blätterteig bedecken und die überstehenden Ränder mit einem scharfen Messer abschneiden.

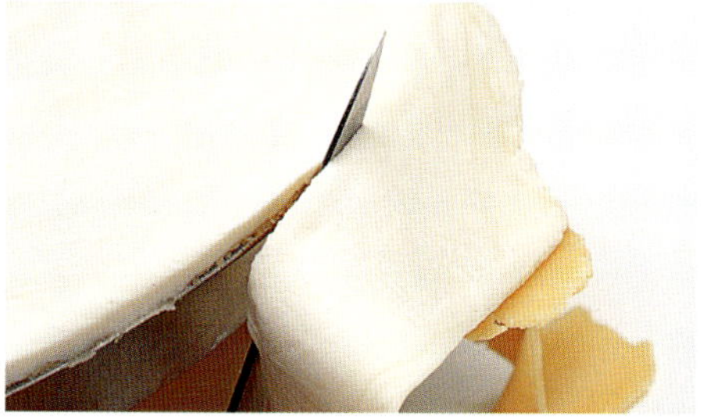

Kürbis-Pie mit Feta

VORBEREITUNGSZEIT: 30 MINUTEN + ABKÜHLZEIT + KÜHLZEIT | GESAMTZUBEREITUNGSZEIT: 1 STUNDE 35 MINUTEN | FÜR 6 PERSONEN

700 g Butternuss-Kürbis, gewürfelt
4 Knoblauchzehen mit Schale
100 ml Olivenöl
2 kleine rote Zwiebeln, halbiert und in Scheiben geschnitten
1 EL Balsamico
1 EL brauner Zucker
100 g Feta, zerbröckelt
1 EL Rosmarin
Salz
frisch gemahlener schwarzer Pfeffer

TEIG
250 g Weizenmehl Type 405
125 g kalte Butter, gewürfelt
60 g geriebener Parmesan
3–4 EL eiskaltes Wasser

1 Den Backofen auf 200 °C vorheizen. Kürbiswürfel und Knoblauchzehen auf einem Backblech verteilen, mit 2 Esslöffeln Öl besprenkeln und 25–30 Minuten backen, bis der Kürbis gar ist. Kürbis in eine große Schüssel füllen und Knoblauch beiseite legen. Abkühlen lassen.

2 Währenddessen 2 Esslöffel Öl in einer Pfanne erhitzen und die Zwiebel darin bei mittlerer Hitze 10 Minuten anschwitzen. Gelegentlich umrühren. Essig und Zucker zufügen und 15 Minuten garen, bis die Zwiebel karamellisiert. Vom Herd nehmen und unter den Kürbis heben. Abkühlen lassen.

3 Während die Gemüsemischung abkühlt, den Teig vorbereiten. Mehl und 1 Teelöffel Salz in eine große Schüssel sieben und mit der Butter zu einem krümeligen Teig verreiben. Den Käse unterheben. Eine Milde formen, den Großteil des kalten Wassers zugeben und die Mischung zu einem glatten Teig verrühren. Wenn nötig, mehr Wasser zufügen.

4 Den Teig auf einer bemehlten Arbeitsfläche zu einer Kugel kneten und zu einer dicken Scheibe ausrollen. Mit Frischhaltefolie bedecken und 20 Minuten kalt stellen.

5 Feta und Rosmarin unter die Kürbismischung heben. Knoblauch schälen und unterrühren. Mit Salz und Pfeffer abschmecken.

6 Den Teig zwischen Backpapier auf einen Durchmesser von etwa 35 cm ausrollen und auf dem Backpapier auf ein Backblech legen. Die Kürbis-Feta-Mischung darauf verteilen und einen Rand von etwa 6 cm frei lassen. Die Teigränder nach innen einschlagen und dabei falten. 40 Minuten knusprig goldbraun backen.

NÄHRWERTE PRO PORTION
565 kcal; 14 g Eiweiß; 39 g Fett; 42 g Kohlenhydrate; 4 g Ballaststoffe; 73 mg Cholesterin

Kürbiswürfel und Knoblauchzehen auf einem Backblech verteilen und leicht mit Öl begießen.

Die Teigränder nach innen einschlagen und übereinanderfalten.

Italienische Zucchinipastete

VORBEREITUNGSZEIT: 30 MINUTEN + KÜHLZEIT: 30 MINUTEN + ABTROPFZEIT | GESAMTZUBEREITUNGSZEIT: 1 STUNDE | FÜR 6 PERSONEN

300 g Weizenmehl Type 405, Salz
80 ml Olivenöl
1 Ei, verquirlt
3–4 EL eiskaltes Wasser
600 g Zucchini
150 g Provolone (italienischer Käse), gerieben
120 g Ricotta
3 Eier
2 Knoblauchzehen, zerdrückt
2 TL fein gehacktes, frisches Basilikum
1 Prise gemahlenee Muskatnuss
frisch gemahlener schwarzer Pfeffer
1 Ei, leicht verquirlt, zum Bestreichen

1 Für den Teig Mehl und ½ Teelöffel Salz in eine Schüssel sieben, in die Mitte eine Mulde drücken. Öl, Ei und Wasser zufügen und zu einem glatten Teig rühren. Bei Bedarf mehr Wasser zugeben. Zu einer Kugel formen, in Frischhaltefolie gewickelt 30 Minuten kalt stellen.

2 Den Backofen auf 200 °C vorheizen und ein Backblech darin erwärmen. Eine Auflaufform mit etwa 18 cm Durchmesser einfetten. Zucchini reiben, in einen Durchschlag geben und mit ¼ Teelöffel Salz 30 Minuten entwässern. Die verbliebene Flüssigkeit ausdrücken und Zucchini in einer großen Schüssel mit Provolone, Ricotta, Eiern, Knoblauch, Basilikum und Muskat verrühren. Mit Salz und Pfeffer abschmecken.

3 Zwei Drittel des Teiges so ausrollen, dass die Auflaufform damit ausgelegt werden kann.

4 Die Füllung über dem Teigboden verteilen und glattstreichen, die Teigränder mit Ei bestreichen. Zwei Drittel des übrigen Teiges zu einem Deckel ausrollen, die Füllung damit bedecken und die Ränder gut zusammendrücken. Ränder abschneiden und Wellen formen. Den Deckel mehrmals einstechen und mit Ei bestreichen.

5 Den übrigen Teig auf etwa 30 x 10 cm ausrollen. Mit einem scharfen Messer 9 Streifen zu 1 cm schneiden. Je 3 Streifen an einem Ende auf der Arbeitsfläche fixieren und verflechten. Die Zöpfe an den Enden abschneiden und diagonal über die Pastete legen. Mit Ei bestreichen und 50 Minuten goldbraun backen.

Die Zucchinifüllung auf dem Teigboden verteilen und glattstreichen.

NÄHRWERTE PRO PORTION
480 kcal; 21 g Eiweiß; 27 g Fett; 40 g Kohlenhydrate; 4 g Ballaststoffe; 184,5 mg Cholesterin

Kartoffelpasteten mit Filoteig

VORBEREITUNGSZEIT: 1 STUNDE | GESAMTZUBEREITUNGSZEIT: 1 STUNDE 20 MINUTEN | ERGIBT 6 STÜCK

6 Eiertomaten, längs halbiert
3 EL Olivenöl
Salz
50 g Butter
3 Knoblauchzehen, zerdrückt
800 g Kartoffeln, mit Schale in Scheiben geschnitten
500 g Blattspinat, geputzt und geschnitten
12 Blätter Filoteig
100 g Butter, zerlassen
2 EL Sesam

1 Backofen auf 200 °C vorheizen. Die Tomatenhälften mit der Schnittfläche nach oben auf ein Backblech legen, mit 1 Teelöffel Öl beträufeln und mit Salz bestreuen. 40 Minuten grillen.

2 Butter und das übrige Öl in einer großen beschichteten Pfanne erhitzen, Knoblauch und Kartoffeln 10 Minuten braten, bis die Kartoffeln weich sind. Gelegentlich umrühren. Auf Küchenpapier abtropfen lassen. In der gleichen Pfanne den Spinat 1–2 Minuten garen, bis er zusammengefallen ist. Abkühlen lassen und die verbliebene Flüssigkeit ausdrücken.

3 Backofen auf 180 °C vorheizen. Ein Blatt Filoteig vorbereiten, die übrigen mit einem feuchten Küchentuch bedecken. Teig mit zerlassener Butter bestreichen und ein zweites Blatt darauflegen. Ebenfalls mit Butter bestreichen und mit zwei weiteren Blättern ebenso verfahren. Der Länge nach halbieren. Je auf das äußere Ende einige Kartoffelscheiben legen, oben und unten einen breiten Rand lassen. Kartoffeln mit je 2 Tomatenscheiben und etwas Spinat belegen.

4 Den Teig seitlich einschlagen und um die Füllung einrollen. Auf ein leicht gefettetes Backblech legen, mit zerlassener Butter bestreichen und mit Sesam bestreuen. Aus dem übrigen Teig weitere fünf Pasteten formen. 25–30 Minuten goldgelb backen.

NÄHRWERTE PRO PASTETE
465 kcal; 9 g Eiweiß; 30 g Fett; 35 g Kohlenhydrate; 6 g Ballaststoffe; 60 mg Cholesterin

Je vier Blätter Filoteig aufeinanderschichten und jedes Blatt mit zerlassener Butter bestreichen.

Den Teig seitlich einschlagen und um die Füllung zu einem Päckchen rollen.

Pie mit Tandoori-Lamm

VORBEREITUNGSZEIT: 45 MINUTEN + KÜHLZEIT: 20 MINUTEN | GESAMTZUBEREITUNGSZEIT: 1 STUNDE 30 MINUTEN | FÜR 4–6 PERSONEN

125 g Weizenmehl Type 405
60 g kalte Butter, gewürfelt
Salz
2 TL Koriandersamen
2 TL Kümmel
2 TL Mohn
1 Eigelb
2 EL eiskaltes Wasser

FÜLLUNG

850 g Lammschulter ohne Knochen
2 EL Öl
2 Zwiebeln, gehackt
1 Knoblauchzehe, zerdrückt
2 TL geriebener Ingwer
1 TL Chilipulver
2 TL Garam masala (indische Gewürzmischung)
1 TL gemahlener Kreuzkümmel
½ TL gemahlene Kurkuma
2 Möhren, gehackt
300 ml Rinderbrühe
1 EL Weizenmehl Type 405
1 TL Zucker
2 EL Zitronensaft
200 g Naturjoghurt
1 Eigelb, leicht verquirlt, zum Bestreichen

1 Für den Teig Mehl und Butter in der Küchenmaschine zu einem krümeligen Teig mixen und mit einer Prise Salz abschmecken. Koriander, Kümmel und Mohn unterrühren, dann Eigelb und Wasser zugeben. Mit kurzem Pulsieren zu einem glatten Teig mixen, bei Bedarf etwas Wasser zugeben. Auf einer bemehlten Arbeitsfläche rasch zu einer Kugel verkneten. In Frischhaltefolie wickeln und mindestens 20 Minuten kalt stellen.

2 Für die Füllung Lammschulter vom Fett befreien und grob würfeln. Öl in einer Pfanne erhitzen und das Fleisch portionsweise braten, bis es gut gebräunt ist. Das gesamte Fleisch in die Pfanne geben, Zwiebel zufügen und glasig anschwitzen. Dann Knoblauch, Ingwer und Gewürze zugeben und etwa 1 Minute einrühren, bis sich das Aroma entfaltet. Möhren und Brühe unterrühren, aufkochen, dann die Hitze reduzieren und zugedeckt etwa 50 Minuten köcheln lassen, bis das Fleisch gar ist. Vom Herd nehmen. Das Mehl mit 2 Esslöffeln Wasser glatt rühren und unter das Fleisch heben. Die Mischung erneut aufkochen und unter Rühren eindicken lassen. Zucker, Zitronensaft und Joghurt zugeben und gut verrühren. Mit einer großzügigen Prise Salz abschmecken.

3 Die Füllung in einer Auflaufform mit etwa 20 cm Durchmesser (rund oder eckig) verteilen und abkühlen lassen. Den Backofen auf 200 °C vorheizen.

4 Den Teig auf Backpapier auf die Größe der Auflaufform ausrollen. Die Füllung damit bedecken und die Ränder mit den Fingern wellenförmig eindrücken. Mit leicht geschlagenem Eigelb bestreichen und 25–30 Minuten backen, bis der Teig knusprig und goldbraun ist.

NÄHRWERTE PRO PORTION (6)
455 kcal; 40 g Eiweiß; 25 g Fett; 25 g Kohlenhydrate; 3 g Ballaststoffe; 185 mg Cholesterin

Koriander, Kreuzkümmel und Mohn zu der Mischung in die Küchenmaschine geben und unterheben.

Gewürfelte Möhren und Rinderbrühe unter die Fleischmischung rühren.

Den Teig für den Deckel auf die Größe der Auflaufform ausrollen.

Pie mit Rumpsteak und Lammnierchen

VORBEREITUNGSZEIT: 20 MINUTEN | GESAMTZUBEREITUNGSZEIT: 2 STUNDEN | FÜR 6 PERSONEN

750 g Rumpsteak
4 Lammnierchen
2 EL Weizenmehl Type 405
1 EL Öl
1 Zwiebel, gehackt
30 g Butter
1 EL Worcestersauce
1 EL Tomatenmark
125 ml Rotwein
250 ml Rinderbrühe
125 g Champignons, in Scheiben geschnitten
½ TL Thymian
20 g frische gehackte glatte Petersilie
Salz, frisch gemahlener schwarzer Pfeffer
375 g fertiger Blätterteig
1 Ei, leicht verquirlt, zum Bestreichen

1 Das Rumpsteak würfeln. Nierchen von Haut, Fett und Sehnen befreien und vierteln. Beides in Mehl wenden, überschüssiges Mehl abschütteln.

2 Öl in der Pfanne erhitzen und die Zwiebel darin 5 Minuten anschwitzen, mit einem Sieblöffel herausnehmen. Die Butter in die Pfanne geben und Fleisch und Nieren darin portionsweise anbraten. Zum Schluss das gesamte Fleisch und die Zwiebeln in die Pfanne geben.

3 Worcestersauce, Tomatenmark, Wein, Brühe, Champignons, Thymian und Petersilie zufügen und die Mischung aufkochen, dann zugedeckt 1 Stunde köcheln lassen, bis das Fleisch gar ist. Mit Salz und Pfeffer abschmecken, abkühlen lassen, in eine feuerfeste Form (etwa 1,5 Liter) füllen.

4 Den Backofen auf 210 °C vorheizen. Den Blätterteig auf einer leicht bemehlten Arbeitsfläche ausrollen, sodass er im Durchmesser etwa 5 cm größer ist als die Form. Dünne Teigstreifen um den Rand der Form legen, damit der Deckel gut abschließt, und die Füllung mit dem Blätterteig bedecken. Ränder abschneiden und die Pie damit verzieren, mit Ei bestreichen. 35–40 Minuten goldbraun backen.

Rumpsteak und Nierchen portionsweise anbraten, dann das gesamte Fleisch in den Topf geben.

Den Blätterteig auf einer bemehlten Arbeitsfläche ausrollen, sodass er etwas größer ist als die Form.

NÄHRWERTE PRO PORTION
524 kcal; 38 g Eiweiß; 28 g Fett; 27 g Kohlenhydrate; 2 g Ballaststoffe; 244 mg Cholesterin

Kartoffel-Lachs-Taschen

VORBEREITUNGSZEIT: 30 MINUTEN | GESAMTZUBEREITUNGSZEIT: 40 MINUTEN | ERGIBT 12 STÜCK

750 g mehligkochende Kartoffeln, geschält
40 g Butter
60 g Sahne
125 g geriebener Gouda
200 g Lachs aus der Dose, ohne Haut und Gräten, in Flocken geteilt
1 EL frischer gehackter Dill
4 Frühlingszwiebeln, fein gehackt
Salz
3 Platten fertiger Blätterteig
1 Ei, leicht verquirlt, zum Bestreichen

1 Kartoffeln in kleine Stücke schneiden und in einem Topf weich kochen. Mit Butter und Sahne pürieren, bis keine Klumpen mehr erkennbar sind. Zwei Backbleche leicht einfetten.

2 Käse, Lachs, Dill, Frühlingszwiebel und Salz unter die Kartoffeln rühren. Den Backofen auf 200 °C vorheizen. Die Blätterteigstücke in je 4 Quadrate schneiden und die Lachsmischung darauf verteilen. Die Teigränder mit etwas Ei bestreichen, alle vier Ecken in die Mitte klappen und gut festdrücken, sodass quadratische Päckchen entstehen.

3 Die Päckchen auf die Backbleche legen und mit Ei bestreichen, etwa 15–20 Minuten goldbraun backen.

HINWEIS: *Vor dem Herausnehmen die Pasteten leicht anheben und prüfen, ob der Teig durchgebacken ist. Wenn sie zu lange im Ofen sind, könnten die Ecken aufspringen.*

TIPP: *Wenn der Blätterteig besonders buttrig schmecken soll, vor dem Backen mit zerlassener Butter bestreichen.*

Jede Blätterteigplatte in 4 Quadrate schneiden und die Füllung in die Mitte setzen.

Alle vier Ecken in die Mitte klappen und zu einem Päckchen verschließen.

NÄHRWERTE PRO STÜCK
885 kcal; 30 g Eiweiß; 55 g Fett; 70 g Kohlenhydrate; 5 g Ballaststoffe; 180 mg Cholesterin

Kaninchenpastete

VORBEREITUNGSZEIT: 45 MINUTEN + EINWEICHZEIT ÜBER NACHT + KÜHLZEIT | ZUBEREITUNGSZEIT: 2 STUNDEN 30 MINUTEN | FÜR 4 PERSONEN

1 EL Essig
Salz
1 Kaninchen, küchenfertig in 12 Portionen zerteilt
3 EL Weizenmehl Type 405
frisch gemahlener schwarzer Pfeffer
4 EL Olivenöl
2 Scheiben Speck, gehackt
2 Zwiebeln, fein gehackt
1 grüner Apfel, geschält, entkernt, in Stücke geschnitten
12 entsteinte Dörrpflaumen
1 EL Weizenmehl Type 405
1 EL brauner Zucker
375 ml Bier oder Cider (Apfelwein)
1 TL Thymian
375 g Blätterteig
1 Eigelb mit 1 TL Wasser verrührt, zum Bestreichen

1 Essig und ½ Teelöffel Salz in eine große Schüssel mit Wasser geben. Die Kaninchenteile darin einlegen und über Nacht kalt stellen. Abtropfen lassen und abspülen, dann mit Küchenpapier trockentupfen. Mehl mit Salz und Pfeffer mischen und die Kaninchenteile darin wenden.

2 Backofen auf 180 °C vorheizen. 3 Esslöffel Öl in einer tiefen Pfanne erhitzen und das Fleisch bei mittlerer Hitze rasch portionsweise anbraten, bis es gebräunt ist. In einen großen Kochtopf (etwa 2 Liter) mit Deckel füllen.

3 Das übrige Öl in der Pfanne erhitzen und Speck, Zwiebeln, Apfel und Dörrpflaumen bei mittlerer Hitze etwa 5 Minuten rösten, bis die Mischung leicht gebräunt ist. Mit Mehl und braunem Zucker bestreuen und unter Rühren weitere 5 Minuten garen. Bier oder Cider zugeben und unter ständigem Rühren 3 Minuten weitergaren, bis die Flüssigkeit eindickt. Thymian unterrühren und das Fleisch damit übergießen.

4 Die Mischung zugedeckt 1½ Stunden im Ofen schmoren, bis das Fleisch gar ist.

5 Die Fleischmischung in eine tiefe Auflaufform (etwa 1,25 Liter) füllen, etwas abkühlen lassen und dann kalt stellen.

6 Einen „Kamin" oder eine Spritztülle in das Fleisch stecken. Den Teig ausrollen, sodass er etwa 5 cm größer ist als der Durchmesser der Form. Kleine Stücke abschneiden und den Kamin damit umgeben. Den Teig auf den Durchmesser der Form stutzen und an der Stelle des Kamins ein Loch ausschneiden. Aus den Teigresten schmale Streifen ausschneiden und den Rand der Form damit auslegen, die Ränder gut zusammendrücken. Formrand und Teigstreifen mit der Wasser-Ei-Mischung bestreichen, dann den Teigdeckel aufsetzen und gut festdrücken. Mit dem Messerrücken den Rand der Pastete verzieren. Mindestens 30 Minuten kalt stellen.

7 Die Pastete mit dem übrigen Ei bestreichen. Die Backtemperatur auf 210 °C erhöhen und die Pastete 30–40 Minuten goldbraun backen. Während der letzten 10 Minuten die Hitze auf 180 °C reduzieren und die Pastete mit Alufolie bedecken, damit sie nicht zu rasch bräunt.

NÄHRWERTE PRO PORTION
1063 kcal; 85 g Eiweiß; 50 g Fett; 64 g Kohlenhydrate; 5 g Ballaststoffe; 265 mg Cholesterin

Bier oder Cider zugeben und unter ständigem Rühren mit einem Holzlöffel 3 Minuten garen.

Wenn die Fleischfüllung vollständig abgekühlt ist, einen „Kamin" für die Pastete hineinstecken.

Leichte Spinat-Pie

VORBEREITUNGSZEIT: 25 MINUTEN | GESAMTZUBEREITUNGSZEIT: 45 MINUTEN | FÜR 6 PERSONEN

1,5 kg Blattspinat
2 TL Olivenöl
1 Zwiebel, gehackt
4 Frühlingszwiebeln, gehackt
750 g Frischkäse
2 Eier, leicht verqirlt
2 Knoblauchzehen, zerdrückt
1 Prise geriebene Muskatnuss
15 g gehackte Minze
Salz, frisch gemahlener schwarzer Pfeffer
8 Blätter Filoteig
30 g Butter, zerlassen
40 g Semmelbrösel

1 Backofen auf 180 °C vorheizen und eine eckige, feuerfeste Form (ca. 1,5 Liter) mit Öl beprenkeln. Den Spinat waschen, die Blattstiele entfernen und noch feucht in einen großen Topf geben. Zugedeckt 2–3 Minuten garen, bis er zusammengefallen ist. Abtropfen und abkühlen lassen, ausdrücken und fein hacken.

2 Öl in einer Pfanne erhitzen, Zwiebel und Frühlingszwiebeln darin 2–3 Minuten anschwitzen. Mit dem Spinat in eine Schüssel geben, Frischkäse, Ei, Knoblauch, Muskat und Minze unterheben. mit Salz und Pfeffer abschmecken.

3 Ein Blatt Filoteig mit etwas Butter bestreichen, der Länge nach falten und die Form damit vollständig auskleiden. Mit 3 weiteren Teigblättern ebenso verfahren. Die übrigen Teigblätter mit einem feuchten Küchentuch bedecken.

4 Den Teigboden mit Semmelbröseln bestreuen und die Füllung darauf verteilen. Die Teigränder einschlagen. Die übrigen Teigblätter mit Butter bestreichen und als Deckel über die Pastete legen, die Ränder einrollen. Den Teigdeckel mit der übrigen Butter bestreichen. Mit dem Messer ein Muster in den Teigdeckel ritzen.

5 40 Minuten goldbraun backen und zum Servieren in Würfel schneiden.

Die Teigblätter mit Butter bestreichen, längs zusammenfalten und die Form damit auslegen.

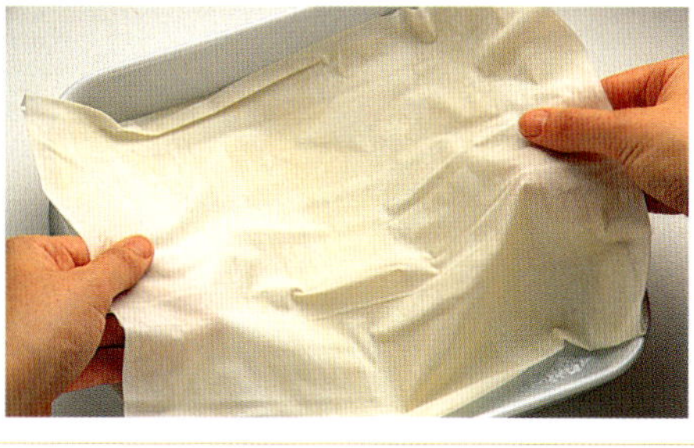

Die Pie mit den übrigen Teigblättern bedecken und die Ränder nach innen einrollen.

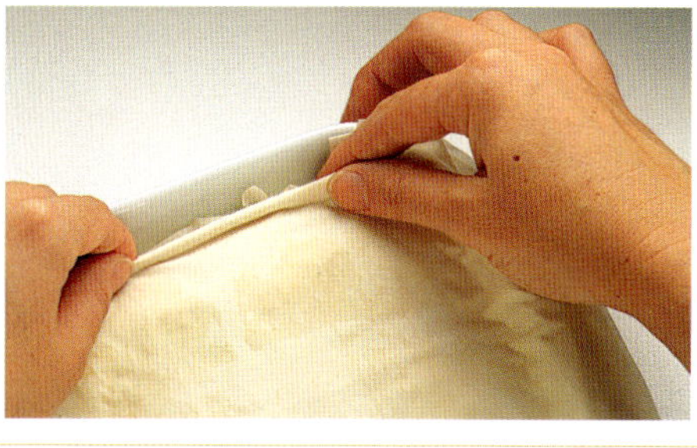

NÄHRWERTE PRO PORTION

360 kcal, 35 g Eiweiß; 10 g Fett; 30 g Kohlenhydrate; 8 g Ballaststoffe; 75 mg Cholesterin

Red-Snapper-Pasteten

VORBEREITUNGSZEIT: 25 MINUTEN | GESAMTZUBEREITUNGSZEIT: 1 STUNDE 20 MINUTEN | ERGIBT 6 STÜCK

2 EL Olivenöl
4 Zwiebeln, in dünne Ringe geschnitten
375 ml Fischfond
875 g Sahne
1 kg Red-Snapper-Filets ohne Haut, in mundgerechte Stücke geschnitten
2 Platten Blätterteig
1 Ei, leicht verquirlt, zum Bestreichen

1 Backofen auf 220 °C vorheizen. Öl in einem großen Topf erhitzen und die Zwiebeln bei mittlerer Hitze unter Rühren 20 Minuten anschwitzen, bis sie goldbraun und karamellisiert sind.

2 Die Zwiebeln mit dem Fischfond aufkochen und 10 Minuten garen, bis er nahezu verdampft ist. Mit der Sahne erneut aufkochen und etwa 20 Minuten köcheln lassen, bis die Flüssigkeit zur Hälfte eingekocht ist oder am Rücken eines eingetauchten Löffels haften bleibt.

3 In 6 feuerfeste Förmchen (Inhalt etwa 310 ml) je etwas Fischsauce füllen, Fischstücke darüberlegen und mit Sauce übergießen.

4 Den Blätterteig in Kreise von etwas mehr als dem Formdurchmesser schneiden, die Ränder mit etwas Ei bestreichen und die Pasteten damit bedecken. Festdrücken und mit Ei bestreichen. 30 Minuten knusprig goldbraun backen.

NÄHRWERTE PRO PASTETE
1033 kcal; 43 g Eiweiß; 85 g Fett; 27 g Kohlenhydrate; 1,6 g Ballaststoffe; 345 mg Cholesterin

Die Hitze reduzieren und die Fischsauce köcheln lassen, bis sie an einem eingetauchten Löffel haftet.

Die Fischstücke gleichmäßig auf sechs feuerfeste Souffléförmchen verteilen.

Jede Pastete mit einem Teigkreis bedecken und den Deckel an den Rändern sanft festdrücken.

Überbackener Gemüsekuchen

VORBEREITUNGSZEIT: 25 MINUTEN + KÜHLZEIT: 20 MINUTEN | GESAMTZUBEREITUNGSZEIT: 1 STUNDE 30 MINUTEN | FÜR 6 PERSONEN

125 g Weizenmehl Type 405
60 g kalte Butter, gewürfelt
1 Eigelb
2 TL Mohn
1–2 EL eiskaltes Wasser

FÜLLUNG
30 g Butter
2 EL Öl
1 Zwiebel, in dünne Spalten geschnitten
1 Lauchstange, in dünne Ringe geschnitten
3 Kartoffeln, geschält und in grobe Würfel geschnitten
300 g gelbe Süßkartoffeln, in grobe Würfel geschnitten
300 g Kürbis (z. B. Butternuss), gewürfelt
200 g Steckrüben, geschält und gewürfelt
250 ml Gemüsebrühe
1 rote Paprika, gewürfelt
200 g Brokkoli, in Röschen geschnitten
2 Zucchini, in dicke Scheiben geschnitten
Salz
frisch gemahlener schwarzer Pfeffer
125 g geriebener Gouda

NÄHRWERTE PRO PORTION
428 kcal; 14 g Eiweiß; 27 g Fett; 32 g Kohlenhydrate; 6.5 g Ballaststoffe; 90 mg Cholesterin

1 Den Backofen auf 200 °C vorheizen. Für den Teig Mehl in eine große Schüssel sieben, Mehl und Butter mit den Fingern zu einem krümeligen Teig verreiben. In die Mitte eine Mulde drücken, Eigelb, Mohn und Wasser zugeben und rasch zu einem glatten Teig verrühren. Den Teig auf einer bemehlten Arbeitsfläche zu einer dicken Scheibe formen, mit Frischhaltefolie bedecken und 20 Minuten kalt stellen.

2 Eine flache Auflaufform mit etwa 23 cm Durchmesser vorbereiten. Den Teig zwischen Backpapier auf die Größe der Form ausrollen. Überhängende Teigränder abschneiden. Den Teigboden mit der Gabel mehrmals einstechen und 15–20 Minuten blindbacken, bis er fest und goldbraun ist.

3 Für die Füllung Butter und Öl in einer großen Kasserole erhitzen und Zwiebel und Lauch darin bei mittlerer Hitze etwa 5 Minuten glasig anschwitzen. Kartoffeln, Süßkartoffeln, Kürbis und Steckrübe zugeben und unter gelegentlichem Rühren weich rösten. Brühe zugeben und 30 Minuten köcheln lassen.

4 Das übrige Gemüse zugeben und bei geringer Hitze 20 Minuten köcheln lassen, bis es weich ist und unter dem Messer teilweise zerfällt. Mit Salz und Pfeffer abschmecken und etwas abkühlen lassen.

5 Die Füllung auf dem Teigboden verteilen und mit Käse bestreuen. Auf mittlerer Schiene 5–10 Minuten überbacken, bis der Käse eine goldbraune Kruste bildet.

Den Teigboden mehrmals mit der Gabel einstechen und blindbacken, bis er fest und goldbraun ist.

Die Gemüsemischung köcheln lassen, bis das Gemüse weich ist und unter dem Messer zerfällt.

Kaninchen-Pilz-Pie mit Polentahaube

VORBEREITUNGSZEIT: 30 MINUTEN | GESAMTZUBEREITUNGSZEIT: 1 STUNDE 20 MINUTEN | FÜR 6 PERSONEN

10 g getrocknete Steinpilze
90 g Butter
1 kg Kaninchen (Filet oder ausgelöster Rücken), küchenfertig geschnitten und gewürfelt
200 g Bauchspeck, gewürfelt
1 große Zwiebel, fein gehackt
200 g Champignons, geviertelt
150 g japanische Shimeji-Pilze (Buchenpilze)
1 EL Weizenmehl Type 405
200 g Crème fraîche
150 g Sahne
frisch gemahlener schwarzer Pfeffer
2 TL Thymian
2 EL frische gehackte glatte Petersilie

POLENTA
500 ml Milch
30 g Butter
½ TL Salz
75 g schnell kochende Polenta
60 g geriebener Parmesan
1 Prise geriebene Muskatnuss
1 Ei, leicht verquirlt

Die Polentamasse mit einem Holzlöffel auf die Fleischfüllung geben.

1 Die Steinpilze 15 Minuten in 125 ml lauwarmem Wasser einweichen. In der Zwischenzeit die Butter bei mittlerer Hitze in einer tiefen Pfanne schmelzen und das Kaninchenfleisch portionsweise je 5 Minuten braten, bis es gut gebräunt ist. Beiseite stellen und in derselben Pfanne den Bauchspeck 4–5 Minuten goldbraun braten. Die übrige Butter und die Zwiebel zugeben und diese bei reduzierter Hitze 5 Minuten anschwitzen.

2 Champignons und Shimeji-Pilze unter das Fleisch heben. Steinpilze ausdrücken und fein hacken. Pilze und Einweichflüssigkeit in die Pfanne geben und 10 Minuten köcheln lassen, bis die gesamte Flüssigkeit verdampft ist. Mehl zugeben und gut unterheben, dann Crème fraîche und Sahne unterrühren und mit Pfeffer abschmecken. Das Fleisch wieder zufügen und 20 Minuten köcheln lassen, bis die Sauce eingedickt ist. Die frischen Kräuter zugeben.

3 Den Backofen auf 200 °C vorheizen. Eine feuerfeste Form (etwa 1,25 Liter Inhalt) einfetten und die Fleischmischung hineinfüllen.

4 Für den Polentadeckel Milch, Butter und Salz in einem Topf erhitzen, bis die Mischung fast kocht. Polenta einrühren und 5 Minuten unter ständigem Rühren andicken lassen. Die Polenta sollte eine glatte Masse bilden und sich leicht vom Topfrand lösen. Vom Herd nehmen und Parmesan unterrühren. Muskat zugeben, Ei hineinschlagen und abschmecken. Die Masse über der Füllung verteilen und 20 Minuten goldgelb backen.

VARIANTE: *Anstelle des Kaninchenfleischs 1 kg Hähnchenschenkel ohne Knochen verwenden.*

NÄHRWERTE PRO PORTION (6)
780 kcal; 57 g Eiweiß; 53 g Fett; 10 g Kohlenhydrate; 2.5 g Ballaststoffe; 282 mg Cholesterin

THE MONUMENT, LONDON, 1840.

Mediterrane Pastete

VORBEREITUNGSZEIT: 25 MINUTEN + KÜHLZEIT: 20 MINUTEN | GESAMTZUBEREITUNGSZEIT: 35 MINUTEN | FÜR 4 PERSONEN

375 g Weizenmehl Type 405
1 Ei, leicht verquirlt
125 ml Buttermilch
100 ml Olivenöl

FÜLLUNG
2 EL Olivenöl
100 g Champignons, in Scheiben
1 Dose ganze Tomaten (400 g), ohne Saft, grob gehackt
100 g Salamischeiben
180 g eingelegte Artischocken, abgegossen
4 EL Basilikum, zerzupft
100 g geriebener Mozzarella
30 g geriebener Parmesan
Salz
frisch gemahlener schwarzer Pfeffer
Milch zum Bestreichen

NÄHRWERTE PRO PORTION
880 kcal; 30 g Eiweiß; 52 g Fett; 75 g Kohlenhydrate; 7 g Ballaststoffe; 95 mg Cholesterin

1 Den Backofen auf 210 °C vorheizen. Ein Backblech einfetten und im Backofen aufwärmen. Mehl in eine große Schüssel sieben, Ei und Buttermilch sowie das Öl zugeben. Mit einem Metalllöffel zu einem geschmeidigen Teig verrühren; bei Bedarf etwas Wasser zugeben. Auf einer leicht bemehlten Arbeitsfläche zu einer glatten Kugel kneten. In Frischhaltefolie wickeln und 20 Minuten kalt stellen.

2 Für die Füllung Öl in einer großen Pfanne erhitzen und die Champignons bei mittlerer Hitze 5 Minuten rösten, bis sie weich und leicht gebräunt sind.

3 Den Teig in zwei Hälften zu je einem Teigkreis mit etwa 30 cm Durchmesser zwischen zwei Backpapierstücken ausrollen. Einen Teigkreis mit je einer Schicht Tomaten, Salami, Champignons, Artischocken, Basilikum, Mozzarella und Parmesan belegen, dabei einen schmale Rand frei lassen. Mit Salz und Pfeffer abschmecken.

4 Den Teigrand mit Milch bestreichen. Den zweiten Teigkreis als Deckel auf die Pastete legen und die Ränder gut zusammendrücken. In den Teigdeckel mit einem Messer 3 Schlitze schneiden, Deckel mit Milch bestreichen. Auf dem vorgewärmten Backblech 30 Minuten goldbraun backen.

Den Teig auf einer bemehlten Arbeitsfläche kneten und rasch zu einer glatten Kugel formen.

Den Teigrand mit Milch bestreichen, damit der Deckel besser haftet.

Walisische Lamm-Pie

VORBEREITUNGSZEIT: 20 MINUTEN + ABKÜHLZEIT | GESAMTZUBEREITUNGSZEIT: 2 STUNDEN 35 MINUTEN | FÜR 6 PERSONEN

750 g Lammschulter ohne Knochen, gewürfelt
90 g Weizenmehl Type 405
Salz
2 EL Olivenöl
200 g Speck, fein gehackt
2 Knoblauchzehen, zerdrückt
4 große Lauchstangen, in Ringe geschnitten
1 große Möhre, gehackt
2 große Kartoffeln, geschält und gewürfelt
300 ml Rinderbrühe
1 Lorbeerblatt
2 TL frische gehackte glatte Petersilie
375 g fertiger Blätterteig
1 Ei, leicht verquirlt, zum Bestreichen

1 Die Fleischwürfel in mit Salz gemischtem Mehl wälzen. Das Öl in einer großen Pfanne bei mittlerer Hitze erwärmen und das Fleisch portionsweise je 4–5 Minuten anbraten. Beiseitestellen. Den Speck 3 Minuten braten, Knoblauch und Lauch zugeben und weitere 5 Minuten glasig braten.

2 Das Fleisch in einem großen Topf mit Lauch, Speck, Möhre, Kartoffeln, Brühe und Lorbeerblatt aufkochen, dann die Hitze reduzieren und zugedeckt 30 Minuten köcheln lassen. Deckel abnehmen und 1 Stunde weiter köcheln lassen, bis das Fleisch gar ist und die Flüssigkeit eindickt. Abschmecken, das Lorbeerblatt entfernen, Petersilie unterheben und abkühlen lassen.

3 Den Backofen auf 200 °C vorheizen. Die Fleischmasse in eine feuerfeste Form mit etwa 18 cm Durchmesser füllen. Den Teig auf die Größe der Form ausrollen, die Pastete damit bedecken und überhängende Ränder abschneiden. Teigränder gut festdrücken.

4 Aus den Teigresten Verzierungen formen. In den Deckel zwei Schlitze schneiden, die Pastete mit Ei bestreichen und 45 Minuten knusprig goldbraun backen.

Die Fleischfüllung köcheln lassen, bis die Flüssigkeit eindickt, dann das Lorbeerblatt entfernen.

Aus den Teigresten Verzierungen ausstechen und die Pastete damit dekorieren.

NÄHRWERTE PRO PORTION
590 kcal; 42 g Eiweiß; 28 g Fett; 43 g Kohlenhydrate; 5 g Ballaststoffe; 147 mg Cholesterin

Hähnchenpastete mit Schinken

VORBEREITUNGSZEIT: 40 MINUTEN | GESAMTZUBEREITUNGSZEIT: 1 STUNDE | FÜR 8–10 PERSONEN

375 g Weizenmehl Type 405
180 g kalte Butter, gewürfelt
2–3 EL eiskaltes Wasser
1 Ei, leicht verquirlt

FÜLLUNG
1 kg Hähnchenhackfleisch
1 TL gemischte getrocknete Kräuter
2 Eier, leicht verqirlt
3 Frühlingszwiebeln, fein gehackt
2 EL frische gehackte glatte Petersilie
2 TL grober Senf
80 g Sahne
Salz, frisch gemahlener schwarzer Pfeffer
200 g Beinschinken in Scheiben

1 Backofen auf 180 °C vorheizen. Mehl und Butter in der Küchenmaschine 20 Sekunden zu einem krümeligen Teig verarbeiten. Wasser zugeben und weitere 20 Sekunden mixen, bis eine glatte Masse entsteht. Auf einer leicht bemehlten Arbeitsfläche zu einem geschmeidigen Teig kneten. Zwei Drittel des Teiges ausrollen und eine Springform mit etwa 20 cm Durchmesser damit auslegen, sodass Teig über den Rand lappt. Mit Frischhaltefolie bedecken und kalt stellen, den übrigen Teig ebenfalls kalt stellen.

2 Für die Füllung Hähnchen, Kräuter, Ei, Frühlingszwiebeln, Petersilie, Senf und Sahne verrühren, mit Salz und Pfeffer abschmecken.

3 Ein Drittel der Füllung auf dem Teigboden verteilen und glattstreichen. Mit der Hälfte des Schinkens bedecken, eine weitere Schicht Hähnchen, dann wieder Schinken und zuletzt Hähnchenfleisch hineingeben.

4 Den inneren Teigrand mit Ei bestreichen. Den übrigen Teig zu einem Deckel ausrollen, die Pastete bedecken und die Ränder gut verschließen. Überhängende Ränder abschneiden und zur Dekoration verwenden. Mit Ei bestreichen und 1 Stunde goldbraun backen.

NÄHRWERTE PRO PORTION (8)
583 kcal; 40 g Eiweiß; 29 g Fett; 39 g Kohlenhydrate; 2 g Ballaststoffe; 215 mg Cholesterin

Hähnchen, Kräuter, Ei, Frühlingszwiebel, Petersilie, Senf, Sahne, Salz und Pfeffer verrühren.

Die Hähnchenfüllung und den Schinken abwechselnd auf den Teigboden schichten.

Kalbfleischpastete mit Paprika

VORBEREITUNGSZEIT: 40 MINUTEN + RUHEZEIT: 10 MINUTEN + ABKÜHLZEIT | GESAMTZUBEREITUNGSZEIT: 2 STUNDEN | FÜR 6 PERSONEN

80 ml Olivenöl
3 Paprikaschoten, Samen entfernt, in 2,5 cm breite Streifen geschnitten
2 Knoblauchzehen, zerdrückt
1 kg Kalbfleisch (Nacken, Schulter oder Brust), klein gewürfelt
30 g Weizenmehl Type 405
Salz
40 g Butter
2 Zwiebeln, fein gehackt
8 Schalotten, geschält
¼ TL Cayennepfeffer
2 TL Rotweinessig
185 ml Hühnerbrühe
2 EL frische gehackte glatte Petersilie
frisch gemahlener schwarzer Pfeffer
375 g fertiger Mürbeteig
1 Ei, leicht verquirlt, zum Bestreichen

1 Die Hälfte des Öls in einem Topf erhitzen und die Paprika bei mittlerer Hitze 2–3 Minuten rösten. Knoblauch zugeben und zugedeckt bei schwacher Hitze 5 Minuten garen lassen, dann beiseite stellen.

2 Fleisch, Mehl und Salz in einem Plastikbeutel schütteln, bis das Fleisch gleichmäßig benetzt ist. Übriges Mehl entfernen. In der Pfanne Butter und übriges Öl bei starker Hitze erwärmen und das Fleisch darin portionsweise anbraten, bis es gleichmäßig gebräunt ist. Das gesamte Fleisch zurück in die Pfanne geben, Zwiebel, Schalotten und Cayennepfeffer zufügen und bei schwacher Hitze zugedeckt 10 Minuten braten. Essig hineingeben und zugedeckt 10 Minuten ziehen lassen.

3 Paprika, Brühe und Petersilie unterheben, aufkochen und bei schwacher Hitze zugedeckt weitere 20 Minuten köcheln lassen, bis das Fleisch gar ist.

4 Deckel abnehmen und 30–40 Minuten garen, bis die Flüssigkeit eindickt. Mit Salz und Pfeffer abschmecken und abkühlen lassen. Backofen auf 200 °C vorheizen, ein Backblech darin erwärmen. Eine feuerfeste Form mit etwa 18 cm Durchmesser leicht einfetten.

5 Die Füllung in die Form geben und glattstreichen. Mürbeteig auf etwas mehr als den Formdurchmesser ausrollen und die Pastete damit bedecken. Die Ränder gut festdrücken. Teigreste abschneiden und für die Dekoration verwenden. Die Pastete mit Ei bestreichen und 30 Minuten goldbraun backen.

NÄHRWERTE PRO PORTION
635 kcal; 44 g Eiweiß; 37 g Fett; 33 g Kohlenhydrate; 2,5 g Ballaststoffe; 201 mg Cholesterin

Den Teigdeckel über die Füllung legen und am Formrand festdrücken, sodass er gut abschließt.

Kartoffel-Ziegenkäse-Pies

VORBEREITUNGSZEIT: 25 MINUTEN | GESAMTZUBEREITUNGSZEIT: 1 STUNDE | ERGIBT 4 STÜCK

4 Kartoffeln, geschält
4 Scheiben Prosciutto
150 g Ziegenkäse
250 g saure Sahne
2 Eier, leicht verqirlt
125 g Sahne
Salz, frisch gemahlener schwarzer Pfeffer
etwas Butter, zerlassen

1 Vier Souffléförmchen für etwa 250 ml mit zerlassener Butter einpinseln. Den Backofen auf 180 °C vorheizen.

2 Für jede Pie eine Kartoffel in dünne Scheiben schneiden und mit Küchenpapier trockentupfen. Jedes Förmchen mit einer halben Scheibe Prosciutto auslegen und die Hälfte der Kartoffelscheiben darüberschichten. Mit der anderen Hälfte Prosciutto bedecken und je ein Viertel Ziegenkäse darüberbröckeln. Mit den übrigen Kartoffelscheiben die Förmchen bis zum Rand füllen und die Füllung gut festdrücken.

3 Saure Sahne, Ei und Sahne verrühren und mit Salz und Pfeffer abschmecken. Die Mischung über die Pies geben und einziehen lassen. Die Förmchen auf ein Backblech stellen und 50–60 Minuten backen, dann mit der Gabel prüfen, ob die Kartoffeln weich sind. 5 Minuten ruhen lassen, mit einem Messer aus der Form lösen und auf Tellern servieren.

NÄHRWERTE PRO PIE
630 kcal; 25 g Eiweiß; 55 g Fett; 20 g Kohlenhydrate; 2 g Ballaststoffe; 255 mg Cholesterin

Den Ziegenkäse mit einem scharfen Messer in 4 Portionen schneiden.

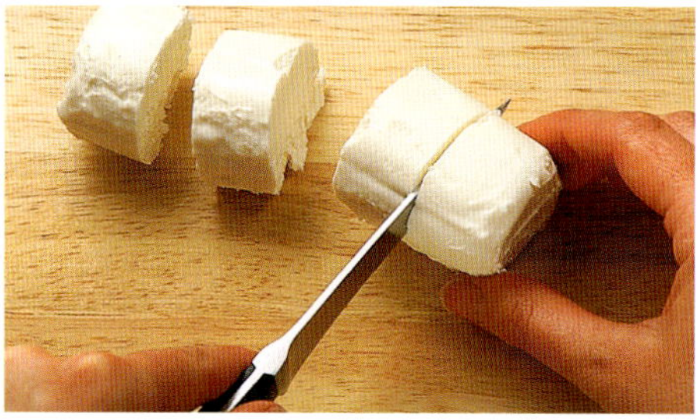

Prosciutto und Kartoffeln in die Förmchen schichten und den Ziegenkäse darüberbröckeln.

Saure Sahne, Ei und Sahne verrühren und über die Pies geben. Die Mischung soll sich gut verteilen.

Mais-Pie mit Kürbis und Lauch

VORBEREITUNGSZEIT: 30 MINUTEN + ABKÜHLZEIT | GESAMTZUBEREITUNGSZEIT: 1 STUNDE 25 MINUTEN | FÜR 6 PERSONEN

4 EL Olivenöl
2 Lauchstangen, in dünne Ringe geschnitten
2 große Knoblauchzehen, gehackt
1 Butternuss-Kürbis, geschält, Samen entfernt, gewürfelt
3 Maiskolben
185 g geriebener Gouda
1 TL Rosmarin
15 g frische gehackte glatte Petersilie
Salz
frisch gemahlener schwarzer Pfeffer
12 Blätter Filoteig
5 Eier, leicht verqirlt

1 Den Backofen auf 180 °C vorheizen und eine feuerfeste Form (etwa 33 x 25 cm) einfetten.

2 1 Esslöffel Öl in einem kleinen Topf erhitzen und Lauch und Knoblauch darin 10 Minuten anschwitzen. Gelegentlich umrühren. In eine große Schüssel füllen und abkühlen lassen.

3 In der Zwischenzeit den gewürfelten Kürbis 5 Minuten bissfest kochen, abseihen und abkühlen lassen. Den Mais etwa 7–8 Minuten weich kochen, abseihen und auf Handtemperatur abkühlen lassen. Die Maiskörner vom Kolben schneiden und zusammen mit dem Kürbis, Käse, Rosmarin und Petersilie unter den Lauch heben. Mit Salz und Pfeffer abschmecken.

4 Filoteig vorbereiten und mit einem feuchten Küchentuch abdecken. Ein Blatt Filoteig mit Öl bestreichen und die Form damit auslegen. Mit vier weiteren ebenso verfahren. Ein fünftes Blatt ohne Öl darauflegen.

5 Vorsichtig die Eier unter die Kürbismischung rühren und alles in die Auflaufform füllen. Die übrigen Teigblätter mit Öl bestreichen und die Pastete damit bedecken. Die Teigränder einschlagen. 1 Stunde backen, bis der Teig goldbraun ist und die Füllung gestockt ist.

NÄHRWERTE PRO PORTION
495 kcal; 22 g Eiweiß; 29 g Fett; 38 g Kohlenhydrate; 6 g Ballaststoffe; 180,5 mg Cholesterin

Eine feuerfeste Form mit Filoteig auslegen und die Kürbis-Mais-Mischung auf dem Teigboden verteilen.

Den übrigen Filoteig als Deckel über die Pastete legen und am Rand einschlagen.

Hähnchen-Pie mit eingelegter Zitrone

VORBEREITUNGSZEIT: 40 MINUTEN + ABKÜHLZEIT + KÜHLZEIT | GESAMTZUBEREITUNGSZEIT: 1 STUNDE 15 MINUTEN | FÜR 4–6 PERSONEN

2 EL Olivenöl
2 Lauchstangen, in dünne Ringe geschnitten
¾ eingelegte Zitrone in dünnen Streifen, ohne Fruchtfleisch, Schale abgewaschen
1 kg Hähnchenschenkel ohne Knochen, in mundgerechte Stücke geschnitten
2 EL Weizenmehl Type 405
250 ml Hühnerbrühe
250 g Kartoffeln, in dünnen Scheiben
2 EL frische gehackte, glatte Petersilie
1 Ei, leicht verquirlt, zum Bestreichen

TEIG
250 g Weizenmehl Type 405
1 TL Backpulver
60 g kalte Butter, gewürfelt
60 g Schweineschmalz
3–4 EL eiskaltes Wasser
1 Ei, leicht verquirlt, zum Bestreichen

NÄHRWERTE PRO PORTION (6)
665 kcal; 40 g Eiweiß; 39 g Fett; 40 g Kohlenhydrate; 4 g Ballaststoffe; 240 mg Cholesterin

1 Öl in einer großen Pfanne erhitzen und den Lauch darin 2–3 Minuten anschwitzen. Eingelegte Zitrone weitere 3 Minuten mitrösten, bis sie ihr Aroma entfaltet. Beiseite stellen.

2 Erneut Öl in die Pfanne geben und portionsweise das Fleisch unter Rühren je 5 Minuten braun anbraten. Das Hähnchen, Lauch und Zitrone in die Pfanne geben, mit Mehl bestreuen und unter Rühren 2 Minuten garen.

3 Nach und nach die Hühnerbrühe unterrühren, Kartoffeln zugeben. Aufkochen und bei mittlerer Hitze 7 Minuten köcheln lassen, bis die Flüssigkeit leicht eindickt. Petersilie unterheben und in einer Schüssel abkühlen lassen.

4 Für den Teig Mehl, Backpulver und eine Prise Salz in einer großen Schüssel vermischen und mit Butter und Schmalz zwischen den Fingern zu einem krümeligen Teig verreiben. In die Mitte eine Mulde drücken, etwa 3 Esslöffel kaltes Wasser zugeben und zu einem glatten Teig verrühren. Bei Bedarf mehr Wasser zugeben. Auf einer leicht bemehlten Arbeitsfläche zu einer Kugel kneten, in Frischhaltefolie wickeln und 20 Minuten kalt stellen. Backofen mit Backblech auf 200 °C vorheizen.

5 Füllung in einer flachen, feuerfesten Form mit etwa 16 cm Durchmesser verteilen. Den Teig auf etwas mehr als den Formdurchmesser ausrollen, die Pastete damit bedecken. Teigreste abschneiden und die Ränder gut festdrücken. Den Teigdeckel einstechen und mit Teigresten verzieren. Mit Ei bestreichen und 35–40 Minuten knusprig goldbraun backen.

Die Hähnchenmischung köcheln lassen, bis sie leicht eindickt, dann die Petersilie unterrühren.

Die Füllung in einer flachen, feuerfesten Form verteilen und glattstreichen.

Lachspastete

VORBEREITUNGSZEIT: 25 MINUTEN + KÜHLZEIT: 30 MINUTEN | GESAMTZUBEREITUNGSZEIT: 50 MINUTEN | FÜR 4–6 PERSONEN

60 g Butter
1 Zwiebel, fein gehackt
200 g Champignons, in Scheiben geschnitten
2 EL Zitronensaft
220 g Lachsfilet ohne Gräten und Haut, gewürfelt
2 hart gekochte Eier, gehackt
2 EL frischer gehackter Dill
2 EL frische gehackte glatte Petersilie
Salz, frisch gemahlener schwarzer Pfeffer
185 g Reis, gekocht
60 g Sahne
375 g fertiger Blätterteig
1 Ei, leicht verquirlt, zum Bestreichen

1 Ein Backblech mit etwas Öl bestreichen. Die Hälfte der Butter in der Pfanne schmelzen und die Zwiebel darin 5 Minuten glasig anschwitzen. Champignons zugeben und 5 Minuten rösten, Zitronensaft unterheben und beiseite stellen.

2 In der gleichen Pfanne übrige Butter schmelzen und Lachs darin 2 Minuten braten. Aus der Pfanne nehmen, abkühlen lassen und Ei, Dill, Petersilie, Salz und Pfeffer unterheben. In einer weiteren Schüssel Reis mit Sahne verrühren.

3 Die Hälfte des Teiges auf etwa 18 x 30 cm ausrollen und auf ein Backblech legen. Die Hälfte der Reismischung in einer dünnen Schicht darauf geben, einen schmalen Rand frei lassen. Mit einer Schicht Lachsmischung, dann mit einer Schicht Champignons bedecken und mit dem übrigen Reis abschließen.

4 Den übrigen Teig auf etwa 20 x 33 cm ausrollen und die Füllung damit bedecken, die Teigränder rundherum mit den Fingern festrücken. 30 Minuten kalt stellen. Den Backofen auf 210 °C vorheizen, die Pastete mit Ei bestreichen und 15 Minuten backen. Die Hitze auf 180 °C reduzieren und weitere 15–20 Minuten goldbraun backen.

Die Lachsmischung gleichmäßig auf einer dünnen Schicht Reismasse verteilen.

Den Teig ausrollen und mit dem Nudelholz über die Pastetenfüllung breiten.

NÄHRWERTE PRO PORTION (6)
885 kcal; 30 g Eiweiß; 60 g Fett; 70 g Kohlenhydrate; 4 g Ballaststoffe; 180 mg Cholesterin

Italienische Osterpastete

VORBEREITUNGSZEIT: 40 MINUTEN + ABKÜHLZEIT: 20 MINUTEN | GESAMTZUBEREITUNGSZEIT: 1 STUNDE 5 MINUTEN | FÜR 6–8 PERSONEN

450 g Spinat oder Mangold, Stängel entfernt
90 g Semmelbrösel
250 ml Milch
500 g Ricotta (siehe HINWEIS)
200 g geriebener Parmesan
8 Eier
1 Prise geriebene Muskatnuss
1 Prise Cayennepfeffer
10 kleine, frische Majoranblättchen
Salz, frisch gemahlener schwarzer Pfeffer
150 g Butter
20 Blätter Filoteig

1 500 ml Wasser salzen und in einem großen Topf aufkochen. Den Spinat oder Mangold darin zugedeckt 5 Minuten garen, bis er zusammengefallen ist. Gelegentlich rühren. Abseihen und abkühlen lassen, in einem sauberen Küchentuch gut ausdrücken und klein hacken.

2 Den Backofen auf 180 °C vorheizen. Die Semmelbrösel in einer großen Schüssel 5 Minuten in Milch einweichen. Ricotta, die Hälfte des Parmesans, 4 Eier, Muskat, Cayennepfeffer, Majoran und gehackten Spinat unterrühren. Mit Salz und Pfeffer abschmecken.

3 Die Butter schmelzen und eine Springform mit etwa 23 cm Durchmesser leicht einfetten. Die Form mit einem Blatt Filoteig auslegen, sodass auch die Ränder bedeckt sind, mit Butter bestreichen und mit 9 weiteren Blättern ebenso verfahren. Den Teig beim Bestreichen glatt drücken; an der Formwand darf er sich leicht wellen.

4 Die Füllung auf den Teigboden geben. Am Rand in gleichmäßigen Abständen vier Vertiefungen eindrücken und in jede ein Ei schlagen. Mit Salz und Pfeffer abschmecken und mit dem übrigen Parmesan bestreuen. Wenn die Teigränder höher sind, etwas einschlagen. Die übrigen Filoteigblätter buttern und darüberschichten.

5 Im Backofen 40 Minuten backen, die Pastete mit Alufolie bedecken und weitere 20 Minuten backen. 20 Minuten in der Form abkühlen lassen.

HINWEIS: *Festen Ricotta salata verwenden, der Frischkäse ist zu feucht zum Verarbeiten.*

NÄHRWERTE PRO PORTION (8)
565 kcal; 29 g Eiweiß; 38 g Fett; 29 g Kohlenhydrate; 3 g Ballaststoffe; 286 mg Cholesterin

Vorsichtig 4 Vertiefungen bilden und je ein Ei hineinschlagen.

Schweinehackpastete im Teigmantel

VORBEREITUNGSZEIT: 20 MINUTEN + KÜHLZEIT + RUHEZEIT: ÜBER NACHT | GESAMTZUBEREITUNGSZEIT: 1 STUNDE | FÜR 6–8 PERSONEN

1,25 kg Schweinehackfleisch
90 g gehackte Pistazien
2 grüne Äpfel, geschält und fein gehackt
6 Salbeiblätter, fein gehackt
Salz
frisch gemahlener schwarzer Pfeffer
500 g Weizenmehl Type 405
150 g Butter
2 Eier, leicht verqirlt
1 Eigelb zum Bestreichen
200 ml Gemüsebrühe
200 ml ungesüßter Apfelsaft
2 TL Gelatinepulver

1 Schweinefleisch, Pistazien, Äpfel und Salbei verrühren und mit Salz und Pfeffer abschmecken. Eine kleine Menge probeweise anbraten und nachwürzen. Zugedeckt kalt stellen. Eine feuerfeste Form mit 20 cm Durchmesser und etwa 6 cm hohem, geradem Rand umdrehen, mit Frischhaltefolie umwickeln und außen einfetten.

2 Mehl und 1 Teelöffel Salz in einer Schüssel verrühren, in die Mitte eine Mulde drücken. Die Butter in einer Pfanne mit 200 ml Wasser aufkochen und zusammen mit den Eiern unter das Mehl heben. Mit einem Holzlöffel glatt rühren und zu einem geschmeidigen Teig kneten. In Frischhaltefolie wickeln und 10 Minuten kalt stellen.

3 Ein Drittel des Teiges in Frischhaltefolie wickeln und beiseite stellen. Den übrigen Teig so ausrollen, dass er die gesamte Außenfläche der Form bedeckt, auf das Nudelholz legen und rasch über die Außenfläche breiten, bevor er sich anlegt. Etwa 3 Stunden kalt stellen, bis der Teig fest ist.

4 Backofen auf 200 °C vorheizen. Die Form vorsichtig aus dem Teiggehäuse lösen und die Frischhaltefolie entfernen. Aus zwei Schichten gefettetem Backpapier eine Manschette außen eng um das Teiggehäuse legen und mit einer Büroklammer oben und unten fixieren. Den Teigboden mit der Fleischmischung füllen, dann aus dem übrigen Teig einen Deckel ausrollen. Etwas Wasser auftragen, damit die Teigränder haften, und gut festdrücken. Ein kleines Loch in den Deckel schneiden.

5 Die Pastete auf einem Backblech 40 Minuten backen. Wenn der Deckel noch sehr hell ist, weitere 10 Minuten backen, dann die Manschette entfernen. Eigelb mit 1 Esslöffel Wasser mischen und die Pastete bestreichen, dann weitere 15 Minuten bräunen. Abkühlen lassen.

6 Gemüsebrühe und die Hälfte des Apfelsaftes aufkochen. Das Gelatinepulver über den restlichen Apfelsaft geben und quellen lassen, dann mit der Brühe verrühren, bis sich die Gelatine auflöst. Mit einem kleinen Trichter (am besten einer Spritztülle) ein wenig Gelatinemischung in das Loch in die Pastete füllen, absetzen lassen und nachgießen, bis die Pastete gefüllt ist. Es soll kein Leerraum entstehen, wenn die Gelatinemischung einwirkt. Über Nacht kalt stellen.

AUFBEWAHREN: *In Frischhaltefolie gewickelt hält sich die Pastete 4–5 Tage im Kühlschrank.*

NÄHRWERTE PRO PORTION (6)
845 kcal; 60 g Eiweiß; 35 g Fett; 72 g Kohlenhydrate; 5,5 g Ballaststoffe; 257 mg Cholesterin

Den Teig mit einem Nudelholz rasch über die Außenseite der Form breiten, bevor er sich anlegt.

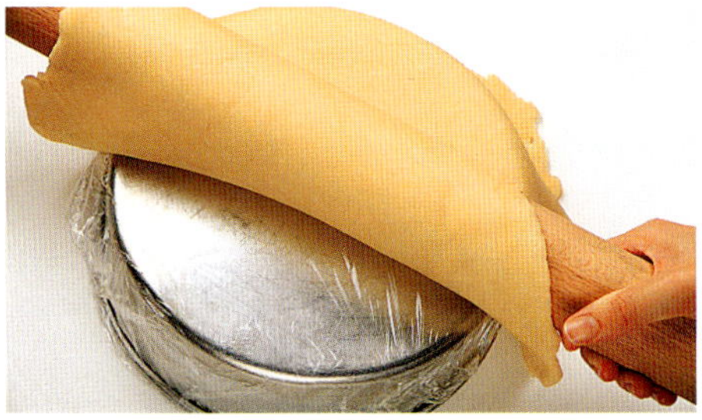

Die Manschette aus gefettetem Backpapier soll dicht an dem Teiggehäuse anliegen.

Nach dem Backen abkühlen lassen und dann vorsichtig mit der Gelatinemischung auffüllen.

Marokkanische Lamm-Pie

VORBEREITUNGSZEIT: 30 MINUTEN + ABKÜHLZEIT | GESAMTZUBEREITUNGSZEIT: 2 STUNDEN 40 MINUTEN | FÜR 6–8 PERSONEN

3 EL Olivenöl
2 Zwiebeln, fein gehackt
4 Knoblauchzehen, zerdrückt
je 1¼ TL Zimt, Kümmel und Koriander, gemahlen
½ TL gemahlener Ingwer
1 große Prise Cayennepfeffer
1,2 kg Lammfleisch aus der Keule, ohne Knochen, klein gewürfelt
375 ml Hühnerbrühe
2 TL abgeriebene Schale einer Bio-Zitrone
1 EL Zitronensaft
2 Möhren, klein gewürfelt
60 g gemahlene Mandelkerne
30 g frische gehackte Korianderblättchen
Salz, frisch gemahlener schwarzer Pfeffer
500 g fertiger Blätterteig
1 Ei, leicht verquirlt, zum Bestreichen

1 Öl in einer großen Pfanne erhitzen. Zwiebel, Knoblauch und Gewürze unter Rühren bei mittlerer Hitze 40 Sekunden anschwitzen. Lammfleisch unterrühren. Brühe, Zitronenschale und -saft zugeben und zugedeckt bei schwacher Hitze 45 Minuten köcheln lassen. Möhren zufügen und weitere 45 Minuten köcheln. Mit den Mandelkernen 30 Minuten aufkochen, bis die Sauce stark eindickt, Korianderblätter zufügen, mit Salz und Pfeffer abschmecken und abkühlen lassen.

2 Backofen mit einem Backblech auf 200 °C vorheizen. Eine feuerfeste Form von etwa 20 cm Durchmesser einfetten. Einen Teigkreis von etwa 40 cm Durchmesser ausrollen, die Ränder glätten. Die Form damit auslegen. Die Füllung einfüllen und glattstreichen, die überhängenden Teigränder lose einschlagen und tiefe Falten mit der Schere v-förmig einschneiden, damit die Pie gleichmäßig bäckt.

3 Mit Ei bestreichen und 20 Minuten backen. Hitze auf 180 °C reduzieren, Pie mit Folie bedecken und 20 Minuten weiterbacken.

Die Lamm-Mischung erneut 30 Minuten aufkochen, bis die Sauce stark eingedickt ist.

Die Form mit dem Teig auslegen. Überhängende Teigränder über der Füllung lose einschlagen.

NÄHRWERTE PRO PORTION (8)
535 kcal; 39 g Eiweiß; 31 g Fett; 26 g Kohlenhydrate; 3 g Ballaststoffe; 115 mg Cholesterin

Hähnchen-Lauch-Pie

VORBEREITUNGSZEIT: 20 MINUTEN | GESAMTZUBEREITUNGSZEIT: 50 MINUTEN | FÜR 4–6 PERSONEN

60 g Butter
2 große Lauchstangen, in feinen Ringen
4 Frühlingszwiebeln, in Scheiben geschnitten
1 Knoblauchzehe, zerdrückt
30 g Weizenmehl Type 405
375 ml Hühnerbrühe
125 g Sahne
1 gegrilltes Hähnchen, Haut und Knochen entfernt, Fleisch klein gehackt
2 Platten Blätterteig
60 ml Milch

1 Backofen auf 200 °C vorheizen. Butter in einem großen Topf schmelzen und Lauch, Frühlingszwiebeln und Knoblauch darin bei schwacher Hitze 6 Minuten glasig anschwitzen. Mehl darüberstreuen und gut einrühren. Nach und nach die Brühe unterrühren, bis eine glatte, dickflüssige Masse entsteht. Sahne zugeben und Hähnchenfleisch unterheben.

2 Die Fleischmischung in eine feuerfeste Form von etwa 20 cm Durchmesser füllen und abkühlen lassen.

3 Aus einem Stück Blätterteig einen Kreis in der Größe der Form ausschneiden. Den Rand der Form mit Milch bestreichen, die Pie mit dem Teig bedecken und die Ränder gut festdrücken. Überstehende Teigreste abschneiden und den Rand mit der Gabel dekorativ einstechen.

4 Das zweite Stück Blätterteig in etwa 1 cm breite Streifen schneiden und lose zu Schnecken einrollen. Die Schnecken von der Mitte nach außen in gleichmäßigen Abständen auf der Pastete verteilen und den Teigdeckel mehrmals einstechen, damit Dampf entweichen kann. Die Pie leicht mit der übrigen Milch bestreichen und 35–40 Minuten knusprig braun backen. Vor dem Herausnehmen prüfen, ob die Teigschnecken innen gut durchgebacken sind.

Den Teigdeckel festdrücken, sodass er gut abschließt, und überhängende Teigreste abschneiden.

Die Blätterteigstreifen zu Schnecken rollen und die Pie damit dekorieren.

NÄHRWERTE PRO PORTION (4)
740 kcal; 25 g Eiweiß; 55 g Fett; 40 g Kohlenhydrate; 3 g Ballaststoffe; 185 mg Cholesterin

Spinat-Feta-Ecken

VORBEREITUNGSZEIT: 30 MINUTEN | GESAMTZUBEREITUNGSZEIT: 45 MINUTEN | ERGIBT 8 STÜCK

1 kg Blattspinat
60 ml Olivenöl plus 1 EL Olivenöl
10 Frühlingszwiebeln, in Ringe geschnitten
20 g frische gehackte glatte Petersilie
1 EL frischer gehackter Dill
1 große Prise geriebene Muskatnuss
35 g geriebener Parmesan
150 g Feta, zerbröckelt
90 g Ricotta
4 Eier, leicht verqirlt
Salz
frisch gemahlener schwarzer Pfeffer
40 g Butter, zerlassen
12 Blätter Filoteig

1 Vom Spinat die harten Stängel entfernen. Die Blätter gründlich waschen, grob hacken und feucht in einen Topf geben. Zugedeckt bei schwacher Hitze 5 Minuten garen, bis er zusammengefallen ist. Abseihen und etwas abkühlen lassen, dann gut ausdrücken und fein hacken.

2 Öl in einer Pfanne erhitzen und die Zwiebeln bei schwacher Hitze 10 Minuten glasig anschwitzen. Frühlingszwiebel zugeben und weitere 3 Minuten garen. Vom Herd nehmen, Spinat, Petersilie, Dill, Muskat, Käse und Ei einrühren und mit Salz und Pfeffer abschmecken.

3 Den Backofen auf 180 °C vorheizen und zwei Backbleche einfetten. Die zerlassene Butter und den zusätzlichen Esslöffel Öl verrühren. Immer drei Blätter Filoteig vorbereiten, jedes davon mit Butter und Öl bestreichen und übereinanderlegen, anschließend der Länge nach halbieren. Die übrigen Filoteigblätter inzwischen mit einem feuchten Küchentuch bedecken.

4 Etwa 4 Esslöffel von der Füllung an dem Rand jedes Teigstreifens aufbringen. Den Teig einmal einrollen, sodass ein Dreieck entsteht, und weiter falten, bis der Teig vollständig eingerollt ist. Alle Dreiecke auf die Backbleche legen und mit der übrigen Butter-Öl-Mischung bestreichen. 20–25 Minuten goldbraun backen.

VARIANTE: *Der Blattspinat kann durch Mangold ersetzt werden. Dieselbe Menge verwenden und die harten weißen Stiele entfernen.*

HINWEIS: *Der traditionelle griechische Feta-Käse ist gesalzen. Wenn Reste übrig bleiben, in leicht gesalzenes Wasser einlegen und kühl lagern. Vor dem Verarbeiten abspülen und trocken tupfen.*

NÄHRWERTE PRO STÜCK
315 kcal; 15 g Eiweiß; 25 g Fett; 10 g Kohlenhydrate; 4,5 g Ballaststoffe; Cholesterin 125 mg

Immer drei Blätter Filoteig vorbereiten und jedes davon mit der Butter-Öl-Mischung bestreichen.

Die Teigecke über der Spinatfüllung einklappen, sodass ein Dreieck entsteht.

Die Dreiecke weiter einschlagen, bis der Teig vollständig eingerollt ist.

Grillgemüse-Pastete mit Parmesan

VORBEREITUNGSZEIT: 45 MINUTEN + ABKÜHLZEIT: 1 STUNDE | GESAMTZUBEREITUNGSZEIT: 1 STUNDE 30 MINUTEN | FÜR 6 PERSONEN

1 Knoblauchzehe, zerdrückt
300 ml Olivenöl
1 große Aubergine
1 mittelgroße Süßkartoffel
3 große Zucchini
2 rote Paprikaschoten
2 gelbe Paprikaschoten
2 EL Polenta (Maisgrieß)
90 g Parmesan, gerieben
Salz
frisch gemahlener schwarzer Pfeffer
1 Ei, leicht verquirlt

TEIG
450 g Weizenmehl Type 405
2 TL Kümmel
2 TL Paprikapulver
½ TL Salz
100 g Butter in Flöckchen

1 Knoblauch und Öl vermischen. Aubergine und Süßkartoffel in 5 mm dicke Scheiben und die Zucchini der Länge nach in 5 mm breite Scheiben schneiden und die Schnittflächen mit Knoblauchöl bestreichen. Die Paprikaschoten vierteln und mit der Hautseite nach unten 10 Minuten auf dem Rost grillen, bis die Haut schwarz wird und Blasen wirft. In einem Plastikbeutel abkühlen lassen, dann die Haut abziehen.

2 Aubergine, Süßkartoffel und Zucchini bei starker Hitze in einer Grillpfanne portionsweise anbraten und häufig wenden. Etwa 5–6 Minuten braten, bis sie weich und gebräunt sind, dann abkühlen lassen. Den Backofen auf 180 °C vorheizen und eine tiefe Springform von etwa 20 cm Durchmesser einfetten.

3 Für den Teig Mehl in eine Schüssel sieben und mit Kümmel, Paprika und Salz vermischen. Die Butter in einem Topf mit 225 ml Wasser sanft erhitzen, dann aufkochen und mit einem Holzlöffel unter die Mehlmischung rühren. Auf Handtemperatur abkühlen lassen und auf eine bemehlte Arbeitsfläche stürzen. Locker zusammenkneten und 5 Minuten ruhen lassen.

4 Ein Viertel des Teiges beiseite stellen und den Rest so ausrollen, dass er die gesamte Innenfläche der Springform bedeckt. Etwas Teig soll dabei über den Rand hängen. Polenta auf den Teigboden streuen und Schicht für Schicht mit roter Paprika, Zucchini, Aubergine, Süßkartoffel und gelber Paprika bedecken. Jede Schicht mit etwas Knoblauchöl bepinseln, mit Parmesan bestreuen, mit Salz und Pfeffer abschmecken und gut festdrücken.

5 Den übrigen Teig auf den Durchmesser der Backform ausrollen. Die Ränder des Teigbodens mit Ei bestreichen, den Deckel daraufsetzen und gut festdrücken. Mit Ei bestreichen, Teigreste abschneiden und mit den Fingern einen welligen Rand formen. In die Mitte des Teigdeckels ein kleines Loch schneiden, damit Dampf entweichen kann. Die Teigreste ausrollen, Dekoration ausstechen und die Pastete damit verzieren. Im Backofen 1 Stunde knusprig goldbraun backen und mit Alufolie bedecken, wenn sie zu schnell bräunt. Etwa 1 Stunde abkühlen lassen und bei Raumtemperatur servieren.

NÄHRWERTE PRO PORTION
820 kcal; 18 g Eiweiß; 54 g Fett; 68 g Kohlenhydrate; 7 g Ballaststoffe; 86 mg Cholesterin

Die zerlassene Butter über die Mehlmischung geben und mit einem Holzlöffel glatt rühren.

Auf dem Teigboden Schichten von gegrilltem Gemüse und geriebenem Parmesan auflegen.

Chili-con-Carne-Pastete

VORBEREITUNGSZEIT: 25 MINUTEN + KÜHLZEIT: 20 MINUTEN | GESAMTZUBEREITUNGSZEIT: 2 STUNDEN 15 MINUTEN | FÜR 6–8 PERSONEN

185 g Weizenmehl Type 405
100 g kalte Butter, gewürfelt
90 g geriebener Gouda
1–2 EL eiskaltes Wasser

FÜLLUNG
2 EL Olivenöl
1 Zwiebel, gehackt
2 Knoblauchzehen, gehackt
¼ TL Chilipulver
2 TL Kümmel
1 TL gemahlener Koriander
¼ TL Cayennepfeffer
1 TL Paprikapulver
1 TL Oregano
750 g Rinderhackfleisch
2 EL Tomatenmark
125 ml trockener Rotwein
425 g stückige Tomaten aus der Dose
1 EL grober Senf
300 g rote Kidneybohnen aus der Dose (Abtropfgewicht)
2 EL frische gehackte glatte Petersilie
1 EL frischer gehackter Oregano
Salz, frisch gemahlener schwarzer Pfeffer
170 g saure Sahne

NÄHRWERTE PRO PORTION (8)
500 kcal; 27 g Eiweiß; 32 g Fett; 24 g Kohlenhydrate; 4 g Ballaststoffe; 111 mg Cholesterin

1 Mehl in eine Schüssel sieben. Mehl und Butter mit den Fingern zu einem krümeligen Teig verreiben, den Käse unterheben. In der Mitte eine Mulde formen, desn Großteil des Wassers hineingeben und zu einem glatten Teig verrühren. Bei Bedarf mehr Wasser zugeben.

2 Den Teig auf einer leicht bemehlten Arbeitsfläche kneten und zu einer dicken Scheibe formen. In Frischhaltefolie wickeln und mindestens 20 Minuten kalt stellen.

3 Für die Füllung Öl in einem großen Topf bei mittlerer Hitze erwärmen und die Zwiebel 5 Minuten anschwitzen. Knoblauch, Gewürze und Oregano zugeben und 2 Minuten mitgaren. Rindfleisch zufügen und 5 Minuten braun anbraten, dann das Tomatenmark einrühren und 1 weitere Minute garen. Rotwein zugeben und 3 Minuten köcheln lassen, mit Tomaten und Senf aufkochen und bei mittlerer Hitze 30 Minuten köcheln lassen. Kidneybohnen unterrühren und weitere 30 Minuten garen, bis alle Flüssigkeit verdampft ist. Frische Kräuter einrühren und mit Salz und Pfeffer abschmecken.

4 Backofen auf 200 °C vorheizen. Eine feuerfeste Form mit etwa 23 cm Durchmesser einfetten und die Füllung einfüllen. Den Teig auf die Größe der Form ausrollen, die Füllung damit bedecken, übrige Teigränder abschneiden und einen welligen Rand formen. Den Deckel einstechen, damit Dampf entweicht. 10 Minuten backen, die Hitze auf 180 °C reduzieren und weitere 40–45 Minuten backen. Mit Alufolie bedecken, wenn die Pastete zu rasch bräunt. Mit saurer Sahne servieren.

Die Chili-Füllung köcheln lassen, bis alle Flüssigkeit verdampft und die Mischung breiig ist.

Den ausgerollten Teig mit dem Nudelholz aufheben und über die Form breiten.

Hähnchen-Mais-Pies

VORBEREITUNGSZEIT: 25 MINUTEN + 2 STUNDEN KÜHLZEIT | GESAMTZUBEREITUNGSZEIT: 50 MINUTEN | ERGIBT 6 STÜCK

1 EL Olivenöl
650 g Hähnchenschenkel-Teile, klein geschnitten
1 EL gemahlener Ingwer
400 g Austernpilze, halbiert
3 Maiskolben, gekocht, Körner abgelöst
125 ml Hühnerbrühe
2 EL Ketjap manis (Sojasauce, siehe HINWEIS)
2 EL Speisestärke
90 g Korianderblätter, gehackt
6 Stück fertiger Mürbeteig (ausgerollt)
Milch zum Bestreichen

1 Sechs Souffléförmchen mit etwa 10 cm Durchmesser (am besten aus Metall) einfetten. Öl in der Pfanne erhitzen und das Hähnchenfleisch darin 5 Minuten goldbraun braten. Ingwer, Pilze und Mais unterheben und 5–6 Minuten weiterbraten, bis das Fleisch gar ist. Brühe und Ketjap manis einrühren. Speisestärke mit 2 Esslöffeln Wasser mischen und dazugeben. Die Mischung 2 Minuten aufkochen, dann Koriander hinzufügen. Abkühlen lassen und 2 Stunden kalt stellen.

2 Den Backofen auf 180 °C vorheizen. Mürbeteigblätter vorbereiten, eine Untertasse auflegen und je einen Teigkreis mit etwa 15 cm Durchmesser ausschneiden. Die Förmchen mit dem Teig auslegen und die Fleischfüllung einfüllen. Aus dem übrigen Teig sechs Kreise für die Deckel ausschneiden, die Pies damit bedecken. Überhängende Teigreste wegschneiden, die Pieränder verschließen und mit der Gabel festdrücken. Aus den Teigresten Verzierungen formen. Die Teigdeckel mehrmals einstechen, mit etwas Milch bestreichen und 35 Minuten goldbraun backen.

HINWEIS: *Ketjap manis, eine süße Sojasauce, kann auch durch gängige Sojasauce, vermischt mit etwas braunem Zucker, ersetzt werden.*

Stärke mit etwas Wasser zugeben und die Mischung 2 Minuten aufkochen, damit sie eindickt.

Sechs Teigkreise in der Größe der Förmchen ausschneiden und die Pies damit bedecken.

NÄHRWERTE PRO PASTETE
990 kcal; 36 g Eiweiß; 58 g Fett; 85 g Kohlenhydrate; 8 g Ballaststoffe; 145 mg Cholesterin

Beef Pie mit Kartoffelhaube

VORBEREITUNGSZEIT: 30 MINUTEN | GESAMTZUBEREITUNGSZEIT: 3 STUNDEN 20 MINUTEN | FÜR 6 PERSONEN

2 EL Olivenöl
1,25 kg Rindernacken, klein gewürfelt
2 Zwiebeln, in Ringe geschnitten
2 Scheiben Speck, grob gehackt
4 Knoblauchzehen, zerdrückt
2 EL Weizenmehl Type 405
435 ml Stout (dunkles Bier)
375 ml Rinderbrühe
1½ EL Thymian
Salz
frisch gemahlener schwarzer Pfeffer
2 große Kartoffeln, roh in feine Scheiben geschnitten

1 Von dem Öl 1 Esslöffel in einem großen, schweren Topf erhitzen. Das Rindfleisch unter Rühren portionsweise etwa 5 Minuten braun anbraten, in eine Schüssel geben. Die Hitze reduzieren, im übrigen Öl Zwiebel und Speck 10 Minuten braten, gelegentlich umrühren. Mit dem Knoblauch 1 weitere Minute braten, dann das Fleisch wieder zugeben.

2 Das Mehl über dem Fleisch gut verteilen und 1 Minute garen, dann unter ständigem Rühren das Bier zugeben und sanft aufkochen. Thymian zugeben, mit Salz und Pfeffer abschmecken und bei schwacher Hitze 2 Stunden köcheln lassen, bis das Fleisch gar und die Sauce eingedickt ist.

3 Den Backofen auf 200 °C vorheizen. Eine feuerfeste Form mit etwa 1,25 Liter Inhalt einfetten und mit der Fleischmischung füllen. Mit einer Schicht aus Kartoffelscheiben vollständig bedecken. Mit etwas Öl bestreichen und mit Salz bestreuen. 45–50 Minuten backen, bis die Kartoffeln goldbraun sind.

Unter ständigem Rühren nach und nach das Bier zugeben.

Die Pastete mit einer Kartoffelschicht bedecken; die Kartoffelscheiben sollen sich dabei überlappen.

NÄHRWERTE PRO PORTION
400 kcal; 49 g Eiweiß; 13 g Fett; 14 g Kohlenhydrate; 2 g Ballaststoffe; 146 mg Cholesterin

Spargel-Pie

VORBEREITUNGSZEIT: 40 MINUTEN + KÜHLZEIT: 45 MINUTEN | GESAMTZUBEREITUNGSZEIT: 30 MINUTEN | FÜR 6 PERSONEN

350 g Weizenmehl Type 405
1 Prise Salz
250 g kalte Butter, gewürfelt
170 ml eiskaltes Wasser

FÜLLUNG
800 g grüner Spargel
30 g Butter
½ TL Thymian
1 Schalotte, gehackt
Salz
frisch gemahlener schwarzer Pfeffer
60 g Schinken in Scheiben
80 g Sahne
2 EL geriebener Parmesan
2 Eier
1 Prise geriebene Muskatnuss

1 Mehl mit Salz verrühren und in der Küchenmaschine mit der Butter mixen, bis die Butter flockig ist. Der Teig darf noch Klumpen aufweisen. Nach und nach kaltes Wasser zugeben und sofort zu einem glatten Teig mixen, der noch einige Bröckchen Butter enthält.

2 Auf einer bemehlten Arbeitsfläche den Teig auf ein Rechteck von etwa 30 x 12 cm ausrollen. Den Teig von links, dann von rechts nach der Mitte einschlagen, erneut zu einem Reckteck ausrollen und weitere 3–4-mal wiederholen. In Frischhaltefolie 45 Minuten kalt stellen.

3 Vom Spargel die holzigen Enden entfernen und die dickeren Stangen der Länge nach halbieren. Butter in einer großen Pfanne schmelzen und Spargel, Thymian und Schalotte mit einem Esslöffel Wasser etwa 3 Minuten dünsten, bis der Spargel gar ist, dabei regelmäßig rühren. Mit Salz und Pfeffer abschmecken.

4 Den Backofen auf 200 °C vorheizen und eine flache Auflaufform mit etwa 20 cm Durchmesser einfetten. Den Teig zu einem Kreis von etwa 30 cm ausrollen und die Form damit auslegen, sodass der Teig über den Rand hängt. Die Hälfte der Spargelmischung darauf verteilen, mit Schinken belegen und dann den übrigen Spargel darauf legen.

5 Sahne, Parmesan, 1 Ei und Muskat verrühren, abschmecken und den Spargel damit begießen. Die Teigränder einschlagen, sodass sie lose Falten bilden. 1 Ei verquirlen, die Pastete damit bestreichen und 25 Minuten goldbraun backen.

NÄHRWERTE PRO PORTION
650 kcal; 15 g Eiweiß; 46 g Fett; 46 g Kohlenhydrate; 4 g Ballaststoffe; 200 mg Cholesterin

Den Teig zusammenlegen und zu einem Rechteck ausrollen. Mehrmals wiederholen.

Sahne, Ei, Parmesan und Muskat verrühren und den Spargel damit übergießen.

Lachs-Pie mit Dillbutter

VORBEREITUNGSZEIT: 25 MINUTEN + ABKÜHLZEIT | GESAMTZUBEREITUNGSZEIT: 1 STUNDE | FÜR 6–8 PERSONEN

150 g Mittelkorn-Reis (z. B. Risotto-Reis)
90 g Butter, zerlassen
8 Blätter Filoteig
500 g frisches Lachsfilet, klein gewürfelt
2 Schalotten, fein gehackt
1½ EL kleine Kapern
150 g griechischer Joghurt
1 Ei
1 EL abgeriebene Schale einer Bio-Zitrone
3 EL frischer gehackter Dill
Salz
frisch gemahlener schwarzer Pfeffer
30 g Semmelbrösel
1 EL Sesamsamen
2 TL Zitronensaft

NÄHRWERTE PRO PORTION (6)
410 kcal; 23 g Eiweiß; 20 g Fett; 35 g Kohlenhydrate; 1 g Ballaststoffe; 110 mg Cholesterin

1 Reis in einem großen Topf etwa 2 cm hoch mit Wasser bedecken. Bei mittlerer Hitze aufkochen, dann die Hitze reduzieren und zugedeckt 20 Minuten garen, bis die Flüssigkeit aufgenommen ist und sich in der Oberfläche kleine Löcher bilden. Beiseite stellen, abkühlen lassen.

2 Den Backofen auf 180 °C vorheizen. Eine etwa 20 x 30 cm große Backform mit zerlassener Butter einpinseln. Filoteig vorbereiten und mit einem feuchten Küchentuch bedecken. Lachs mit Schalotten, Kapern, Reis, Joghurt und Ei vermischen. Zitronenschale und 1 Esslöffel Dill zugeben und mit Salz und Pfeffer abschmecken.

3 Vier Blätter Filoteig mit zerlassener Butter bepinseln, aufeinanderschichten und die Backform damit auslegen, sodass die Teigränder über den Rand reichen. Die Lachsmischung hineinfüllen und glattstreichen. Die Teigränder über der Füllung einschlagen.

4 Für den Deckel drei weitere Filoblätter mit Butter bestreichen, je 1 Esslöffel Semmelbrösel darüber verteilen und aufeinanderschichten. Das vierte Teigblatt darüber legen, mit Butter bestreichen und mit Sesam bestreuen.

5 Den Teigdeckel diagonal einschneiden, sodass ein Rautenmuster entsteht. 35–40 Minuten auf unterster Schiene goldbraun backen. Die übrige Butter erneut erhitzen, mit Zitronensaft und Dill vermischen und mit der Pie anrichten.

Lachs, Schalotten, Kapern, Reis, Joghurt, Ei, Zitronenschale und Dill vermischen.

Die Pie mit Sesam bestreuen und den Deckel vorsichtig rautenförmig einschneiden.

Beef Pie mit karamellisierten Zwiebeln

VORBEREITUNGSZEIT: 40 MINUTEN + ABKÜHLZEIT: 20 MINUTEN | GESAMTZUBEREITUNGSZEIT: 2 STUNDEN 30 MINUTEN | FÜR 6–8 PERSONEN

80 ml Öl
2 große rote Zwiebeln, in dünne Ringe geschnitten
1 TL Vollrohrzucker
1 kg mageres Hüftsteak, gewürfelt
30 g Mehl
Salz
2 Knoblauchzehen, zerdrückt
225 g Champignons, in Scheiben
250 ml Rinderbrühe
150 ml Stout (dunkles Bier)
1 EL Tomatenmark
1 EL Worcestersauce
1 EL Thymian
350 g Kartoffeln, gewürfelt
2 Möhren, gewürfelt
600 g Blätterteig
1 Ei, leicht verquirlt, zum Bestreichen

NÄHRWERTE PRO PORTION (8)
625 kcal; 36 g Eiweiß; 32 g Fett; 47 g Kohlenhydrate; 4 g Ballaststoffe; 113 mg Cholesterin

1 2 Esslöffel Öl bei mittlerer Hitze in einer Pfanne erhitzen und die Zwiebeln 5 Minuten goldbraun anschwitzen. Zucker zugeben und weitere 7–8 Minuten garen, bis die Zwiebel karamellisiert. Herausnehmen, beiseite stellen und die Pfanne sauberwischen.

2 Das Rindfleisch in Mehl wenden und überschüssiges Mehl entfernen. Das übrige Öl in der Pfanne erhitzen und das Fleisch bei starker Hitze portionsweise braun anbraten. Das gesamte Fleisch in die Pfanne geben, Knoblauch und Champignons hinzufügen und 2 Minuten braten. Brühe, Bier, Tomatenmark, Worcestersauce und Thymian zugeben und aufkochen; dann Hitze reduzieren und zugedeckt 1 Stunde köcheln lassen. Kartoffeln und Möhren untermischen und 30 Minuten köcheln lassen. Vom Herd nehmen, abkühlen lassen.

3 Den Backofen auf 190 °C vorheizen. Eine feuerfeste Form mit etwa 1,25 Liter Fassungsvermögen einfetten. Die Fleischmischung hineinfüllen und mit den Zwiebeln bedecken. Den Teig so ausrollen, dass der Durchmesser etwa 2,5 cm mehr beträgt als der der Form. Einen 2 cm breiten Randstreifen davon abschneiden, mit Wasser bestreichen und mit der bestrichenen Seite nach unten um den Formrand legen.

4 Den Teigdeckel so auf die Pastete legen, dass er gut abschließt. Mit dem Messerrücken die Ränder sanft einkerben. Teigreste ausrollen und den Pie damit dekorieren. Mit Ei bestreichen und 35 Minuten goldbraun backen.

Die Fleischmischung in die Backform geben und die karamellisierten Zwiebeln darüber verteilen.

Den Teigstreifen mit der bestrichenen Seite nach unten auf den Rand der Backform legen.

Pithivier-Torte mit Hähnchen und Pilzen

VORBEREITUNGSZEIT: 45 MINUTEN + KÜHLZEIT: 30 MINUTEN | GESAMTZUBEREITUNGSZEIT: 40 MINUTEN | FÜR 4 PERSONEN

50 g Butter
2 Scheiben Speck, dünn geschnitten
4 Frühlingszwiebeln, gehackt
100 g Champignons, in Scheiben geschnitten
1 EL Weizenmehl Type 405
185 ml Milch
1 EL Sahne
180 g gekochte, gehackte Hühnerbrust
20 g frisch gehackte glatte Petersilie
2 Platten Blätterteig
1 Eigelb, leicht geschlagen, zum Bestreichen

1 Butter in einer Pfanne schmelzen, Frühlingszwiebeln mit dem Speck darin unter Rühren 2–3 Minuten anschwitzen. Champignons zugeben und weitere 3 Minuten braten, dann Mehl unterheben und 1 Minute garen. Milch zugeben und 2–3 Minuten eindicken lassen, 1 weitere Minute köcheln lassen und vom Herd nehmen. Sahne, Hähnchen und Petersilie unterrühren und abkühlen lassen.

2 Aus den Teigblättern je einen Kreis mit etwa 23 cm Durchmesser ausschneiden. Einen Teigkreis auf ein gefettetes Backblech legen, die Hähnchenfüllung darauf verteilen, sodass sie in der Mitte höher ist als am Rand, und einen schmalen Teigrand frei lassen. Eigelb mit 1 Teelöffel Wasser verrühren und den Teigrand damit bestreichen.

3 Auf dem zweiten Teigkreis mit einer Messerspitze von der Mitte zum Rand gekrümmte Linien ziehen, den Teig dabei nicht zu tief einschneiden. Dann den Teigkreis als Deckel über die Pastete legen; bei Bedarf den Teig etwas ziehen, damit er genau aufliegt. An den Rändern gut verschließen und mit dem Messerrücken den Rand in Abständen von etwa 1 cm einkerben. Zugedeckt mindestens 30 Minuten kalt stellen. Den Backofen auf 210 °C vorheizen, die Pastete mit Ei bestreichen und in der Mitte ein Loch einschneiden, damit Dampf entweichen kann. 25 Minuten goldbraun backen.

Für den Deckel gekrümmte Linien in den zweiten Teigkreis ziehen, den Teig nicht zu tief einschneiden.

Mit dem Messerrücken den Rand in gleichmäßigen Abständen einkerben.

NÄHRWERTE PRO PORTION
570 kcal; 25 g Eiweiß; 40 g Fett; 35 g Kohlenhydrate; 2 g Ballaststoffe; 160 mg Cholesterin

Cottage Pie

VORBEREITUNGSZEIT: 30 MINUTEN | GESAMTZUBEREITUNGSZEIT: 1 STUNDE 45 MINUTEN | FÜR 6–8 PERSONEN

2 EL Olivenöl
2 Zwiebeln, gehackt
2 Möhren, gewürfelt
1 Selleriestange, gewürfelt
1 kg Rinderhackfleisch
2 EL Weizenmehl Type 405
375 ml Rinderbrühe
1 EL Sojasauce
1 EL Worcestersauce
2 EL Tomatensauce oder Ketchup
1 EL Tomatenmark
2 Lorbeerblätter
2 TL frische gehackte glatte Petersilie

KARTOFFELMASSE
400 g Kartoffeln, geschält und gewürfelt
400 g Pastinaken, geschält und gewürfelt
Salz
30 g Butter
125 ml Milch

1 Öl in einer großen Pfanne bei mittlerer Hitze erhitzen. Zwiebel, Möhren und Sellerie darin unter Rühren 5 Minuten garen, bis sie weich und leicht gebräunt sind. Rindfleisch zugeben und 7 Minuten garen, dann Mehl unterheben und weitere 2 Minuten garen. Brühe, Soja- und Worcestersauce zugeben, Tomatensauce und -mark sowie Lorbeerblätter unterheben und bei schwacher Hitze 30 Minuten köcheln lassen. Gelegentlich rühren. Abkühlen lassen, Lorbeerblatt entfernen und Petersilie unterrühren.

2 Für den Deckel Kartoffeln und Pastinaken 15–20 Minuten in Salzwasser kochen. Abseihen, in den Topf geben und mit Butter und genügend Milch zu einer dicken Masse zerstampfen.

3 Den Backofen auf 180 °C vorheizen und eine feuerfeste Form mit etwa 2,5 Litern Fassungsvermögen einfetten. Füllung in die Form geben und Kartoffelmasse darüber verteilen, mit der Gabel auflockern. 40 Minuten goldbraun backen.

NÄHRWERTE PRO PORTION (8)
390 kcal; 31 g Eiweiß; 18 g Fett; 27 g Kohlenhydrate; 4 g Ballaststoffe; 78 mg Cholesterin

Kartoffeln und Pastinaken mit dem Kartoffelstampfer zerkleinern.

Die Fleischfüllung abkühlen lassen und in einer gefetteten Backform verteilen.

Gemüse-Gitterkuchen

VORBEREITUNGSZEIT: 40 MINUTEN + KÜHLZEIT | GESAMTZUBEREITUNGSZEIT: 1 STUNDE | FÜR 6 PERSONEN

185 g Butter
250 g Weizenmehl Type 405
3 EL eiskaltes Wasser

FÜLLUNG
1 EL Öl
1 kleine Zwiebel, fein gehackt
1 kleine rote Paprikaschote, gehackt
1 kleine grüne Paprikaschote, gehackt
150 g Kürbis (z. B. Butternuss), gehackt
1 kleine Kartoffel, gehackt
100 g Brokkoli, in kleine Röschen geschnitten
1 Möhre, gehackt
3 EL Weizenmehl Type 405
250 ml Milch
2 Eigelb
60 g geriebener Gouda
1 Ei, leicht verquirlt, zum Bestreichen

1 125 g Butter klein schneiden. Mehl in eine große Schüssel sieben und mit den Fingern Mehl und Butter verreiben, bis ein fein krümeliger Teig entsteht. Kaltes Wasser zugeben und alles zu einer festen Masse verrühren. Bei Bedarf mehr Wasser zugeben. Auf einer leicht bemehlten Arbeitsfläche zu einem geschmeidigen Teig kneten, in zwei Hälften teilen und eine Hälfte ausrollen. Eine flache Tarteform (etwa 20 cm Durchmesser) damit auslegen und 20 Minuten kalt stellen. Den übrigen Teig zu einem Kreis von etwa 25 cm Durchmesser ausrollen, in Streifen schneiden und die Hälfte der Streifen in etwa 2 cm Abstand auf ein Stück Backpapier legen. Mit den übrigen Teigstreifen zu einem Gitter verflechten. Flach mit Frischhaltefolie abdecken und kalt stellen, bis der Teig fest ist.

2 Den Backofen auf 180 °C vorheizen. Den Teigboden in der Form mit Backpapier und einer Schicht Backkugeln oder Reis bedecken. Im Backofen 10 Minuten blindbacken, dann herausnehmen und Backpapier und Kugeln entfernen. Weitere 10 Minuten goldbraun backen und abkühlen lassen.

3 Für die Füllung Öl in einer Pfanne erhitzen und die Zwiebel darin 2 Minuten anschwitzen. Paprika zugeben, unter Rühren weitere 3 Minuten garen. Das übrige Gemüse dämpfen oder bissfest kochen, dann abseihen und abkühlen lassen. Mit Zwiebel und Paprika in einer großen Schüssel verrühren.

4 Die übrige Butter in einer kleinen Kasserole erhitzen, Mehl einrühren und 2 Minuten erwärmen. Nach und nach unter Rühren Milch zugeben und immer wieder rühren, bis die Sauce kocht und eindickt. 1 Minute kochen lassen, dann vom Herd nehmen. Eigelb und Käse zugeben und glatt rühren. Über das Gemüse geben und vermengen. Die Mischung auf dem Teigboden verteilen und mit etwas geschlagenem Ei bestreichen. Das Gitter mit dem Backpapier aufheben und über das Gemüse stürzen, überhängende Ränder abschneiden und mit Ei bestreichen. Die Ränder auf dem Teigboden festdrücken. Das Teiggitter mit Ei bestreichen und den Kuchen 30 Minuten goldbraun backen.

NÄHRWERTE PRO PORTION
605 kcal; 17 g Eiweiß; 39 g Fett; 48 g Kohlenhydrate; 4 g Ballaststoffe; 190 mg Cholesterin

Den Großteil des kalten Wassers unter den Teig mischen und zu einem festen Teig verrühren.

Das Teiggitter über den Kuchen stülpen, dann das Backpapier vorsichtig abziehen.

Pikante Tartes

Pissaladière

VORBEREITUNGSZEIT: 50 MINUTEN + GEHZEIT: 50 MINUTEN | GESAMTZUBEREITUNGSZEIT: 2 STUNDEN | FÜR 8 PERSONEN

1 Päckchen Trockenhefe (für 500 g Mehl)
1 TL Zucker
375 g Mehl Type 550
½ TL Salz
2 EL Milchpulver
1 EL Öl

BELAG
80 ml Olivenöl
3–4 Knoblauchzehen, fein gehackt
6 Zwiebeln, in dünne Ringe geschnitten
1 Dose gehackte Tomaten (400 g)
1 EL Tomatenmark
frisch gemahlener schwarzer Pfeffer
15 g gehackte glatte Petersilie
1 EL Thymian
Olivenöl zum Bestreichen
3 Dosen Sardellenfilets (Abtropfgewicht à 45 g), längs halbiert
36 kleine schwarze Oliven

1 Zwei Pizzableche mit etwa 30 cm Durchmesser leicht einfetten. Hefe, Zucker und 250 ml warmes Wasser in einer Schüssel vermengen. Zugedeckt an einem warmen Ort 5–10 Minuten gehen lassen, bis sich Bläschen an der Oberfläche bilden. (Wenn sich keine Bläschen bilden, eine neue Hefemischung anrühren.) Mehl, Salz und Milchpulver in eine große Schüssel sieben und in die Mitte eine Mulde drücken. Öl und Hefemischung zugeben und gut verrühren.

2 Die Masse auf einer leicht bemehlten Arbeitsfläche 10 Minuten zu einem geschmeidigen Teig kneten, bei Bedarf hin und wieder etwas Mehl unterkneten. Eine Schüssel mit Öl bepinseln und den Teig hineinlegen, ebenfalls mit etwas Öl bestreichen, mit Frischhaltefolie abdecken und an einem warmen Ort 30 Minuten etwa auf die doppelte Größe gehen lassen.

3 Für den Belag Öl in einem Topf erhitzen, Knoblauch und Zwiebeln darin zugedeckt bei schwacher Hitze unter gelegentlichem Rühren etwa 40 Minuten garen. Die Zwiebeln sollten weich werden, aber nicht bräunen. Danach ohne Deckel weitere 30 Minuten unter häufigem Rühren garen, bis die Zwiebeln goldbraun, jedoch nicht verbrannt sind. Abkühlen lassen.

4 Tomatenwürfel in einer Pfanne unter häufigem Rühren 20 Minuten erhitzen, bis die Masse auf etwa ¼ Liter eingedickt ist. Vom Herd nehmen, Tomatenmark und Kräuter einrühren. Mit Pfeffer abschmecken. Abkühlen lassen, dann unter die Zwiebelmischung heben.

5 Den Backofen auf 220 °C vorheizen. Hefeteig schlagen und auf einer leicht bemehlten Arbeitsfläche 2 Minuten zusammenkneten. Den Teig in 2 Portionen teilen, eine Portion zurück in die Schüssel geben und abdecken. Die andere Portion auf einen Kreis mit etwa 30 cm Durchmesser ausrollen und flach auf ein Pizzablech drücken. Mit etwas Öl bestreichen, die Hälfte der Zwiebel-Tomaten-Mischung darauf verteilen und dabei einen schmalen Rand lassen. Die Hälfte der Sardellenfilets in einem Gittermuster auflegen und in jedes entstandene Viereck eine Olive legen. Mit dem übrigen Teig und Belag eine zweite Pissaladière vorbereiten. Im Backofen 15–20 Minuten backen, bis der Teig gut durchgebacken und leicht gebräunt ist. Wenn beide Pizzen gleichzeitig im Ofen sind, verlängert sich die Backzeit um einige Minuten.

NÄHRWERTE PRO PERSON
330 kcal; 9 g Eiweiß; 17 g Fett; 35 g Kohlenhydrate; 5 g Ballaststoffe; 8 mg Cholesterin

Tomatenmark und Kräuter unter die Tomatenmasse rühren und mit Pfeffer abschmecken.

Den Hefeteig schlagen, um vor dem Kneten möglichst viel Luft zu entfernen.

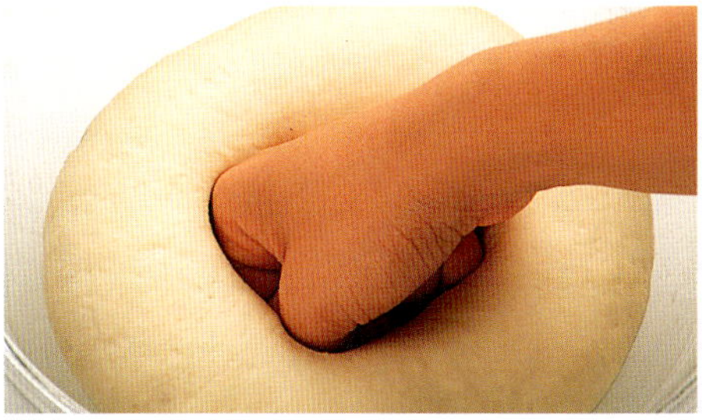

Auf jede Pissaladière eine Hälfte der Sardellenfilets in einem Gittermuster auf den Belag legen.

Ricotta-Törtchen mediterrane Art

VORBEREITUNGSZEIT: 20 MINUTEN + ABTROPFKÜHLZEIT: 20 MINUTEN | GESAMTZUBEREITUNGSZEIT: 30 MINUTEN | ERGIBT 6 STÜCK

30 g Semmelbrösel
2 EL Olivenöl
1 Knoblauchzehe, zerdrückt
½ rote Paprikaschote, geviertelt und in dünne Streifen geschnitten
1 Zucchini, in dünne Streifen geschnitten
3 Scheiben Prosciutto, in dünne Streifen geschnitten
375 g Ricotta (siehe HINWEIS)
40 g geriebener Gouda
30 g geriebener Parmesan
2 EL zerzupftes Basilikum
4 schwarze Oliven ohne Stein, in Scheiben

1 Den Backofen auf 180 °C vorheizen. 6 kleine Tarteförmchen (etwa 10 cm Durchmesser) leicht einfetten und mit je 1 Teelöffel Semmelbröseln bestreuen.

2 Die Hälfte des Öls in einer Pfanne erhitzen. Knoblauch, Paprika und Zucchini darin bei mittlerer Hitze 5 Minuten weich garen. Gelegentlich rühren. Vom Herd nehmen, den Prosciutto dazugeben und die Mischung abschmecken.

3 Ricotta in einer großen Schüssel mit Gouda, Parmesan und den übrigen Semmelbröseln verrühren und abschmecken. Die Mischung in die Förmchen füllen und an Boden und Rand festdrücken.

4 20 Minuten backen, bis die Törtchen goldgelb sind und etwas aufgehen. Abkühlen lassen (dabei fallen sie etwas zusammen) und aus den Förmchen nehmen. Nicht kalt stellen.

5 Die Tarteböden mit Basilikum bestreuen und die Gemüsemischung darauf verteilen. Mit Oliven verzieren und mit etwas Öl besprenkeln.

HINWEIS: *Festen Ricotta verwenden oder den weichen Frischkäse gut abtropfen lassen, sonst bleibt die Masse leicht an den Förmchen kleben.*

Die Tarteförmchen mit Semmelbröseln bestreuen, sodass Boden und Ränder gut bedeckt sind.

Die Tarteböden backen, bis sie aufgehen und an den Rändern goldgelb sind.

NÄHRWERTE PRO TÖRTCHEN
348 kcal; 20 g Eiweiß; 27 g Fett; 8 g Kohlenhydrate; 1 g Ballaststoffe; 66 mg Cholesterin

Käse-Soufflé-Tarte

VORBEREITUNGSZEIT: 40 MINUTEN | GESAMTZUBEREITUNGSZEIT: 55 MINUTEN | FÜR 6–8 PERSONEN

80 g Butter
40 g Mehl Type 550
250 g Sahne
160 g saure Sahne
4 Eier, getrennt
130 g geriebener Gruyère
3 EL Schnittlauchröllchen
¼ TL geriebene Muskatnuss
1 Prise Cayennepfeffer
12 Blätter Filoteig

1 Den Backofen auf 190 °C vorheizen. Eine tiefe Tarte- oder Auflaufform mit etwa 20 cm Durchmesser einfetten. Die Hälfte der Butter in einem Topf zerlassen, Mehl hineinsieben und unter Rühren 1 Minute erhitzen. Vom Herd nehmen und nach und nach mit Sahne und saure Sahne verquirlen.

2 Die Masse aufkochen und mit dem Schneebesen rühren, bis sie eindickt. Vom Herd nehmen und mit dem Eigelb verquirlen. Mit Frischhaltefolie abdecken und leicht abkühlen lassen. Käse, Schnittlauch, Muskat und Cayennepfeffer einrühren.

3 Die übrige Butter zerlassen. Jedes Blatt Filoteig leicht damit einpinseln, in der Mitte zusammenlegen und versetzt in die Form legen. Die Teigränder lappen über den Rand der Form.

4 Das Eiweiß sehr steif schlagen. Einen Löffel zum Auflockern unter die Käsemischung rühren, dann nach und nach den übrigen Eischnee unterheben. Die Käse-Ei-Mischung in die Form füllen, den überstehenden Teig darüber einklappen und oben mit der übrigen zerlassenen Butter bestreichen. 40–45 Minuten backen, bis der Teig goldbraun wird und aufgeht. Sofort servieren.

Die Filoteigblätter mit Butter bestreichen, in der Mitte zusammenlegen und die Form damit auslegen.

Den überstehenden Teig als Deckel über der Füllung einfalten und mit zerlassener Butter bestreichen.

NÄHRWERTE PRO PERSON (8)
450 kcal; 10 g Eiweiß; 40 g Fett; 15 g Kohlenhydrate; 1 g Ballaststoffe; 200 mg Cholesterin

Scharfe Kürbis-Cashew-Törtchen

VORBEREITUNGSZEIT: 1 STUNDE + KÜHLZEIT: 20 MINUTEN | GESAMTZUBEREITUNGSZEIT: 1 STUNDE | FÜR 4 PERSONEN

250 g Mehl Type 550
100 g kalte Butter, gewürfelt
1½ EL Koriandersamen, grob zermahlen
1 Prise Salz
1 Ei
2 TL eiskaltes Wasser

CASHEW-MISCHUNG

40 g geröstete Cashewkerne, gehackt
¼ TL edelsüßes Paprikapulver
1 TL Kümmel
1 TL Sesam

SCHARFE KÜRBISFÜLLUNG

600 g Kürbis (z. B. Butternuss)
1 EL Öl
1 Zwiebel, in dünne Scheiben geschnitten
1 Knoblauchzehe, zerdrückt
¼ TL gemahlener Kümmel
¼ TL gemahlener Koriander
½ TL Garam masala
¼ TL Chiliflocken
1 EL Honig
1 EL Sojasauce
200 g Ricotta

1 Für den Teig Mehl mit Butter, Koriandersamen und Salz in der Küchenmaschine 15 Sekunden zu einem krümeligen Teig verrühren. Ei und Wasser hinzufügen und in kurzen Intervallen zu einem glatten Teig mixen. Bei Bedarf mehr Wasser zugeben. Auf einer bemehlten Arbeitsfläche rasch zu einer Kugel kneten. In Frischhaltefolie wickeln und mindestens 20 Minuten kalt stellen.

2 Den Backofen auf 200 °C vorheizen. 4 flache Tortenförmchen mit etwa 11 cm Durchmesser einfetten. Die Teigmasse vierteln und ausreichend groß ausrollen, um die Förmchen damit auszulegen, gut an Boden und Rand andrücken. Überstehende Teigreste mit einem scharfen Messer oder durch das Rollen eines Nudelholzes über die Form entfernen und die Teigböden mit der Gabel mehrmals einstechen. 18–20 Minuten blindbacken, bis sie goldbraun sind, dann abkühlen lassen. Backofentemperatur auf 180 °C reduzieren.

3 Für die Cashew-Mischung gehackte Cashewkerne mit Paprikapulver mischen. Bei schwacher Hitze Kümmel und Sesam in einer trockenen Pfanne kurz anrösten, dabei ständig rühren. Unter die Cashew-Mischung heben und abkühlen lassen.

4 Für die Kürbisfüllung den Kürbis in etwa 2,5 cm große Würfel schneiden. Öl in einer Pfanne erhitzen, Kürbis mit Zwiebel, Knoblauch und den Gewürzen bei mittlerer Hitze garen, bis die Zwiebel weich und glasig ist. Regelmäßig rühren. Honig und 2 Esslöffel Wasser hinzufügen, aufkochen und zugedeckt 10–15 Minuten köcheln lassen, bis der Kürbis weich ist. Mit Sojasauce abschmecken.

5 Ricotta in 4 Portionen teilen und auf die Teigböden geben. Die Kürbisfüllung einfüllen, auch die Kochflüssigkeit darübergießen und die Cashew-Masse darauf verteilen. Die Törtchen für 10 Minuten im vorgeheizten Ofen erwärmen und warm servieren.

NÄHRWERTE PRO PERSON
705 kcal; 20 g Eiweiß; 40 g Fett; 70 g Kohlenhydrate; 6 g Ballaststoffe; 135 mg Cholesterin

Die Koriandersamen grob im Mörser mit dem Stößel zerstampfen.

Die gerösteten Cashewkerne hacken und in einer Schüssel mit Paprikapulver verrühren

Kümmel- und Sesamsamen ohne Öl kurz in einer Pfanne rösten.

Tomaten-Zucchini-Törtchen

VORBEREITUNGSZEIT: 45 MINUTEN | GESAMTZUBEREITUNGSZEIT: 1 STUNDE 20 MINUTEN | ERGIBT 6 STÜCK

3 Eiertomaten, längs halbiert
1 TL Balsamico
1 TL Olivenöl
3 kleine Zucchini, in dünne Scheiben geschnitten
3 Platten fertiger Blätterteig
1 Eigelb, verquirlt, zum Bestreichen
12 kleine schwarze Oliven
24 Kapern, abgespült und abgetropft
frisch gemahlener schwarzer Pfeffer

PISTAZIEN-MINZ-PESTO
75 g ungesalzene, geschälte Pistazien
40 g Minzblättchen
2 Knoblauchzehen, zerdrückt
80 ml Olivenöl
50 g geriebener Parmesan

1 Den Backofen auf 150 °C vorheizen. Tomaten mit der Schnittfläche nach oben auf ein Backblech legen und 30 Minuten backen, dann Balsamico und Öl vermischen, die Tomaten damit bestreichen und weitere 30 Minuten backen. Danach die Backtemperatur auf 210 °C erhöhen.

2 Für das Pesto Pistazien, Minze und Knoblauch in der Küchenmaschine 15 Sekunden zerkleinern. Olivenöl bei laufender Küchenmaschine zugießen, Parmesan hinzufügen und kurz mixen.

3 Grill vorheizen und mit Alufolie auslegen. Zucchini in einer Schicht darauf verteilen, mit restlichem Essig und Öl einpinseln. Etwa 5 Minuten grillen, nach der Hälfte der Zeit wenden.

4 Den Teig auf eine Fläche von 25 x 40 cm ausrollen und 6 Teigkreise mit etwa 12 cm Durchmesser ausschneiden. Auf ein gefettetes Backblech legen und mit Eigelb bestreichen. Mit je 1 Esslöffel Pesto bestreichen, dabei etwa 2 cm Rand lassen. Die Zucchinischeiben auf die Törtchen verteilen und eine Tomatenhälfte darauflegen. 15 Minuten goldbraun backen. Mit Oliven, Kapern und schwarzem Pfeffer garnieren.

Die Tomatenhälften 30 Minuten grillen, mit Essig und Öl bepinseln und weitere 30 Minuten grillen.

Mit Pesto bestreichen, einige gegrillte Zucchinischeiben darauflegen und einen breiten Rand frei lassen.

NÄHRWERTE PRO STÜCK
725 kcal; 15 g Eiweiß; 60 g Fett; 35 g Kohlenhydrate; 6 g Ballaststoffe; 80 mg Cholesterin

Auberginen-Artischocken-Tarte mit Salami

VORBEREITUNGSZEIT: 20 MINUTEN + KÜHLZEIT: 30 MINUTEN | GESAMTZUBEREITUNGSZEIT: 55 MINUTEN | FÜR 4–6 PERSONEN

125 g Mehl Type 550
60 g kalte Butter, gewürfelt
1 Eigelb
1–2 EL eiskaltes Wasser

FÜLLUNG
2 EL Öl
250 g Auberginen, gewürfelt
110 g geviertelte, eingelegte Artischocken
125 g Salami, gewürfelt
1 EL Schnittlauchröllchen
1 EL frische gehackte glatte Petersilie
1 Ei, leicht verquirlt
60 g Sahne

1 Mehl und Butter in der Küchenmaschine 15 Sekunden krümelig mixen. Eigelb und Wasser zugeben und in kurzen Intervallen zu einem glatten Teig mixen. Bei Bedarf mehr Wasser zugeben. Den Teig auf einer leicht bemehlten Arbeitsfläche zu einer Kugel kneten, in Frischhaltefolie wickeln und mindestens 20 Minuten kalt stellen. Den Backofen auf 200 °C vorheizen und eine flache Auflauf- oder Tarteform mit etwa 20 cm Durchmesser einfetten.

2 Den Teig auf einem Stück Backpapier ausrollen und die Tarteform damit auslegen. Überhängende Teigränder entfernen und den Teig in der Form 10 Minuten kalt stellen. Mit einer Gabel mehrmals einstechen, dann 10 Minuten hellbraun backen. Abkühlen lassen.

3 Öl in einer Pfanne erhitzen und die Aubergine darin bei starker Hitze häufig wenden, bis sie weich und gebräunt ist, dann abtupfen. Aubergine, Artischocken, Salami und Kräuter verrühren, auf dem Teigboden verteilen und den Belag glattstreichen. Ei mit Sahne verquirlen und vorsichtig über den Belag geben. 45 Minuten backen, bis die Tarte goldbraun ist.

NÄHRWERTE PRO PERSON (6)
310 kcal; 8 g Eiweiß; 25 g Fett; 15 g Kohlenhydrate; 2 g Ballaststoffe; 75 mg Cholesterin

Salami und Aubergine würfeln. Für die Kräuter krause oder glatte Petersilie verwenden.

Die Füllung auf dem Teigboden verteilen und gut festdrücken, dann Ei und Sahne darübergeben.

Italienische Sommer-Tarte

VORBEREITUNGSZEIT: 40 MINUTEN + KÜHLZEIT: 50 MINUTEN | GESAMTZUBEREITUNGSZEIT: 1 STUNDE | FÜR 4–6 PERSONEN

185 g Mehl Type 550
90 g kalte Butter, gewürfelt
1 Eigelb
2–3 EL eiskaltes Wasser

FÜLLUNG
1 EL Olivenöl
2 kleine rote Zwiebeln, in Scheiben geschnitten
1 EL Balsamico
1 TL brauner Zucker
1 EL Thymianblättchen
170 g marinierte Artischockenherzen aus der Dose, abgegossen und geviertelt
4 Scheiben Prosciutto, in Streifen geschnitten
12 schwarze Oliven

NÄHRWERTE PRO PERSON (6)
275 kcal; 6 g Eiweiß; 15 g Fett; 25 g Kohlenhydrate; 2 g Ballaststoffe; 70 mg Cholesterin

1 Mehl und Butter in der Küchenmaschine 15 Sekunden zu einem krümeligen Teig mixen. Eigelb und Wasser dazugeben und in kurzen Intervallen mixen, bis ein loser Teig entsteht. Bei Bedarf mehr Wasser zufügen. Auf einer leicht bemehlten Arbeitsfläche zu einer Kugel kneten, in Frischhaltefolie wickeln und mindestens 30 Minuten kalt stellen.

2 Den Teig zwischen zwei Schichten Backpapier auf die Größe einer flachen, eckigen Auflaufform (etwa 35 x 10 cm) ausrollen. Boden und Ränder der Form damit auskleiden und überhängenden Teig abschneiden. Abgedeckt 20 Minuten kalt stellen.

3 Den Backofen auf 190 °C vorheizen. Den Teigboden mit Backpapier und einer gleichmäßigen Schicht Reis oder getrockneten Hülsenfrüchten bedecken. 15 Minuten blindbacken, dann Hülsenfrüchte und Backpapier entfernen und weitere 15 Minuten backen, bis der Teig goldbraun und trocken ist. Abkühlen lassen.

4 Für die Füllung Öl in einem Topf erhitzen und die Zwiebelringe darin unter Rühren 15 Minuten anschwitzen. Essig und Zucker zugeben und weitere 15 Minuten garen. Vom Herd nehmen, Thymian unterrühren und abkühlen lassen.

5 Die Zwiebelmischung gleichmäßig auf dem Teigboden aufbringen. Die Artischockenherzen darauf verteilen und die Zwischenräume mit kleinen Prosciuttoröllchen und schwarzen Oliven ausfüllen. Bei Zimmertemperatur servieren.

Aus Mehl und Butter einen krümeligen Teig rühren, dann mit Eigelb und etwas Wasser mixen.

Mit Artischocken belegen und die Zwischenräume mit Prosciuttoröllchen und Oliven füllen.

Vol-au-vents

VORBEREITUNGSZEIT: 20 MINUTEN + KÜHLZEIT: 15 MINUTEN | GESAMTZUBEREITUNGSZEIT: 30 MINUTEN | ERGIBT 4 STÜCK

250 g fertiger Blätterteig
1 Ei, leicht verquirlt
40 g Butter
2 Frühlingszwiebeln, fein gehackt
2 EL Mehl
375 ml Milch
Salz, frisch gemahlener schwarzer Pfeffer
Füllung nach Belieben (siehe HINWEIS)

1 Den Backofen auf 220 °C vorheizen und ein Blech mit Backpapier belegen. Blätterteig auf etwa 20 x 20 cm ausrollen und mit einem Teigschneider 4 Teigkreise mit 10 cm Durchmesser ausschneiden. Auf das Backblech legen und in jeden davon einen weiteren Teigkreis mit 6 cm Durchmesser einschneiden, den Teig dabei nicht durchtrennen. 15 Minuten kalt stellen.

2 Um die Teigränder mit einem bemehlten Messerrücken in Abständen von 1 cm Rillen formen. Die Teigkreise oben mit Ei bestreichen. Den Rand nicht bestreichen, da der Teig dort sonst nicht aufgeht.

3 20 Minuten goldbraun und knusprig backen und auf einem Backrost abkühlen lassen. Aus jeder Pastete den inneren Kreis ausschneiden und noch nicht ganz durchgebackene Stellen entfernen. Bei Bedarf etwa 2 Minuten fertigbacken.

4 Butter in einem Topf zerlassen und die Frühlingszwiebeln 2 Minuten bei schwacher Hitze anschwitzen. Mehl dazugeben und 2 Minuten unter Rühren hellbraun garen. Nach und nach mit Milch glattrühren. Bei mittlerer Hitze unter ständigem Rühren 4 Minuten aufkochen, bis die Masse eindickt. Mit Salz und Pfeffer abschmecken, vom Herd nehmen und Füllung unterheben, dann auf die Pasteten verteilen.

HINWEIS: *Nach Belieben mit je 350 g gegarten Champignonscheiben, gebratenen Garnelen, gehackter Hühnerbrust, pochierten Lachsstückchen, Krabbenfleisch, Austern oder gedünsteten Spargelspitzen füllen.*

4 Blätterteigkreise mit je 10 cm Durchmesser ausschneiden oder ausstechen.

Mit einem Messer um jede Pastete einen gerillten Rand formen.

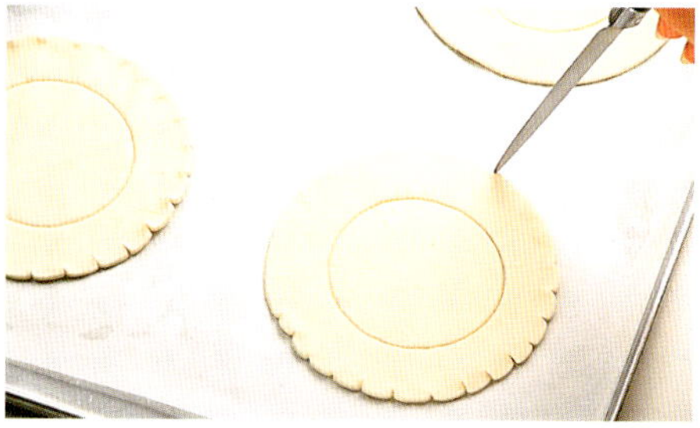

NÄHRWERTE PRO PASTETE (OHNE FÜLLUNG)
400 kcal; 9 g Eiweiß; 27 g Fett; 31 g Kohlenhydrate; 1 g Ballaststoffe; 100 mg Cholesterin

Kartoffel-Süßkartoffel-Tarte mit Zwiebeln

VORBEREITUNGSZEIT: 45 MINUTEN + KÜHLZEIT: 15 MINUTEN | GESAMTZUBEREITUNGSZEIT: 1 STUNDE 20 MINUTEN | FÜR 4–6 PERSONEN

125 g Mehl Type 550
90 g kalte Butter, gewürfelt
1–2 EL eiskaltes Wasser

FÜLLUNG
400 g Süßkartoffeln, geschält
400 g Kartoffeln, geschält
1 Zwiebel, in dünne Scheiben geschnitten
250 g Sahne
2 Eier
1 EL grober Senf
Salz
frisch gemahlener schwarzer Pfeffer

1 Mehl und Butter in der Küchenmaschine zu einem krümeligen Teig mixen, dann Wasser zugeben und 5 Sekunden zu einem glatten Teig verarbeiten. Auf einer leicht bemehlten Arbeitsfläche zu einer Kugel kneten.

2 Den Teig auf einer Schicht Backpapier ausrollen und eine flache Tarteform mit etwa 23 cm Durchmesser damit auslegen. Über den Formrand stehenden Teig abschneiden und den Tarteboden 15 Minuten kalt stellen. Den Backofen auf 190 °C vorheizen.

3 Den Teig mit Backpapier und einer Schicht Reis oder Hülsenfrüchten bedecken und 10 Minuten blindbacken. Dann Hülsenfrüchte und Backpapier entfernen und den Boden weitere 10 Minuten backen. Abkühlen lassen.

4 Kartoffeln und Süßkartoffeln in dünne Scheiben schneiden und im Dampfkochtopf 15 Minuten bissfest garen. Flüssigkeit abschütten, dann das Gemüse abgedeckt beiseite stellen.

5 Abwechselnd Schichten aus Süßkartoffel- und Kartoffelscheiben dachziegelartig auf dem Teigboden verteilen und mit Zwiebel bedecken. Sahne, Eier und Senf verrühren, mit Salz und Pfeffer abschmecken und über die Tarte geben. 45 Minuten goldbraun backen.

NÄHRWERTE PRO PERSON (6)
485 kcal; 9 g Eiweiß; 30 g Fett; 40 g Kohlenhydrate; 4 g Ballaststoffe; 155 mg Cholesterin

Den Teig zu einem Kreis ausrollen und Boden und Rand der Tarteform damit auslegen.

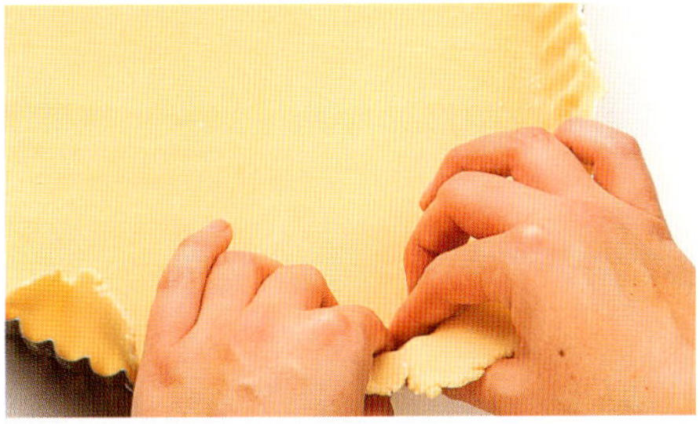

Sahne, Eier und Senf verrühren und die Mischung gleichmäßig über der Tarte verteilen.

Ratatouille-Törtchen

VORBEREITUNGSZEIT: 40 MINUTEN + WARTEZEIT: 35 MINUTEN | GESAMTZUBEREITUNGSZEIT: 1 STUNDE 10 MINUTEN | ERGIBT 12 STÜCK

375 g Mehl Type 550
170 g kalte Butter, gewürfelt
125 ml eiskaltes Wasser

RATATOUILLE-FÜLLUNG
1 Aubergine (etwa 500 g)
60 ml Öl
1 Zwiebel, gehackt
2 Knoblauchzehe, zerdrückt
2 Zucchini, in Scheiben geschnitten
1 rote Paprikaschote, fein gehackt
1 grüne Paprikaschote, fein gehackt
250 g Cherrytomaten, halbiert
1 EL Balsamico
125 g geriebener Gouda

1 Mehl in eine Schüssel sieben, Butter darübergeben und mit den Fingern zu einem krümeligen Teig verreiben. Fast das ganze Wasser in eine Vertiefung in der Mitte geben und die Mischung zu einem glatten Teig verrühren. Bei Bedarf mehr Wasser dazugeben.

2 Den Teig auf eine Arbeitsfläche geben, zu einer Kugel verkneten und in 12 Portionen teilen. 12 flache Tarteförmchen (etwa 8 cm Durchmesser) einfetten. Die Teigportionen auf Backpapier auf etwas mehr als die Größe der Förmchen ausrollen und die Förmchen damit auslegen. An den Seiten gut festdrücken und überstehende Teigränder entfernen. 15 Minuten kalt stellen. Inzwischen den Backofen auf 200 °C vorheizen.

3 Die Förmchen auf ein Backblech stellen und die Teigböden mehrmals mit der Gabel einstechen. 20–25 Minuten backen, bis der Teig goldbraun und gut durchgebacken ist. Vollständig abkühlen lassen.

4 In der Zwischenzeit für die Füllung die Aubergine in 2 cm große Würfel schneiden, in einen Durchschlag geben und kräftig mit Salz bestreuen. 20 Minuten Flüssigkeit ziehen lassen, abspülen, abtropfen lassen und mit Küchenpapier abtupfen.

5 2 Esslöffel Öl in einer großen Pfanne erhitzen und die Aubergine 8–10 Minuten braten, bis sie gebräunt ist. Mit Küchenpapier abtupfen und beiseite stellen. Die Zwiebel im übrigen Öl anschwitzen, etwa 5 Minuten bei mittlerer Hitze garen, dann Knoblauch zugeben nach 1 weiteren Minute Zucchini und Paprika hinzufügen. Unter häufigem Rühren 10 Minuten weich garen. Aubergine und Tomaten wieder unterheben und 2 Minuten unter Rühren erhitzen. Die Mischung in eine Schüssel geben, Balsamico unterrühren, abdecken und vollständig abkühlen lassen.

6 Den Backofen auf 180 °C vorheizen. Die Füllung mit einem Löffel auf die 12 Förmchen verteilen; überschüssige Flüssigkeit abgießen. Mit Käse bestreuen und 10–15 Minuten backen, bis die Törtchen durcherhitzt sind und der Käse geschmolzen ist.

HINWEIS: *Die Ratatouille-Füllung kann am Vortag vorbereitet und gut verschlossen im Kühlschrank aufbewahrt werden.*

NÄHRWERTE PRO TÖRTCHEN
317 kcal; 7,5 g Eiweiß; 20 g Fett; 25 g Kohlenhydrate; 3,5 g Ballaststoffe; 45 mg Cholesterin

Das Mehl in eine Schüssel sieben und mit der Butter zu einem krümeligen Teig verreiben.

Die Aubergine würfeln und kräftig mit Salz bestreuen, damit sie Flüssigkeit ziehen kann.

Balsamico über die Gemüsemischung geben und gut verrühren.

Tomaten-Parmesan-Tarte mit Sardellen

VORBEREITUNGSZEIT: 10 MINUTEN + ABKÜHLZEIT | GESAMTZUBEREITUNGSZEIT: 1 STUNDE 45 MINUTEN | FÜR 6–8 PERSONEN

3 EL Olivenöl
1 Zwiebel, fein gehackt
2 EL getrockneter Petersilie
1 TL getrockneter Basilikum
1 TL Zucker
2 Dosen ganze Tomaten (à 400 g)
2 Stück fertiger Mürbeteig
2 TL gehackte Sardellenfilets
2 EL geriebener Parmesan
3 Eier, leicht verquirlt

1 Öl in einer Pfanne erhitzen und die Zwiebel 15 Minuten goldbraun anbraten. Petersilie, Basilikum und Zucker dazugeben und 20–30 Sekunden unter ständigem Rühren erhitzen.

2 Tomaten abseihen und zu einem groben Brei hacken. In die Pfanne geben und die Mischung 30 Minuten köcheln lassen, bis sie dunkel und die Flüssigkeit fast verdampft ist. Abkühlen lassen.

3 Den Backofen auf 180 °C vorheizen und eine flache runde Tarteform mit etwa 23 cm Durchmesser einfetten. Die Mürbeteigblätter aufeinander legen und etwa 3 mm dick ausrollen. Die Form mit Teig auskleiden und den Boden mit der Gabel mehrmals einstechen. Mit Backpapier und einer Schicht Reis oder getrockneten Hülsenfrüchten bedecken und 10 Minuten blindbacken. Hülsenfrüchte und Papier entfernen und weitere 10 Minuten backen, bis der Teig trocken ist.

4 Sardellen, Parmesan und Ei unter die Tomatenmasse heben, die Füllung auf dem Teigboden verteilen und glattstreichen. 40 Minuten backen, bis die Tarte gut durchgegart ist.

Form mit dem Teig auskleiden und den Boden mit der Gabel einstechen, damit er sich nicht wölbt.

Gehackte Sardellen, Parmesan und Ei unter die Tomatenfüllung rühren.

NÄHRWERTE PRO PERSON (6)
250 kcal; 6 g Eiweiß; 17 g Fett; 18 g Kohlenhydrate; 2 g Ballaststoffe; 65 mg Cholesterin

Feta-Tarte mit Roter Bete

VORBEREITUNGSZEIT: 40 MINUTEN + KÜHLZEIT: 15 MINUTEN | GESAMTZUBEREITUNGSZEIT: 1 STUNDE | FÜR 6 PERSONEN

110 g Vollkorn-Weizenmehl
90 g Mehl Type 550
125 g kalte Butter, gewürfelt
Salz
1 Eigelb
1–2 EL eiskaltes Wasser
300 g Ricotta
300 g Feta, zerbröckelt
3 Eier, leicht verquirlt
300 g kleine Rote-Bete-Knollen, mit Stielansatz
1 EL Walnuss- oder Olivenöl
1 EL Rotweinessig
30 g gehackte Pekannusskerne
2 EL Korianderblättchen

1 Mehl, Butter und etwas Salz mit dem Mixer 15 Sekunden zu einer krümeligen Masse mixen. Eigelb und Wasser zugeben und in kurzen Intervallen zu einem glatten Teig mixen. Bei Bedarf etwas mehr Wasser zugeben. Auf einer bemehlten Arbeitsfläche zu einer Kugel kneten, in Frischhaltefolie wickeln und 15 Minuten kalt stellen. Den Backofen auf 180 °C vorheizen.

2 Ricotta und Feta mit der Gabel zerdrücken, Eier zufügen und gut verrühren. Eine flache, runde Tarteform mit 23 cm Durchmesser einfetten. Den Teig auf einer bemehlten Arbeitsfläche ausrollen und die Form damit auslegen, an den Rändern gut festdrücken und überhängenden Teig entfernen. Mit Backpapier und Reis oder getrockneten Hülsenfrüchten bedecken und 10 Minuten blindbacken. Reis und Backpapier entfernen, weitere 10 Minuten backen.

3 Die Füllung auf dem Teigboden verteilen und 30 Minuten backen, bis der Belag fest ist und aufgeht. (Beim Abkühlen sinkt die Füllung etwas zusammen.)

4 Rote Bete weich kochen oder dämpfen, schälen und halbieren. Mit Essig-Öl-Mischung beträufeln. Die Tarte mit Roter Bete, gehackten Pekannusskernen und Korianderblättchen servieren.

NÄHRWERTE PRO PERSON
585 kcal; 25 g Eiweiß; 45 g Fett; 25 g Kohlenhydrate; 4 g Ballaststoffe; 230 mg Cholesterin

Die Rote Bete putzen und das Grün entfernen, einen kurzen Stiel stehen lassen.

Den Teigboden blindbacken, dann die Ricotta-Feta-Mischung darauf verteilen.

Rucola-Törtchen mit Käse und Zwiebeln

VORBEREITUNGSZEIT: 30 MINUTEN + KÜHLZEIT: 30 MINUTEN | GESAMTZUBEREITUNGSZEIT: 1 STUNDE 10 MINUTEN | FÜR 6 PERSONEN

250 g Mehl Type 550
125 g kalte Butter, gewürfelt
30 g geriebener Parmesan
1 Ei, leicht verquirlt
60 ml eiskaltes Wasser

RUCOLAFÜLLUNG
2 EL Olivenöl
3 Zwiebeln, in dünne Scheiben geschnitten
100 g Rucola
100 g Blauschimmelkäse, zerbröckelt
3 Eier, leicht verquirlt
60 g Sahne
60 g geriebener Parmesan
1 Prise geriebene Muskatnuss

NÄHRWERTE PRO TÖRTCHEN
570 kcal; 18 g Eiweiß; 40 g Fett; 33 g Kohlenhydrate; 2,5 g Ballaststoffe; 215 mg Cholesterin

1 In einer großen Schüssel Butter mit Mehl zu einem krümeligen Teig verreiben und Parmesan unterheben. In der Mitte eine Mulde formen, Ei und Wasser zugießen und mit dem Messer zu einem glatten Teig verarbeiten. Auf eine bemehlte Arbeitsfläche geben, zu einer dicken Scheibe ausrollen, in Frischhaltefolie wickeln und 30 Minuten kalt stellen.

2 Den Backofen auf 200 °C vorheizen und 6 Tarteförmchen mit etwa 8 cm Durchmesser vorbereiten. Den Teig in 6 Portionen teilen und jede etwas grüßer als den Förmchendurchmesser ausrollen. Die Förmchen damit auslegen und Teigüberhänge entfernen.

3 Die Tarteböden und -ränder mit Backpapier bedecken und mit Reis oder getrockneten Hülsenfrüchten beschweren. 10 Minuten blindbacken, dann Hülsenfrüchte und Papier entfernen und weitere 10 Minuten trocken und goldbraun backen. Etwas abkühlen lassen. Die Backtemperatur auf 180 °C reduzieren.

4 Öl in einer großen Pfanne erhitzen und die Zwiebel darin bei mittlerer Hitze 20 Minuten braten, bis sie karamellisiert. Rucola dazugeben und unter Rühren garen, bis er zusammengefallen ist. Aus der Pfanne nehmen und abkühlen lassen.

5 Die Rucolamischung auf die Tarteförmchen verteilen und Blauschimmelkäse darüberbröckeln. Eier, Sahne, Parmesan und Muskat verquirlen und gleichmäßig über die Törtchen geben. Auf einem Backblech 20–30 Minuten backen. Warm oder kalt servieren.

Butter und Mehl mit den Fingern verreiben, bis ein krümeliger Teig entsteht.

Die Förmchen mit Teig auskleiden und mit einer kleinen Teigkugel die Ränder festdrücken.

Tomaten-Thymian-Tarte

VORBEREITUNGSZEIT: 35 MINUTEN + KÜHLZEIT: 15 MINUTEN | GESAMTZUBEREITUNGSZEIT: 30 MINUTEN | FÜR 6–8 PERSONEN

250 g Mehl Type 550
125 g kalte Butter, gewürfelt
125 g Frischkäse, gehackt
1 EL Thymianblättchen

TOMATENFÜLLUNG

40 g Semmelbrösel
30 g geriebener Parmesan
2 EL Zitronenthymian-Blättchen
6 Eiertomaten, in Scheiben geschnitten
3 Frühlingszwiebeln, in Ringe geschnitten
frisch gemahlener schwarzer Pfeffer
1 Eigelb, mit 1 TL Wasser verquirlt, zum Bestreichen

1 Mehl, Butter, Frischkäse und Thymian in der Küchenmaschine vermengen. 2 Esslöffel Wasser zugeben und in kurzen Intervallen zu einem glatten Teig mixen. Bei Bedarf mehr Wasser zugeben. Auf einer bemehlten Arbeitsfläche zu einer Kugel kneten, ein Dreieck formen und in Frischhaltefolie gewickelt 15 Minuten kalt stellen. Dann auf ein gefettetes Backblech legen und mit der Gabel mehrmals einstechen.

2 Den Backofen auf 210 °C vorheizen. Semmelbrösel, den Großteil des Parmesan und 1 Esslöffel Zitronenthymian auf der Teigfläche verteilen und einen breiten Rand von etwa 8 cm frei lassen. Die Tomatenscheiben dachziegelartig auf die Parmesanmischung legen und einige Frühlingszwiebel-Ringe darauf verteilen. Mit Pfeffer bestreuen und mit dem Rest der Frühlingszwiebeln, Parmesan und Thymian bedecken. Den Teigrand über der Füllung einschlagen, zur Mitte hin Falten legen. Mit Wasser-Ei-Mischung bestreichen und 10 Minuten backen. Backofentemperatur auf 180 °C reduzieren und weitere 15–20 Minuten im Ofen stehen lassen, bis die Tarte goldbraun ist.

Die Teigmischung zu einer Kugel kneten und grob zu einem Dreieck formen, dann kalt stellen.

Für die traditionelle Tarte ohne Form einen breiten Rand frei lassen und über der Füllung einschlagen.

NÄHRWERTE PRO PERSON (6)
440 kcal; 10 g Eiweiß; 30 g Fett; 40 g Kohlenhydrate; 3 g Ballaststoffe; 110 mg Cholesterin

Tarte Tatin mit Schalotten

VORBEREITUNGSZEIT: 45 MINUTEN + KÜHLZEIT: 20 MINUTEN | GESAMTZUBEREITUNGSZEIT: 1 STUNDE | FÜR 4–6 PERSONEN

750 g Schalotten
50 g Butter
2 EL Olivenöl
60 g brauner Zucker
3 EL Balsamico
125 g Mehl Type 550
60g kalte Butter, gewürfelt
2 TL grober Senf
1 Eigelb
1–2 EL eiskaltes Wasser

1 Schalotten schälen, die Stielansätze stehen lassen. Butter und Olivenöl in einem großen Topf erhitzen, die Schalotten darin im Ganzen bei schwacher Hitze 15 Minuten garen, dann herausnehmen. Zucker, Essig und 3 Esslöffel Wasser im selben Topf verruhren, bis sich der Zucker aufgelöst hat. Schalotten wieder dazugeben und bei schwacher Hitze 15–20 Minuten köcheln lassen, hin und wieder wenden.

2 Den Backofen auf 200 °C vorheizen. Mehl und Butter in der Küchenmaschine krümelig mixen. Senf, Eigelb und den Großteil des Wassers hinzufügen und in kurzen Intervallen mixen, sodass ein glatter Teig entsteht. Bei Bedarf mehr Wasser verwenden. Auf einer bemehlten Arbeitsfläche zu einer Kugel formen, in Frischhaltefolie wickeln und 20 Minuten kalt stellen.

3 Eine runde Backform mit etwa 20 cm Durchmesser einfetten. Die Schalotten dicht nebeneinander in die Form schichten und mit der Sirupmischung übergießen. Den Teig auf Backpapier etwa 1 cm größer als die Form ausrollen, auf die Schalotten setzen und vorsichtig festdrücken, sodass er dicht aufliegt. 20–25 Minuten goldbraun backen und 5 Minuten in der Form abkühlen lassen, dann auf einen Teller stürzen.

HINWEIS: *Die Schalotten vorab 30 Sekunden in kochendes Wasser legen, das erleichtert das Schälen.*

NÄHRWERTE PRO PERSON (6)
325 kcal; 5 g Eiweiß; 25 g Fett; 25 g Kohlenhydrate; 2 g Ballaststoffe; 75 mg Cholesterin

Die Schalotten in der gefetteten Form eng nebeneinander legen.

Den Teig dicht auf die Schalottenmischung auflegen. Die Ränder festdrücken, damit er gut abschließt.

Paprika-Tomaten-Zwiebel-Tarte

VORBEREITUNGSZEIT: 35 MINUTEN + KÜHLZEIT: 20 MINUTEN | GESAMTZUBEREITUNGSZEIT: 1 STUNDE 10 MINUTEN | FÜR 6–8 PERSONEN

150 g Mehl Type 550
100 g Vollkorn-Weizenmehl
125 g kalte Butter, gewürfelt
1 EL Sesam
1 Ei, leicht verquirlt
1–2 EL eiskaltes Wasser

FÜLLUNG
500 g Tomaten, fein gehackt
2 EL Tomatenmark
1 TL Oregano
½ TL Zucker
Salz
frisch gemahlener schwarzer Pfeffer
1 EL Olivenöl
3 rote Zwiebeln, in Ringe geschnitten
1 TL Thymian
3 rote Paprikaschoten
35 g geriebener Parmesan

1 Mehl, Butter und Sesam in der Küchenmaschine etwa 15 Sekunden krümelig mixen. Ei dazugeben und in kurzen Intervallen zu einem glatten Teig mixen. Bei Bedarf kaltes Wasser zugeben. Auf einer leicht bemehlten Arbeitsfläche zu einer Kugel formen und in Frischhaltefolie gewickelt mindestens 20 Minuten kalt stellen. Den Backofen auf 200 °C vorheizen und eine flache, eckige Tarteform (etwa 19 x 28 cm) einfetten.

2 Den Teig auf Backpapier groß genug ausrollen, um die Form damit auszukleiden. An den Formrändern gut festdrücken und Teigreste entfernen. Den Boden vielfach mit der Gabel einstechen und 12 Minuten backen, bis er gebräunt und trocken ist. Abkühlen lassen.

3 Für die Füllung Tomaten, Tomatenmark, Oregano und Zucker in einem Topf aufkochen, die Hitze reduzieren und 15–20 Minuten köcheln und eindicken lassen. Abkühlen lassen und mit Salz und Pfeffer abschmecken.

4 Öl in einem Topf erhitzen und Zwiebeln und Thymian darin 30 Minuten garen, bis die Zwiebeln glasig sind.

5 Die Paprikaschoten vierteln und Samen und Scheidewände entfernen. Schoten im Backofen mit der Außenseite nach oben unter den Grill legen, in einem Gefrierbeutel abkühlen lassen und die Haut entfernen. In kurze Streifen schneiden.

6 Die Zwiebel gleichmäßig auf dem Teigboden verteilen und mit der Tomatenmischung bedecken. Parmesan darüberstreuen und mit Paprikastreifen garnieren. 30 Minuten backen, bis der Belag gut durchgegart und der Teig knusprig ist. Heiß servieren.

AUFBEWAHREN: *Der Teig lässt sich gut vorbereiten und bis zu 3 Monaten tiefgekühlt oder gut abgedeckt einen Tag im Kühlschrank aufbewahren. Achtung: Der Teig sollte Zimmertemperatur haben, wenn er ausgerollt wird.*

NÄHRWERTE PRO PERSON (6)
355 kcal; 10 g Eiweiß; 20 g Fett; 30 g Kohlenhydrate; 5 g Ballaststoffe; 80 mg Cholesterin

Die roten Zwiebeln in Streifen schneiden, um der Füllung Konsistenz zu verleihen.

Eine Tarteform vorbereiten, den Teig in die Form heben und an den Rändern gut festdrücken.

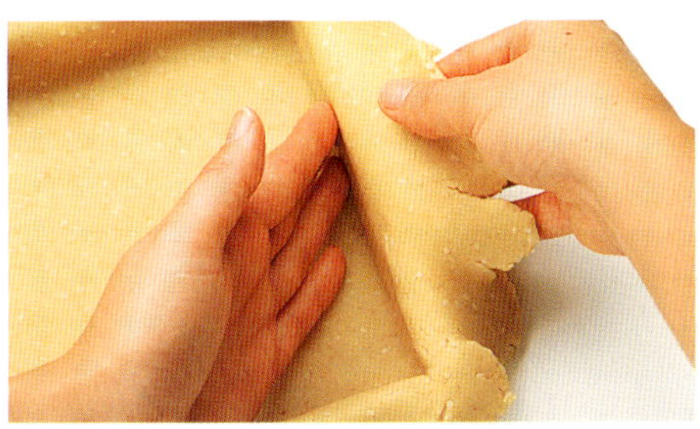

Die Zwiebeln als Basis auf dem Teigboden verteilen und mit der Tomatensauce bedecken.

Pikante Hähnchen-Tartes

VORBEREITUNGSZEIT: 50 MINUTEN | GESAMTZUBEREITUNGSZEIT: 55 MINUTEN | ERGIBT 8 STÜCK

2 große Zwiebeln, fein gehackt
Olivenöl
400 g Aubergine, gewürfelt
2 Knoblauchzehen, zerdrückt
2 Dosen gewürfelte Tomaten (à 400 g)
1 EL Tomatenmark
3 TL brauner Zucker
1 EL Rotweinessig
3 EL frische gehackte glatte Petersilie
4 Blätter fertiger Mürbeteig
2 TL gemahlener Kümmel
2 TL gemahlener Koriander
1 TL Paprikapulver
400 g Hähnchenbrustfilets
saure Sahne und Korianderblättchen zum Servieren

1 Zwiebel in etwas Öl goldbraun anbraten. Aubergine und Knoblauch hinzufügen und einige Minuten garen. Tomaten, Tomatenmark Zucker und Essig unterheben, aufkochen und bei mittlerer Hitze zugedeckt 20 Minuten köcheln lassen. Deckel abnehmen und weitere 10 Minuten reduzieren lassen. Petersilie zugeben, abschmecken. Backofen auf 190 °C vorheizen.

2 8 flache Auflauf- oder Tarteförmchen (etwa 7,5 cm Durchmesser) einfetten, mit Teig auslegen und die Ränder mit einem Löffel verzieren. Die Teigböden mit einer Gabel einstechen und 15 Minuten goldbraun backen.

3 Kümmel, Koriander und Paprikapulver auf Backpapier vermischen und die Hähnchenfilets darin wenden. Öl in einer Pfanne erhitzen und das Hähnchen darin 10 Minuten unter mehrmaligem Wenden braten, bis es gebräunt und gar ist. Die Filets schräg in Scheiben schneiden.

4 Die Teigböden mit der Auberginenmischung füllen und Hähnchenbrustscheiben daraufsetzen. Mit saurer Sahne und Korianderblättchen dekorieren.

Zum raschen und einfachen Verzieren mit dem Löffel ein Muster in den Teigrand drücken.

Filets von Haut und Knochen lösen, so sind sie schneller gar. Vor dem Braten in den Gewürzen wenden.

NÄHRWERTE PRO TARTE

550 kcal; 20 g Eiweiß; 35 g Fett; 45 g Kohlenhydrate; 5 g Ballaststoffe; 65 mg Cholesterin

Pilz-Ricotta-Tarte

VORBEREITUNGSZEIT: 35 MINUTEN | GESAMTZUBEREITUNGSZEIT: 40 MINUTEN | FÜR 6 PERSONEN

60 g Butter
270 g Champignons, in Scheiben geschnitten
2 Knoblauchzehen, zerdrückt
1 EL Marsala
1 TL Thymianblättchen
½ TL gehackte Rosmarinblättchen
1 Prise geriebene Muskatnuss
5 Blätter Filoteig
75 g Butter, zerlassen
200 g Ricotta
2 Eier, leicht verquirlt
125 g saure Sahne
Salz
frisch gemahlener schwarzer Pfeffer
1 EL frische gehackte glatte Petersilie

1 Den Backofen auf 180 °C vorheizen. Die Butter in einer Pfanne erhitzen und die Champignons bei starker Hitze einige Minuten weich garen. Mit dem Knoblauch eine weitere Minute garen, dann Marsala, Thymian, Rosmarin und Muskat einrühren. Die Pilzmischung aus der Pfanne nehmen und Flüssigkeit abgießen.

2 Je ein Blatt Filoteig mit zerlassener Butter bestreichen, die übrigen Blätter mit einem feuchten Küchentuch bedecken, damit sie nicht austrocknen. Die bestrichenen Blätter in der Mitte zusammenlegen und übereinander in eine flache Tarteform mit etwa 23 cm Durchmesser legen, sodass die Teigränder über die Form hinaus ragen.

3 Ricotta, Eier und saure Sahne verquirlen und mit Salz und Pfeffer abschmecken. Die Hälfte davon auf dem Teigboden verteilen, dann die Champignonmischung darüberschichten und mit der übrigen Ricottamischung bedecken. Die Teigränder über der Füllung einschlagen. 35 Minuten backen, bis der Teig fest ist. Vor dem Servieren mit Petersilie bestreuen.

NÄHRWERTE PRO PERSON
360 kcal; 9 g Eiweiß; 35 g Fett; 9 g Kohlenhydrate; 2 g Ballaststoffe; 160 mg Cholesterin

Die Pilze mit dem Sieblöffel aus der Pfanne nehmen und so viel Flüssigkeit wie möglich abschütten.

Die Hälfte der Ricottamischung auf dem Teigboden verteilen und mit den Champignons bedecken.

Kartoffel-Zucchini-Tarte

VORBEREITUNGSZEIT: 25 MINUTEN + KÜHLZEIT: 15 MINUTEN | GESAMTZUBEREITUNGSZEIT: 1 STUNDE 5 MINUTEN | FÜR 6–8 PERSONEN

180 g Mehl Type 550
½ TL Salz
125 g kalte Butter, gewürfelt
1 Eigelb
1–2 EL eiskaltes Wasser

FÜLLUNG
450 g mehligkochende Kartoffeln, geschält und grob gewürfelt
40 g Mehl Type 550
125 g geriebener Käse (z. B. Butterkäse)
80 g Sahne
2 Eier, getrennt
Salz
frisch gemahlener weißer Pfeffer
2 kleine Zucchini, längs in dünne Scheiben geschnitten
4 Thymianzweige zum Garnieren

NÄHRWERTE PRO PERSON (6)
500 kcal; 15 g Eiweiß; 30 g Fett; 40 g Kohlenhydrate; 3 g Ballaststoffe; 185 mg Cholesterin

1 Mehl und Salz in eine Schüssel geben und mit der Butter zu einem krümeligen Teig verreiben. Eigelb und den Großteil des Wassers zugeben und grob zu einem Teig verrühren, bei Bedarf mehr Wasser zugeben. Auf einer leicht bemehlten Arbeitsfläche zu einer glatten Kugel kneten, in Frischhaltefolie wickeln und 15 Minuten kalt stellen. Den Backofen auf 190 °C vorheizen.

2 Eine flache, runde Tarteform mit etwa 25 cm Durchmesser einfetten. Den Teig auf der leicht bemehlten Arbeitsfläche auf etwas mehr als den Formdurchmesser ausrollen, die Form damit auslegen und Teigüberhänge entfernen. Teig mit Backpapier auslegen und mit Reis oder getrockneten Hülsenfrüchten beschweren. 10 Minuten blindbacken, Backpapier und Hülsenfrüchte entfernen und weitere 5–10 Minuten backen.

3 Für die Füllung die Kartoffeln in Salzwasser weich kochen, dann abgießen, 5 Minuten abkühlen lassen und zerstampfen. Mehl, geriebenen Käse und 170 ml Wasser unterrühren, gut vermischen und dann die Sahne hinzufügen. Glatt pürieren, die Eigelbe dazugeben und gut verrühren. Mit Salz und Pfeffer abschmecken. Eiweiße in einer kleinen Schüssel steif schlagen, unter die Kartoffelmasse heben und auf der Tarte verteilen.

4 Darauf aus den Zucchinischeiben ein Muster legen. Mit Thymian garnieren und 35–45 Minuten goldbraun backen. Sofort servieren oder abkühlen lassen.

Den ausgerollten Teigboden am besten mit dem Nudelholz aufnehmen und auf der Form ausbreiten.

Den Tarteboden blindbacken, dann die Kartoffelfüllung darauf verteilen.

Die Zucchini in dünne Scheiben schneiden und dekorativ auf der Kartoffelmasse verteilen.

Tarte mit gebratenen grünen Tomaten

VORBEREITUNGSZEIT: 35 MINUTEN + KÜHLZEIT: 15 MINUTEN | GESAMTZUBEREITUNGSZEIT: 40 MINUTEN | FÜR 6 PERSONEN

4 grüne Tomaten
1 EL Olivenöl
20 g Butter
1 TL gemahlener Kümmel
2 Knoblauchzehen, fein gehackt
1 Platte Blätterteig
60 g saure Sahne
1 EL frisches gehacktes Basilikum
2 EL frische frische gehackte glatte Petersilie
60 g geriebener Gouda

1 Tomaten in dünne Scheiben schneiden. Öl und Butter in der Pfanne erhitzen und Kümmel und Knoblauch darin 1 Minute anbraten. Die Tomaten portionsweise 2–3 Minuten darin braten, bis sie weich werden, dann herausnehmen und mit Küchenpapier abtupfen.

2 Den Backofen auf 200 °C vorheizen. Aus dem Blätterteig einen Kreis mit etwa 24 cm Durchmesser ausschneiden und auf ein gefettetes Backblech legen. Mit dem Messer einen 2 cm breiten Rand markieren und die innere Fläche mehrmals der Länge nach einschneiden. 15 Minuten kalt stellen, dann 10–15 Minuten backen.

3 Saure Sahne, Basilikum und die Hälfte der Petersilie verrühren. Die Innenfläche des Teigbodens mit Käse bestreuen und innerhalb des markierten inneren Randes einen Kreis aus Tomaten legen. Die übrigen Tomaten im Kreis verteilen. 20 Minuten backen, bis der Teig goldbraun ist. Nach dem Backen die Sahnemischung auf dem Belag verteilen und die übrige Petersilie darüberstreuen.

Den Teig auf der Innenfläche mit der Messerspitze gleichmäßig einritzen

Einen Kreis aus Tomaten innerhalb der inneren Randlinie auflegen.

NÄHRWERTE PRO PERSON

245 kcal; 5 g Eiweiß; 20 g Fett; 10 g Kohlenhydrate; 2 g Ballaststoffe; 40 mg Cholesterin

Sardellen-Pesto-Tarte

VORBEREITUNGSZEIT: 35 MINUTEN | GESAMTZUBEREITUNGSZEIT: 30 MINUTEN | FÜR 6 PERSONEN

PESTO
75 g Basilikumblättchen
2 Knoblauchzehen
50 g geriebener Parmesan
80 g Pinienkerne, geröstet
60 ml Olivenöl

375 g fertiger Blätterteig
1 Eigelb, leicht verquirlt
45 g Sardellen aus der Dose, abgegossen
50 g geriebener Mozzarella
35 g geriebener Parmesan

1 Für das Pesto Basilikum, Knoblauch, Parmesan und Pinienkerne in der Küchenmaschine fein hacken. Bei laufendem Motor nach und nach Öl zugeben und gut verrühren.

2 Den Backofen auf 200 °C vorheizen. Den Blätterteig auf eine Fläche von etwa 18 x 35 cm etwa 5 mm dick ausrollen. Rundherum etwa 2 cm Rand wegschneiden. Eigelb mit 1 Teelöffel Wasser verrühren, die Randstücke damit bestreichen und zuschneiden, um rund um die Teigplatte einen Rand zu legen. Auf einem leicht bemehlten Backblech auslegen und mit der Messerspitze mehrere Ritze in den Teig einschneiden. 15 Minuten backen. Den Teigboden in der Mitte mit einem Löffel flachdrücken und weitere 5 Minuten goldgelb backen. Abkühlen lassen.

3 Das Pesto auf dem Teigboden verteilen. Die Sardellen in Streifen schneiden und auf der Pestomasse verteilen. Mit geriebenem Mozzarella und Parmesan bestreuen und 10 Minuten goldbraun backen.

Die Teigstreifen auf die passende Länge zuschneiden und entlang des Teigbodens einen Rand auslegen.

Das Pesto gleichmäßig auf dem Teigboden verteilen, glattstreichen und mit Sardellen belegen.

NÄHRWERTE PRO PERSON
515 kcal; 15 g Eiweiß; 40 g Fett; 25 g Kohlenhydrate; 2 g Ballaststoffe; 70 mg Cholesterin

Gemüsetarte mit Salsa verde

VORBEREITUNGSZEIT: 30 MINUTEN + KÜHLZEIT: 30 MINUTEN | GESAMTZUBEREITUNGSZEIT: 50 MINUTEN | FÜR 6 PERSONEN

200 g Mehl Type 550
½ TL Salz
120 g kalte Butter, gewürfelt
60 g Sahne
1–2 EL eiskaltes Wasser

SALSA VERDE
1 Knoblauchzehe
40 g glatte Petersilie
80 ml natives Olivenöl
3 EL gehackter Dill
1½ EL Dijon-Senf
1 EL Rotweinessig
1 EL kleine Kapern, abgegossen

GEMÜSEFÜLLUNG
Salz
1 große festkochende Kartoffel, in 2 cm breite Würfel geschnitten
1 EL Olivenöl
2 Knoblauchzehen, gehackt
1 rote Paprikaschote, gewürfelt
1 rote Zwiebel, in Ringe geschnitten
2 Zucchini, in Scheiben geschnitten
2 EL gehackter Dill
1 EL gehackter Thymian
1 EL kleine Kapern, abgegossen
150 g eingelegte Artischockenherzen, abgegossen und geviertelt
30 g junger Blattspinat

1 In einer großen Schüssel Mehl, Salz und Butter mit den Fingern zu einem krümeligen Teig verreiben. Sahne und den Großteil des Wassers unterheben und alles zu einem glatten Teig verrühren. Bei Bedarf mehr Wasser zugeben. Auf einer leicht bemehlten Arbeitsfläche zusammenkneten, zu einer flachen Scheibe formen, in Frischhaltefolie wickeln und 30 Minuten kalt stellen.

2 Den Backofen auf 200 °C vorheizen und eine Tarteform mit etwa 27 cm Durchmesser einfetten. Den Teig auf die Größe der Tarteform ausrollen, die Form damit auslegen und überhängenden Teig abschneiden. Mit Backpapier bedecken, mit Reis oder getrockneten Hülsenfrüchten beschweren und 15–20 Minuten blindbacken. Papier und Hülsenfrüchte entfernen und die Backofentemeperatur auf 180 °C reduzieren. Weitere 20 Minuten goldbraun backen.

3 Für die Salsa verde alle Zutaten in der Küchenmaschine verrühren oder pürieren.

4 Die Kartoffel in Salzwasser bissfest kochen, das Wasser abgießen. Öl in einer großen Pfanne erhitzen und Knoblauch, Paprikaschote und Zwiebel etwa 3 Minuten unter häufigem Rühren anbraten. Zucchini, Dill, Thymian und Kapern dazugeben und 3 Minuten garen. Die Hitze reduzieren, Kartoffel und Artischocken hinzufügen und durcherhitzen. Abschmecken.

5 3 Esslöffel Salsa verde auf dem Teigboden verteilen. Die Füllung einfüllen und mit der Hälfte der übrigen Salsa bestreichen. Die rohen Spinatblätter in der Mitte aufschichten und den Rest der Salsa darüber verteilen.

NÄHRWERTE PRO PERSON
380 kcal; 5,5 g Eiweiß; 30 g Fett; 27 g Kohlenhydrate; 3,5 g Ballaststoffe; 50 mg Cholesterin

Mit einem Buttermesser das Wasser und die Sahne vermischen.

Für die Salsa verde alle Zutaten in der Küchenmaschine pürieren.

Süßkartoffel-Tarte mit Ziegenkäse

VORBEREITUNGSZEIT: 30 MINUTEN + KÜHLZEIT: 30 MINUTEN | GESAMTZUBEREITUNGSZEIT: 40 MINUTEN | FÜR 2–3 PERSONEN

125 g Mehl
1 TL Backpulver
60 g kalte Butter, gewürfelt
1 Eigelb
2 EL eiskaltes Wasser
1 TL feiner Hartweißengrieß

SÜSSKARTOFFEL-FÜLLUNG

2 EL Olivenöl
1 kleine Lauchstange, fein gehackt
50 g Ziegenkäse, zerbröckelt
Salz, frisch gemahlener schwarzer Pfeffer
1 Ei, leicht verquirlt
2 EL Sahne
150 g Süßkartoffeln, in dünne Scheiben geschnitten
½ TL Kümmel

1 Mehl und Butter in der Küchenmaschine kurz zu einem krümeligen Teig verarbeiten. Eigelb und Wasser zugeben, glatt mixen, evtl. noch mehr Wasser zufügen. Auf einer bemehlten Arbeitsfläche zu einer Kugel formen, in Frischhaltefolie gewickelt 20 Minuten kalt stellen.

2 Ein Backblech oder Pizzablech mit etwa 25 cm Durchmesser leicht einfetten und mit Grieß bestreuen. Einen Teigkreis mit etwa 20 cm Durchmesser ausrollen, auf das Blech legen und außen etwas einrollen, um einen schmalen Rand zu formen. Den Rand mit den Fingern in Wellenform drücken. Den Teigboden mit der Gabel mehrmals einstechen und 10 Minuten kalt stellen. Den Backofen auf 200 °C vorheizen, Teigboden 12 Minuten hellbraun backen.

3 Für die Füllung die Hälfte des Öls erhitzen und den Lauch darin weich braten, dann abkühlen lassen. Den Lauch auf dem Teigboden verteilen, mit Käse belegen und mit Salz und Pfeffer würzen. Ei-Sahne-Mischung darübergeben, Süßkartoffel darauflegen. Mit dem übrigen Öl bestreichen und mit Kümmel bestreuen. 20–25 Minuten backen, 5 Minuten abkühlen lassen.

Den Teig zu einem Kreis ausrollen, den Rand rundum zu einem gleichmäßigen Rand einrollen.

Mit den Fingern den Rand der Tarte in eine dekorative Wellenform bringen.

NÄHRWERTE PRO PERSON (3)
590 kcal; 15 g Eiweiß; 45 g Fett; 40 g Kohlenhydrate; 3 g Ballaststoffe; 200 mg Cholesterin

Ofentomaten-Knoblauch-Tarte

VORBEREITUNGSZEIT: 40 MINUTEN | GESAMTZUBEREITUNGSZEIT: 1 STUNDE 10 MINUTEN | FÜR 4 PERSONEN

4 Eiertomaten, längs halbiert
1 EL Olivenöl
1 TL Balsamico
1 TL Salz
5–10 Knoblauchzehen, ungeschält
2 Platten fertiger Blätterteig
1 Ei, leicht verquirlt
10 kleine Mozzarella-Bällchen, halbiert

1 Den Backofen auf 200 °C vorheizen. Die Tomaten mit der Schnittfläche nach oben auf ein Backblech legen, mit Olivenöl und Balsamico beträufeln und mit Salz betreuen. 20 Minuten im Backofen rösten. Knoblauch zugeben und weitere 15 Minuten im Backofen stehen lassen. Abkühlen lassen, dann die Knoblauchschale abziehen.

2 Eine eckige Tarteform (etwa 35 x 10 cm) einfetten. Mit den beiden Teigblättern so auslegen, dass sie sich in der Mitte überschneiden. Die überlappenden Flächen mit Ei bestreichen, sodass sie aneinander haften. Überstehende Teigränder abschneiden. Mit Backpapier und Reis oder Hülsenfrüchten bedecken und 15 Minuten blindbacken; Papier und Hülsenfrüchte entfernen und weitere 10 Minuten backen.

3 Den Tarteboden mit den Ofentomaten belegen und die Zwischenräume mit Knoblauchzehen und Mozzarellastückchen ausfüllen. Die Tarte 10 Minuten backen und sofort servieren.

NÄHRWERTE PRO PERSON (4)
615 kcal; 25 g Eiweiß; 40 g Fett; 30 g Kohlenhydrate; 3 g Ballaststoffe; 115 mg Cholesterin

Die halbierten Tomaten auf ein Backblech legen und mit Öl, Essig und Salz einpinseln.

Die gerösteten Knoblauchzehen abkühlen lassen, dann aus der Schale drücken oder schälen.

Die beiden Teigblätter nebeneinander in die Form legen, sodass sie sich überlappen.

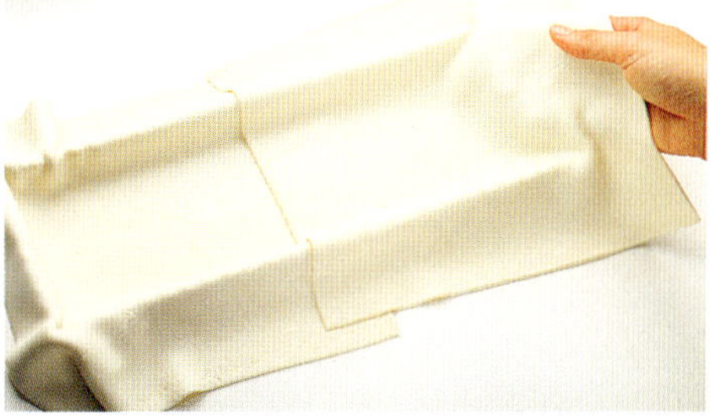

Spinat-Ricotta-Gitterkuchen

VORBEREITUNGSZEIT: 50 MINUTEN + KÜHLZEIT: 15 MINUTEN | GESAMTZUBEREITUNGSZEIT: 40 MINUTEN | FÜR 6 PERSONEN

250 g Mehl Type 550
125 g kalte Butter, gewürfelt
1 Ei
2 EL Sesam
2–3 EL eiskaltes Wasser

SPINATFÜLLUNG
50 g Butter
120 g Frühlingszwiebeln, fein gehackt
2 Knoblauchzehen, zerdrückt
500 g Blattspinat, geputzt, gewaschen und grob gehackt
2 EL gehackte Minze
180 g Ricotta
50 g geriebener Parmesan
3 Eier, verquirlt
1–2 EL Milch zum Bestreichen

1 Mehl und Butter in der Küchenmaschine 15 Sekunden mixen, bis ein krümeliger Teig entsteht. Ei, Sesam und den Großteil des kalten Wassers hinzufügen und in kurzen Intervallen mixen, sodass ein glatter Teig entsteht. Bei Bedarf etwas mehr Wasser dazugeben. Auf einer leicht bemehlten Arbeitsfläche rasch zu einer Kugel kneten, in Frischhaltefolie wickeln und mindestens 15 Minuten kalt stellen. Ein Backblech in den Backofen schieben und den Ofen auf 180 °C vorheizen.

2 Für die Füllung die Butter in einem großen Topf zerlassen und Frühlingszwiebeln und Knoblauch darin anschwitzen. Den Spinat in kleinen Portionen dazugeben, dann die Minze unterrühren. Vom Herd nehmen und etwas abkühlen lassen, dann Käse und Ei unterheben. Abschmecken und gut verrühren.

3 Eine flache Tarteform (rund, mit etwa 23 cm Durchmesser oder quadratisch, mit etwa 22 cm Länge) einfetten. Zwei Drittel des Teigs dünn ausrollen, die Form damit auslegen und an den Rändern gut festdrücken. Die Füllung einfüllen.

4 Den übrigen Teig ausrollen und in 1,5 cm breite Streifen schneiden. Aus den Streifen ein Gittermuster über die Spinatfüllung legen. Die Ränder des Teigbodens anfeuchten und die Gitterstreifen darauf festdrücken. Überstehende Teigränder mit den Fingern oder mit dem Nudelholz abtrennen. Das Teiggitter mit Milch bestreichen, die Tarte auf das Backblech stellen und 40 Minuten goldbraun backen.

HINWEIS: *Je nach dem, wie dick Sie den Teig ausrollen, bleiben etwa 100 g Teig übrig, wenn Sie die Ränder abschneiden. Es ist besser, etwas zu lange Teigstreifen zu schneiden, weil diese sich leichter über die Tarte legen lassen. Die Teigreste können Sie einfrieren, für Dekoration verwenden oder zusätzlich kleine Törtchen daraus backen.*

NÄHRWERTE PRO PERSON (6)
530 kcal; 20 g Eiweiß; 35 g Fett; 35 g Kohlenhydrate; 5 g Ballaststoffe; 215 mg Cholesterin

Den übrigen Teig ausrollen und daraus Streifen für das Gittermuster schneiden.

Die Teigstreifen zu einem Gitter weben und die Spinatmischung damit bedecken.

Die Ränder etwas befeuchten und die Gitterstreifen festdrücken. Überstehenden Teig abschneiden.

Frühlingstarte mit frischen Kräutern

VORBEREITUNGSZEIT: 40 MINUTEN + KÜHLZEIT: 30 MINUTEN | GESAMTZUBEREITUNGSZEIT: 1 STUNDE 10 MINUTEN | FÜR 4–6 PERSONEN

150 g Mehl Type 550
100 g kalte Butter, gewürfelt
1–2 EL eiskaltes Wasser
250 g saure Sahne
125 g Sahne
2 Eier, leicht verquirlt
Salz
frisch gemahlener schwarzer Pfeffer
1 EL frischer gehackter Thymian
2 EL frische frische gehackte glatte Petersilie
1 EL frischer gehackter Oregano

1 Mehl und Butter in der Küchenmaschine 15 Sekunden zu einem krümeligen Teig mixen. Den Großteil des Wassers hinzufügen und in kurzen Intervallen zu einer glatten Masse rühren; wenn nötig mehr Wasser zugeben. Auf einer bemehlten Arbeitsfläche zu einer Kugel formen und in Frischhaltefolie gewickelt mindestens 20 Minuten kalt stellen.

2 Den Teig auf Backpapier auf etwa 35 x 10 cm ausrollen und eine Tarteform dieser Größe damit auslegen. Überstehende Teigränder abschneiden. 10 Minuten kalt stellen und den Backofen auf 200 °C vorheizen.

3 Den Teigboden mit Backpapier belegen und eine Schicht Backkugeln (alternativ Reis oder getrocknete Hülsenfrüchte) darauf verteilen. Auf ein Backblech stellen und 20 Minuten blindbacken, dann Papier und Backkugeln entfernen. Die Backtemperatur auf 180 °C reduzieren und den Tarteboden weitere 15–20 Minuten backen, bis er goldbraun und trocken ist. Abkühlen lassen.

4 Sahne, saure Sahne und Eier verquirlen, die Kräuter unterheben und mit Salz und Pfeffer abschmecken.

5 Den Tarteboden in der Form auf ein Backblech stellen und die Füllung hineingeben. 25–30 Minuten backen, bis die Füllung stockt. 15 Minuten ruhen lassen, dann servieren.

Den Teig zum Blindbacken mit Backkugeln, Reis oder getrockneten Bohnen beschweren.

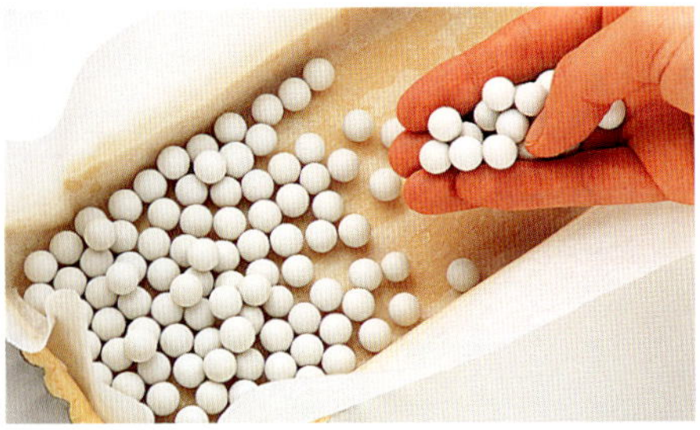

Den Tarteboden in der Form auf ein Backblech stellen, damit die Füllung nicht tropft.

NÄHRWERTE PRO PERSON (6)
320 kcal; 6 g Eiweiß; 25 g Fett; 20 g Kohlenhydrate; 1 g Ballaststoffe; 130 mg Cholesterin

Paprika-Risotto-Törtchen

VORBEREITUNGSZEIT: 45 MINUTEN | GESAMTZUBEREITUNGSZEIT: 1 STUNDE 15 MINUTEN | FÜR 6 PERSONEN

20 g Butter
95 g Wildreis
220 g Vollkornreis
1 l Gemüsebrühe
2 Eier, verquirlt
50 g geriebener Parmesan
Salz, frisch gemahlener schwarzer Pfeffer
2 grüne Paprikaschoten
2 rote Paprikaschoten
2 gelbe Paprikaschoten
150 g Camembert, in dünne Scheiben geschnitten
2 EL Oreganoblättchen

1 Die Butter in einem großen Topf schmelzen und den Reis bei schwacher Hitze darin gut verrühren. Die Brühe in einem zweiten Topf erhitzen und 125 ml über den Reis geben. Gut umrühren, dann auf mittlere Hitze erhöhen und die übrige Brühe in 250-ml-Portionen zugeben. 30–40 Minuten unter häufigem Rühren garen, bis die Flüssigkeit aufgesogen ist. Den Topf vom Herd nehmen und abkühlen lassen, dann Eier und Parmesan unterrühren und mit Salz und Pfeffer abschmecken.

2 6 kleine, runde Tarteförmchen mit gewelltem Rand (etwa 10 cm Durchmesser) einfetten. Die Risottomischung darauf verteilen, sodass Boden und Ränder bedeckt sind. Abkühlen lassen.

3 Die Paprikaschoten in flache Stücke schneiden und mit der Hautseite nach oben im Grill rösten, bis sie schwarz sind und Blasen werfen. In einem Plastikbeutel abkühlen lassen, die Haut abziehen und Paprika in Streifen schneiden.

4 Den Backofen auf 200 °C vorheizen. Die Camembertstücke auf die Risottoböden legen und etwa 20 Minuten backen, bis der Käse Blasen wirft. Die Paprikastreifen gleichmäßig auf die Törtchen verteilen und weitere 30 Minuten backen, mit Oregano bestreuen und heiß oder auf Zimmertemperatur abgekühlt servieren.

NÄHRWERTE PRO PERSON
360 kcal; 15 g Eiweiß; 15 g Fett; 40 g Kohlenhydrate; 3 g Ballaststoffe; 100 mg Cholesterin

Risotto mit einem Löffel auf Boden und Rändern der Tarteförmchen aufstreichen.

Die Camembertscheiben gleichmäßig auf die Risottoböden verteilen.

Köstliche Quiches

Quiche Lorraine

VORBEREITUNGSZEIT: 35 MINUTEN + KÜHLZEIT: 35 MINUTEN | GESAMTZUBEREITUNGSZEIT: 1 STUNDE 5 MINUTEN | FÜR 4–6 PERSONEN

185 g Mehl Type 550
90 g kalte Butter, gewürfelt
1 Eigelb
2–3 EL eiskaltes Wasser

FÜLLUNG
20 g Butter
1 Zwiebel, gehackt
4 Scheiben Speck, in dünne Streifen geschnitten
2 EL Schnittlauchröllchen
2 Eier
180 g Sahne
60 ml Milch
Salz
frisch gemahlener schwarzer Pfeffer
100 g Emmentaler, gerieben

NÄHRWERTE PRO PERSON (6)
520 kcal; 15 g Eiweiß; 40 g Fett; 25 g Kohlenhydrate; 2 g Ballaststoffe; 210 mg Cholesterin

1 Mehl und Butter in der Küchenmaschine 15 Sekunden krümelig rühren. Eigelb und Wasser zufügen und in kurzen Intervallen zu einem glatten Teig mixen. Bei Bedarf mehr Wasser dazugeben. Auf einer bemehlten Arbeitsfläche zu einer Kugel kneten, in Frischhaltefolie wickeln und mindestens 15 Minuten kalt stellen.

2 Den Teig auf die Größe einer flachen Tarteform mit etwa 25 cm Durchmesser ausrollen. Die Form damit auslegen und den Teig an den Rändern gut festdrücken. Überhängenden Teig abschneiden. Den Teig in der Form 20 Minuten kalt stellen und den Backofen auf 190 °C vorheizen.

3 Den Teigboden mit Backpapier bedecken und mit Backkugeln, Reis oder getrockneten Hülsenfrüchten beschweren. 15 Minuten blindbacken. Reis und Backpapier entfernen und den Teig weitere 10 Minuten trocken und goldbraun backen. Die Backtemperatur auf 180 °C reduzieren.

4 Für die Füllung Butter in der Pfanne erhitzen; Zwiebel und Speck darin 10 Minuten unter Rühren braten, bis die Zwiebel glasig und der Speck durchgebraten ist. Schnittlauch unterrühren und die Mischung abkühlen lassen.

5 Eier, Sahne und Milch verquirlen und mit Salz und Pfeffer abschmecken. Belag gleichmäßig auf dem Teigboden verteilen, mit der Ei-Mischung übergießen und mit Käse bestreuen. 30 Minuten backen, bis die Eimasse goldgelb ist.

Den Teig zwischen zwei Schichten Backpapier ausrollen, damit er nicht klebt.

Den Teigboden mit Zwiebeln und Speck belegen und die Eier-Sahne-Mischung darauf verteilen.

Zwiebel-Quiche mit Blauschimmelkäse

VORBEREITUNGSZEIT: 40 MINUTEN + KÜHLZEIT: 20 MINUTEN | GESAMTZUBEREITUNGSZEIT: 1 STUNDE 40 MINUTEN | FÜR 8 PERSONEN

2 EL Olivenöl
1 kg rote Zwiebeln, in dünne Ringe geschnitten
1 TL brauner Zucker
250 g Mehl Type 550
100 g kalte Butter, gewürfelt
1–2 EL eiskaltes Wasser
185 g Sahne
3 Eier
100 g Blauschimmelkäse, zerbröckelt
1 TL gehackter Thymian
frisch gemahlener schwarzer Pfeffer

1 Öl bei schwacher Hitze erhitzen, Zwiebeln und Zucker unter Rühren 45 Minuten garen, bis die Zwiebeln hellbraun sind.

2 Mehl und Butter in der Küchenmaschine oder mit dem Handrührgerät 15 Sekunden zu einer krümeligen Masse vermischen. Den Großteil des Wassers dazugeben und in kurzen Intervallen zu einem glatten Teig mixen. Bei Bedarf mehr Wasser zugeben. Auf einer bemehlten Arbeitsfläche zu einer Kugel kneten, in Frischhaltefolie gewickelt 10 Minuten kalt stellen.

3 Den Backofen auf 180 °C vorheizen. Den Teig auf einer leicht bemehlten Arbeitsfläche dünn ausrollen, eine Tarteform mit etwa 22 cm Durchmesser einfetten und damit auslegen. Überstehende Teigreste abschneiden. Den Teig in der Form 10 Minuten kalt stellen.

4 Den Teigboden mit Backpapier und mit Reis oder getrockneten Hülsenfrüchten belegen. Auf einem Backblech 10 Minuten blindbacken, dann Hülsenfrüchte und Backpapier entfernen, weitere 10 Minuten goldgelb backen.

5 Abkühlen lassen, die Zwiebeln locker auf dem Teigboden verteilen. Sahne, Eier, Blauschimmelkäse und Thymian verquirlen und mit Pfeffer abschmecken. Vorsichtig über die Zwiebeln gießen und die Quiche 35 Minuten backen, bis die Füllung gestockt ist.

Den Teig dünn ausrollen und die Form damit auslegen. Die Ränder abschneiden.

Den Teig abkühlen lassen und die Zwiebeln darauf verteilen, dann die Sahnemischung daübergeben.

NÄHRWERTE PRO PERSON

410 kcal; 9 g Eiweiß; 30 g Fett; 25 g Kohlenhydrate; 1,5 g Ballaststoffe; 145 mg Cholesterin

Feta-Oliven-Quiche mit Basilikum

VORBEREITUNGSZEIT: 40 MINUTEN + KÜHLZEIT: 25 MINUTEN | GESAMTZUBEREITUNGSZEIT: 40 MINUTEN | FÜR 6 PERSONEN

150 g Mehl ~~125g~~ 75g
90 g Butter, zerlassen und abgekühlt 45g
60 ml Milch 30 ml

FETA-FÜLLUNG
200 g Feta, gewürfelt
15 g Basilikumblättchen, zerzupft
30 g schwarze Oliven, in Scheiben geschnitten
3 Eier, leicht verquirlt
80 ml Milch
90 g saure Sahne

1 Eine hohe Tarteform mit etwa 23 cm Durchmesser einfetten. Mehl in eine große Schüssel sieben und in die Mitte eine Mulde drücken. Butter und Milch hineingeben und gut verrühren oder mixen, bis ein glatter Teig entsteht. Auf einer bemehlten Arbeitsfläche zu einer Kugel kneten und 5 Minuten kalt stellen. Den Teig ausrollen und die Tarteform damit auslegen, an den Rändern gut festdrücken und Teigreste abschneiden. Den Teig in der Form 20 Minuten kalt stellen. Den Backofen auf 200 °C vorheizen.

2 Für die Füllung den Feta gleichmäßig auf dem Teigboden verteilen, mit Oliven belegen und mit Basilikum bestreuen.

3 Eier, Milch und saure Sahne zu einer glatten Masse verquirlen und über die Feta-Füllung gießen. 15 Minuten backen, dann die Backtemperatur auf 180 °C reduzieren und weitere 25 Minuten backen, bis die Füllung gestockt ist. Etwas abkühlen lassen, dann servieren.

Den Feta würfeln und das Basilikum klein schneiden oder zerzupfen.

Basilikum und Olivenscheiben auf dem Schafskäse verteilen.

NÄHRWERTE PRO PERSON
415 kcal; 15 g Eiweiß; 35 g Fett; 20 g Kohlenhydrate; 2 g Ballaststoffe; 180 mg Cholesterin

Würzige Süßkartoffel-Quiche

VORBEREITUNGSZEIT: 30 MINUTEN + KÜHLZEIT: 20 MINUTEN | GESAMTZUBEREITUNGSZEIT: 1 STUNDE 35 MINUTEN | FÜR 6 PERSONEN

250 g Mehl Type 550
125 g kalte Butter, gewürfelt
1 Eigelb
2–3 EL eiskaltes Wasser

FÜLLUNG
30 g Butter
1 Zwiebel, in Ringe geschnitten
1 Knoblauchzehe, zerdrückt
2 TL schwarze Senfsamen
2 TL gemahlener Kümmel
1 TL brauner Zucker
450 g Süßkartoffeln, gewürfelt
2 Eier, leicht verquirlt
60 ml Milch
60 g Sahne
2 EL frische gehackte glatte Petersilie
2 EL frisch gehackter Schnittlauch

NÄHRWERTE PRO PERSON
480 kcal; 10 g Eiweiß; 30 g Fett; 45 g Kohlenhydrate; 4 g Ballaststoffe; 140 mg Cholesterin

1 Mehl und Butter in der Küchenmaschine 15 Sekunden zu einer krümeligen Masse vermischen. Mit Eigelb und dem Großteil des Wassers in kurzen Intervallen zu einem glatten Teig mixen. Bei Bedarf mehr Wasser zufügen. Auf einer bemehlten Arbeitsfläche zu einer Kugel kneten und zwischen zwei Schichten Backpapier ausrollen. Eine flache Tarteform mit etwa 23 cm Durchmesser damit auslegen, Teigüberhänge abschneiden und den Teig 20 Minuten kalt stellen.

2 Für die Füllung Butter in einem großen Topf erhitzen; Zwiebel und Knoblauch darin 5 Minuten goldbraun braten. Senfsamen, Kümmel und Zucker dazugeben und 1 Minute verrühren. Die Süßkartoffeln hinzufügen und 10 Minuten bei schwacher Hitze weich garen. Vorsichtig rühren, damit sie nicht zerfallen.

3 Den Backofen auf 180 °C vorheizen. Den Teigboden mit Backpapier und Reis oder Hülsenfrüchten bedecken und 15 Minuten blindbacken, dann Reis und Papier entfernen und weitere 15 Minuten backen.

4 Die Süßkartoffelmischung auf dem Teigboden verteilen. Ei, Milch, Sahne und Kräuter verrühren und darübergießen. Die Tarte 50 Minuten backen, bis die Füllung gestockt ist.

Für die Füllung die Süßkartoffel schälen und in mundgerechte Stücke schneiden.

Senfsamen, Kümmel und braunen Zucker unter die Zwiebel-Knoblauch-Mischung rühren.

Ei, Milch, Sahne und Kräuter verrühren und über die Süßkartoffelmischung geben.

Kleine Artischocken-Käse-Quiches

VORBEREITUNGSZEIT: 40 MINUTEN + KÜHLZEIT: 30 MINUTEN | GESAMTZUBEREITUNGSZEIT: 35 MINUTEN | ERGIBT 6 STÜCK

250 g Mehl Type 550
125 g kalte Butter, gewürfelt
1 Eigelb
3 EL eiskaltes Wasser

FÜLLUNG
1 kleine Aubergine, in Scheiben geschnitten
Olivenöl
6 Eier, leicht verquirlt
3 TL grober Senf
150 g Provolone-Käse, gerieben
200 g eingelegte Artischocken, klein geschnitten
125 g sonnengetrocknete Tomaten

1 Mehl und Butter in der Küchenmaschine 15 Sekunden krümelig rühren. Eigelb und den Großteil des Wassers zugeben und in kurzen Intervallen zu einem glatten Teig mixen. Bei Bedarf etwas mehr Wasser hinzufügen. Den Teig auf einer bemehlten Arbeitsfläche zu einer Kugel kneten, in Frischhaltefolie wickeln und mindestens 30 Minuten kalt stellen.

2 Den Backofen auf 190 °C vorheizen. 6 ovale oder runde Tarteförmchen mit etwa 11 cm Durchmesser einfetten.

3 Für die Füllung die Aubergine mit Olivenöl bestreichen und im Backofen goldbraun rösten oder grillen. Eier, Senf und Käse verrühren.

4 Den Teig ausrollen und die Förmchen damit auslegen; überstehende Teigreste abschneiden und die Ränder dekorativ formen. Eine Auberginenscheibe auf jeden Teigboden legen und mit Artischocken und Tomaten bedecken. Die Ei-Mischung darauf verteilen und die Quiches 25 Minuten goldbraun backen.

Die Auberginenscheiben mit etwas Olivenöl bestreichen und im Backofen goldbraun rösten.

Tarteböden mit je einer Auberginenscheibe belegen und mit Artischocken und Tomaten bedecken.

NÄHRWERTE PRO QUICHE
480 kcal; 20 g Eiweiß; 30 g Fett; 35 g Kohlenhydrate; 4 g Ballaststoffe; 290 mg Cholesterin

Tomaten-Thymian-Quiche

VORBEREITUNGSZEIT: 35 MINUTEN + KÜHLZEIT: 30 MINUTEN | GESAMTZUBEREITUNGSZEIT: 45 MINUTEN | FÜR 8 PERSONEN

185 g Mehl Type 550
125 g kalte Butter, gewürfelt
1 Eigelb
2–3 EL eiskaltes Wasser

TOMATENFÜLLUNG
1 Dose ganze Tomaten (400 g)
4 Eier
300 g saure Sahne
25 g geriebener Parmesan
2 Frühlingszwiebeln, fein gehackt
1–2 EL frischer gehackter Thymian
frisch gemahlener schwarzer Pfeffer

1 Den Backofen auf 210 °C vorheizen. Mehl in eine Schüssel sieben und mit der Butter zu einer krümeligen Masse verhacken. Eigelb und Wasser verquirlen, zu einem glatten Teig verrühren, evtl. mehr Wasser zugeben. Auf einer bemehlten Arbeitsfläche zu einer Kugel kneten und in Frischhaltefolie gewickelt 30 Minuten kalt stellen.

2 Den Teig auf etwa 23 cm Durchmesser ausrollen, eine flache Tarteform damit auslegen und Teigüberhänge abschneiden. Mit Backpapier und Reis oder getrockneten Hülsenfrüchten bedecken und 10 Minuten blindbacken, dann Papier und Reis entfernen und 5 Minuten goldgelb backen.

3 Die Tomaten abgießen und der Länge nach halbieren. Mit der Schnittfläche nach unten auf Küchenpapier abtropfen lassen. Für die Füllung Eier und saure Sahne verquirlen, Käse und Frühlingszwiebeln unterheben.

4 Die Eiermischung auf dem Teigboden verteilen. Tomaten mit der Schnittfläche nach unten darauflegen und mit Thymian und Pfeffer bestreuen. Backtemperatur auf 180 °C reduzieren und 30 Minuten goldbraun backen.

AUFBEWAHREN: *Sie können den vorgebackenen Teigboden luftdicht verschlossen bis zum nächsten Tag aufbewahren.*

NÄHRWERTE PRO PERSON
320 kcal; 9 g Eiweiß; 25 g Fett; 20 g Kohlenhydrate; 2 g Ballaststoffe; 105 mg Cholesterin

Die Tomaten abgießen und der Länge nach halbieren. Auf Küchenpapier abtropfen lassen.

Den Teigboden blindbacken, bis er trocken und goldgelb ist, dann den Belag darauf verteilen.

Hähnchen-Spargel-Quiche

VORBEREITUNGSZEIT: 25 MINUTEN + KÜHLZEIT: 40 MINUTEN | GESAMTZUBEREITUNGSZEIT: 1 STUNDE 20 MINUTEN | FÜR 6 PERSONEN

250 g Mehl Type 550
100 g kalte Butter, gewürfelt
1 Eigelb
3 EL eiskaltes Wasser

FÜLLUNG
150 g grüner Spargel, klein geschnitten
25 g Butter
1 Zwiebel, gehackt
60 g grober Senf
200 g Frischkäse
125 g Sahne
3 Eier, leicht verquirlt
200 g gekochtes Hähnchenfleisch, gehackt
½ TL frisch gemahlener schwarzer Pfeffer

NÄHRWERTE PRO PERSON
440 kcal; 15 g Eiweiß; 30 g Fett; 25 g Kohlenhydrate; 2 g Ballaststoffe; 190 mg Cholesterin

1 Mehl und Butter in der Küchenmaschine krümelig mixen. Eigelb und den Großteil des Wassers dazugeben und alles in kurzen Intervallen zu einem geschmeidigen Teig mixen. Bei Bedarf mehr Wasser verwenden. Den Teig auf einer bemehlten Arbeitsfläche zu einer Kugel kneten, in Frischhaltefolie wickeln und 30 Minuten kalt stellen. Eine Tarteform mit etwa 20 cm Durchmesser einfetten.

2 Den Backofen auf 200 °C vorheizen. Den Teig ausrollen und die Form damit auslegen, Teigüberhänge entfernen. In der Form 10 Minuten kalt stellen. Dann den Teig mit Backpapier und Reis oder getrockneten Hülsenfrüchten bedecken, 10 Minuten blindbacken. Reis und Papier entfernen und weitere 10 Minuten trocken und goldgelb backen. Abkühlen lassen. Die Backtemperatur auf 180 °C reduzieren.

3 Für die Füllung den Spargel weich kochen oder dämpfen, abgießen und trocken tupfen. Butter in einer Pfanne erhitzen und die Zwiebel darin glasig anschwitzen. Vom Herd nehmen, Senf und Frischkäse in die noch warme Pfanne geben und rühren, bis der Käse schmilzt. Abkühlen lassen. Sahne, Eier, Hähnchenfleisch und Spargel dazugeben und gut verrühren.

4 Die Füllung auf dem Teigboden verteilen und mit Pfeffer bestreuen. 50 Minuten bis 1 Stunde backen, bis der Belag aufgeht. Mit Alufolie bedecken, wenn die Quiche zu rasch bräunt. Mindestens 15 Minuten abkühlen lassen, dann aufschneiden.

Mehl und Butter krümelig mixen; Eigelb und ausreichend Wasser zugeben, dass ein glatter Teig entsteht.

Den gekochten Spargel gut trocken tupfen, damit sich in der Füllung nicht zu viel Wasser absetzt.

Senf und Frischkäse unterheben und gut verrühren, bis der Käse schmilzt.

Schinken-Lauch-Quiche mit Polentaboden

VORBEREITUNGSZEIT: 45 MINUTEN + KÜHLZEIT: 50 MINUTEN | GESAMTZUBEREITUNGSZEIT: 1 STUNDE 15 MINUTEN | FÜR 6 PERSONEN

125 g Mehl Type 550
75 g Polenta (Maisgrieß)
90 g kalte Butter, gewürfelt
90 g kalter Frischkäse, gewürfelt

FÜLLUNG
50 g Butter
2 Lauchstangen, in dünne Ringe geschnitten
3 Eier, leicht verquirlt
375 g Sahne
½ TL geriebene Muskatnuss
frisch gemahlener schwarzer Pfeffer
80 g gekochter Schinken, fein gehackt
75 g Emmentaler, gerieben

1 Mehl und Polenta in der Küchenmaschine gut vermischen. Butter und Frischkäse zufügen und etwa 15 Sekunden zu einer homogenen Masse mixen. Bei Bedarf 1–2 Esslöffel eiskaltes Wasser dazugeben. Auf einer bemehlten Arbeitsfläche zu einer Kugel kneten, in Frischhaltefolie wickeln und 30 Minuten kalt stellen.

2 Butter in der Pfanne erhitzen und den Lauch zugedeckt 10–15 Minuten unter häufigem Rühren anschwitzen. Abkühlen lassen. Eier, Sahne, Muskat und Pfeffer verquirlen.

3 Eine eckige Tarteform (etwa 21 x 28 cm) mit zerlassener Butter einpinseln. Auf die Größe der Backform ausrollen, die Form damit auslegen, überhängenden Teig abschneiden. 20 Minuten kalt stellen. Backofen auf 190 °C vorheizen.

4 Den Teigboden mit Backpapier und Reis oder getrockneten Hülsenfrüchten bedecken und 15 Minuten blindbacken. Reis und Papier entfernen und weitere 15 Minuten goldgelb backen. Die Backtemperatur auf 180 °C reduzieren.

5 Teigboden mit Lauch bedecken, Schinken und Käse darauf verteilen und die Eiermischung daübergeben. Die Quiche 30 Minuten backen, bis der Belag gestockt und goldgelb ist.

Mehl und Polenta vermischen und mit Butter und Frischkäse in der Küchenmaschine mixen.

Den Teigboden mit Lauch bedecken, Schinken und geriebenen Käse darauf verteilen.

NÄHRWERTE PRO PERSON
595 kcal; 15 g Eiweiß; 50 g Fett; 25 g Kohlenhydrate; 2 g Ballaststoffe; 210 mg Cholesterin

Kleine Auberginen-Paprika-Quiches

VORBEREITUNGSZEIT: 30 MINUTEN + KÜHLZEIT: 45 MINUTEN | GESAMTZUBEREITUNGSZEIT: 1 STUNDE | ERGIBT 6 STÜCK

185 g Mehl Type 550
125 g kalte Butter, gewürfelt
1 Eigelb
1 EL eiskaltes Wasser

FÜLLUNG
100 g Aubergine, in dünne Scheiben geschnitten
Olivenöl, 30 g Butter
4 Frühlingszwiebeln, fein gehackt
1–2 Knoblauchzehen, zerdrückt
½ kleine rote Paprikaschote, fein gehackt
40 g eingelegte getrocknete Paprika, abgegossen und gehackt
2 Eier, leicht verquirlt, 200 g Sahne
Salz, frisch gemahlener schwarzer Pfeffer

1 Mehl und Butter etwa 15 Sekunden in der Küchenmaschine krümelig mixen. Eigelb und Wasser dazugeben und in kurzen Intervallen zu einer glatten Masse verarbeiten, bei Bedarf mehr Wasser zugeben. Auf einer bemehlten Arbeitsfläche zu einer Kugel kneten, in Frischhaltefolie wickeln und mindestens 30 Minuten kalt stellen.

2 Auberginenscheiben mit Olivenöl einpinseln und grillen, bis sie gebräunt sind. Die Butter in einer Pfanne erhitzen und Frühlingszwiebeln, Knoblauch und frische Paprika 5 Minuten unter Rühren weich garen. Getrocknete Paprika unterheben und abkühlen lassen. Eier und Sahne verquirlen und mit Salz und Pfeffer abschmecken.

3 6 kleine Tarteförmchen (etwa 8 cm Durchmesser) einfetten. Den Teig dünn ausrollen und die Förmchen damit auslegen; Teigüberhänge abschneiden. Zugedeckt 15 Minuten kalt stellen. Den Backofen auf 190 °C vorheizen. Die Quiches mit Backpapier und Reis beschweren und 10 Minuten blindbacken, dann Reis und Papier entfernen und weitere 10 Minuten backen.

4 Füllung auf die Förmchen verteilen, mit Auberginen belegen, Sahnemischung darübergeben. 25–30 Minuten backen.

NÄHRWERTE PRO QUICHE
460 kcal; 7 g Eiweiß; 35 g Fett; 25 g Kohlenhydrate; 2 g Ballaststoffe; 200 mg Cholesterin

Eine kleine Aubergine diagonal in dünne Scheiben schneiden.

Eier und Sahne verquirlen und über die belegten Quiches geben.

Leichte Ofengemüse-Quiche

VORBEREITUNGSZEIT: 45 MINUTEN + KÜHLZEIT: 25 MINUTEN | GESAMTZUBEREITUNGSZEIT: 2 STUNDEN 30 MINUTEN | FÜR 6–8 PERSONEN

1 kleine Kartoffel, geschält
200 g Kürbis (z. B. Butternuss), geschält
100 g Süßkartoffeln, geschält
1 große Pastinake
½ rote Paprikaschote
1 Zwiebel, in feine Spalten geschnitten
3 Knoblauchzehen, halbiert
1 TL Olivenöl
Salz
frisch gemahlener schwarzer Pfeffer
200 g Mehl Type 550
55 g kalte Butter, gewürfelt
60 g Ricotta
250 ml fettarme Milch
3 Eier, leicht verquirlt
30 g fettarmer Gouda, gerieben

NÄHRWERTE PRO PERSON (6)
345 kcal; 15 g Eiweiß; 10 g Fett; 45 g Kohlenhydrate; 5,5 g Ballaststoffe; 115 mg Cholesterin

1 Den Backofen auf 180 °C vorheizen. Eine runde Tarteform mit etwa 23 cm Durchmesser leicht einfetten. Kartoffel, Kürbis, Süßkartoffel, Pastinake und Paprika in mundgerechte Stücke schneiden, mit Zwiebel und Knoblauch in eine ofenfeste Form geben und mit Öl beträufeln. Mit Salz und Pfeffer abschmecken, 1 Stunde im Ofen weich rösten. Abkühlen lassen.

2 Mehl, Butter und Ricotta in der Küchenmaschine zu einer krümeligen Masse mixen. Nach und nach 4 Esslöffel Milch unterheben, sodass ein geschmeidiger Teig entsteht. Bei Bedarf mehr Milch verwenden. Auf einer leicht bemehlten Arbeitsfläche zu einer glatten Kugel formen und abgedeckt 15 Minuten kalt stellen.

3 Den Teig auf einer bemehlten Arbeitsfläche auf die Größe der Tarteform ausrollen und die Form damit auslegen, an den Rändern sanft hochziehen. Überstehenden Teig abschneiden und den Boden 10 Minuten kalt stellen. Backtemperatur auf 200 °C erhöhen, den Teigboden mit Backpapier und einer Schicht Reis oder getrockneten Hülsenfrüchten bedecken und 10 Minuten backen. Reis und Papier entfernen und weitere 10 Minuten goldgelb backen.

4 Übrige Milch, Eier und Gouda verrühren. Gemüse auf dem Teigboden verteilen und die Eiermischung darübergeben. Backtemperatur auf 180 °C reduzieren und 1 Stunde und 10 Minuten backen, bis die Quiche in der Mitte gut durchgebacken ist. 5 Minuten abkühlen lassen, aus der Form nehmen und servieren.

Das Gemüse auf ein tiefes Backblech oder in eine ofenfeste Form geben und mit Olivenöl beträufeln.

Eine Tarteform einfetten, lose mit dem Teig auslegen und überstehende Teigreste abschneiden.

Lachs-Quiche mit Dill

VORBEREITUNGSZEIT: 35 MINUTEN + KÜHLZEIT: 30 MINUTEN | GESAMTZUBEREITUNGSZEIT: 1 STUNDE | FÜR 4–6 PERSONEN

200 g Mehl Type 550
125 g kalte Butter, gewürfelt
1 TL Puderzucker
1–2 EL eiskaltes Wasser

FÜLLUNG
2 Eier
1 Eigelb
250 g Sahne
1 TL abgeriebene Schale von 1 Bio-Zitrone
Salz, frisch gemahlener schwarzer Pfeffer
2 EL Frühlingszwiebeln, fein gehackt
450 g frisches Lachsfilet, Haut und Gräten entfernt, in mundgerechte Stücke geschnitten
1 EL frischer gehackter Dill

1 Mehl, Butter und Puderzucker in der Küchenmaschine 15 Sekunden krümelig mixen. Den Großteil des Wassers hinzufügen und in kurzen Intervallen zu einer glatten Masser mixen, evtl. etwas mehr Wasser dazugeben. Auf einer bemehlten Arbeitsfläche zu einer Kugel kneten und in Frischhaltefolie gewickelt 15 Minuten kalt stellen.

2 Teig zwischen Backpapier auf einen Kreis mit etwa 23 cm Durchmesser ausrollen und eine Tarteform dieser Größe damit auslegen. Teigüberhänge abschneiden. Teigboden 15 Minuten kalt stellen und den Backofen auf 180 °C vorheizen.

3 Für die Füllung Eier und Eigelb leicht schlagen. Sahne, Zitronenschale, Frühlingszwiebel, Salz und Pfeffer unterheben. Beiseite stellen.

4 Den Teigboden mehrmals mit der Gabel einstechen. Mit Backpapier und Reis oder getrockneten Hülsenfrüchten bedecken und 15 Minuten hellbraun backen. Reis und Papier entfernen und den Lachs auf dem Teigboden verteilen. Mit Dill bestreuen und die Ei-Mischung darübergeben. 40 Minuten backen, bis der Lachs gar und die Ei-Mischung gestockt ist. Warm oder kalt servieren.

Vom Lachsfilet Haut und Gräten entfernen und den Fisch in mundgerechte Stücke schneiden.

Gehackten Dill auf die Lachsfüllung streuen und die Ei-Mischung gleichmäßig darüber verteilen.

NÄHRWERTE PRO PERSON (6)
605 kcal; 25 g Eiweiß; 45 g Fett; 25 g Kohlenhydrate; 1 g Ballaststoffe; 255 mg Cholesterin

Mediterrane Quiche

VORBEREITUNGSZEIT: 50 MINUTEN + KÜHLZEIT: 15 MINUTEN | GESAMTZUBEREITUNGSZEIT: 1 STUNDE 25 MINUTEN | FÜR 6–8 PERSONEN

2 Platten fertiger Mürbeteig
3 EL Olivenöl
2 Knoblauchzehen, zerdrückt
1 Zwiebel, in kleine Würfel geschnitten
1 kleine Chilischote, Samen entfernt, gehackt
1 rote Paprikaschote, in mundgerechte Stücke geschnitten
1 gelbe Paprikaschote, in mundgerechte Stücke geschnitten
1 Dose Tomaten (400 g), abgegossen und klein gehackt
2 EL frischer gehackter Oregano
4 Eier, leicht verquirlt
35 g geriebener Parmesan

1 Eine runde Tarteform mit etwa 23 cm Durchmesser einfetten. Die Mürbeteigblätter überlappend auf die Arbeitsfläche legen und auf etwas mehr als die Größe der Form ausrollen. Die Form damit auslegen, die Ränder festdrücken und überstehende Teigreste abschneiden. Zugedeckt 15 Minuten kalt stellen. Den Backofen auf 190 °C vorheizen.

2 Den Teigboden mit Backpapier und einer Schicht Reis oder getrockneten Hülsenfrüchten bedecken und 10 Minuten blindbacken. Reis und Backpapier entfernen und den Teig weitere 10 Minuten goldgelb backen. Abkühlen lassen.

3 Öl in einer Pfanne erhitzen, Knoblauch und Zwiebel darin weich garen. Chilischote, rote und gelbe Paprika dazugeben und 6 Minuten garen. Tomaten und Oregano unterheben und zugedeckt 10 Minuten köcheln lassen, dann den Deckel abnehmen und weiter köcheln lassen, bis die Flüssigkeit verdampft ist. Vom Herd nehmen und abkühlen lassen.

4 Eier und Käse unter die Tomatenmischung rühren und die Füllung auf dem Teigboden verteilen. 35–45 Minuten backen, bis die Ei-Mischung fest ist.

NÄHRWERTE PRO PERSON (8)
320 kcal; 9 g Eiweiß; 25 g Fett; 20 g Kohlenhydrate; 2 g Ballaststoffe; 105 mg Cholesterin

Die Tomatenmischung köcheln lassen, bis alle Flüssigkeit verdampft ist, dann beiseite stellen.

Den Teigboden blindbacken und die Tomaten-Paprika-Füllung darauf verteilen.

Spinat-Paprika-Quiches mit Brie

VORBEREITUNGSZEIT: 40 MINUTEN + KÜHLZEIT: 45 MINUTEN | GESAMTZUBEREITUNGSZEIT: 1 STUNDE | ERGIBT 4 STÜCK

200 g Mehl Type 550
2 EL Schnittlauchröllchen
125 g kalte Butter, gewürfelt
1 Eigelb
3 EL eiskaltes Wasser

FÜLLUNG
500 g Blattspinat
30 g Butter
6 Frühlingszwiebeln, in dünnen Ringen
1–2 Knoblauchzehen, fein gehackt
1 kleine rote Paprikaschote, fein gehackt
2 Eier, leicht verquirlt
250 g Sahne
Salz
frisch gemahlener schwarzer Pfeffer
100 g fester Camembert oder Brie, in 8 Scheiben geschnitten

1 Mehl, Butter und Schnittlauch in der Küchenmaschine etwa 15 Sekunden mixen, sodass eine krümelige Masse entsteht. Eigelb und den Großteil des Wassers hinzufügen und in kurzen Intervallen zu einem losen Teig mixen. Bei Bedarf mehr Wasser dazugeben. Auf einer bemehlten Arbeitsfläche zu einer Kugel kneten, in Frischhaltefolie wickeln und mindestens 30 Minuten kalt stellen.

2 Für die Füllung den Spinat waschen und feucht in einen Topf geben. Zugedeckt 5 Minuten garen, bis er zusammengefallen ist, dann abgießen und abkühlen lassen. Die Spinatblätter gut ausdrücken und grob hacken.

3 Die Butter in einem Topf erhitzen; Frühlingszwiebel, Knoblauch und Paprika 5–7 Minuten unter Rühren anbraten. Spinat unterheben und beiseite stellen. In einer weiteren Schüssel Ei und Sahne verquirlen und mit Salz und Pfeffer abschmecken.

4 4 flache Tarteförmchen mit etwa 11 cm Durchmesser einfetten. Den Teig in 4 Portionen in der Größe der Förmchen ausrollen und in die Förmchen drücken. Teigüberhänge abschneiden und die Förmchen 15 Minuten zugedeckt kalt stellen. Den Backofen auf 190 °C vorheizen.

5 Die Teigböden mit Backpapier und einer Schicht Reis oder getrockneten Hülsenfrüchten bedecken. 10 Minuten blindbacken, dann Reis und Papier entfernen und weitere 10 Minuten backen.

6 Die Spinatfüllung gleichmäßig auf die Törtchen verteilen und die Ei-Mischung vorsichtig darübergießen. 2 Scheiben Brie auf jede Quiche legen und 25–30 Minuten backen, bis die Füllung goldbraun und der Käse geschmolzen ist.

VARIANTE: *Statt Camembert oder Brie können Sie auch reifen Gouda, Mozzarella oder den halbfesten, cremigen Fontina-Käse verwenden.*

NÄHRWERTE PRO QUICHE
580 kcal; 15 g Eiweiß; 45 g Fett; 30 g Kohlenhydrate; 4 g Ballaststoffe; 230 mg Cholesterin

Den Teig auf eine bemehlte Arbeitsfläche geben und rasch zu einer Kugel verkneten.

Den Spinat garen, abkühlen lassen und mit den Fingern so viel Flüssigkeit wie möglich ausdrücken.

Frühlingszwiebel, Knoblauch und Paprika zusammen unter häufigem Rühren anbraten.

Spargel-Artischocken-Quiches

VORBEREITUNGSZEIT: 40 MINUTEN + KÜHLZEIT: 30 MINUTEN | GESAMTZUBEREITUNGSZEIT: 40 MINUTEN | ERGIBT 6 STÜCK

150 g Mehl Type 550
90 g kalte Butter, gewürfelt
60 g geriebener Gouda
2–3 EL eiskaltes Wasser

FÜLLUNG

150 g grüner Spargel, geputzt und in mundgerechte Stücke geschnitten
2 Eier
80 g Sahne
40 g geriebener Gruyère
Salz, frisch gemahlener schwarzer Pfeffer
150 g eingelegte Artischockenherzen, abgegossen und geviertelt
1 EL Rosmarin

1 Mehl und Butter in der Küchenmaschine 15 Sekunden zu einer krümelige Masse mixen. Käse und Wasser zugeben und in kurzen Intervallen zu einem glatten Teig mixen, evtl. noch mehr Wasser zugeben. Auf einer bemehlten Arbeitsfläche zu einer Kugel kneten, in Frischhaltefolie gewickelt 30 Minuten kalt stellen.

2 Den Backofen auf 190 °C vorheizen. 6 flache Tarteförmchen mit etwa 8 cm Durchmesser einfetten. Den Teig in 6 Kreisen in der Größe der Förmchen ausrollen, Förmchen mit dem Teig auslegen und Teigüberhänge abschneiden. Die Böden mit der Gabel mehrfach einstechen und 10–12 Minuten goldgelb und luftig backen.

3 Für die Füllung die Spargelstücke in Salzwasser kochen, abgießen und in kaltes Wasser legen. In einer Schüssel Eier und Sahne schlagen und mit der Hälfte des Käses vermengen. Mit Salz und Pfeffer abschmecken.

4 Artischocken und Spargel auf die Quiches verteilen, mit der Ei-Mischung übergießen und mit dem übrigen Käse belegen. 25 Minuten backen, bis die Füllung gar und der Käse geschmolzen ist. Mit Alufolie bedecken, wenn die Quiches zu schnell bräunen.

Die eingelegten Artischockenherzen abtropfen lassen und vierteln.

Artischocken und Spargel gleichmäßig auf die 6 Quicheböden verteilen.

NÄHRWERTE PRO QUICHE

395 kcal; 10 g Eiweiß; 30 g Fett; 20 g Kohlenhydrate; 2 g Ballaststoffe; 150 mg Cholesterin

Quiche mit Meeresfrüchten

VORBEREITUNGSZEIT: 20 MINUTEN + KÜHLZEIT: 20 MINUTEN | GESAMTZUBEREITUNGSZEIT: 1 STUNDE | FÜR 4–6 PERSONEN

2 Platten fertiger Mürbeteig
30 g Butter
300 g rohe gemischte Meeresfrüchte
90 g geriebener Gouda
3 Eier
1 EL Mehl Type 550
1 Prise Salz
½ TL frisch gemahlener schwarzer Pfeffer
125 g Sahne
125 ml Milch
1 kleine Fenchelknolle, in feine Streifen geschnitten
1 EL geriebener Parmesan

1 Eine Tarteform mit etwa 23 cm Durchmesser einfetten. Die Teigblatter auf der Arbeitsfläche überlappend übereinanderlegen und auf die Größe der Tarteform ausrollen. Die Form damit auslegen, an den Rändern gut festdrücken und Teigüberhänge abschneiden. 20 Minuten kalt stellen. Den Backofen auf 190 °C vorheizen.

2 Den Teigboden mit Backpapier und einer Schicht Reis oder getrockneten Hülsenfrüchten bedecken und 15 Minuten blindbacken. Reis und Papier entfernen und weitere 10 Minuten goldgelb backen. Auf einem Backrost abkühlen lassen.

3 Butter in einer Pfanne erhitzen und die Meeresfrüchte darin 2–3 Minuten anbraten, dann abkühlen lassen. Meeresfrüchte auf dem Tarteboden verteilen und mit Gouda bestreuen.

4 Die Eier in einer Schüssel verquirlen und nacheinander mit Mehl, Salz, Pfeffer, Sahne und Milch verquirlen. Über die Tarte geben und Fenchelstücke und Parmesan darüberstreuen. 30–35 Minuten backen und vor dem Servieren etwas abkühlen lassen.

NÄHRWERTE PRO PERSON (6)
520 kcal; 20 g Eiweiß; 35 g Fett; 30 g Kohlenhydrate; 1 g Ballaststoffe; 220 mg Cholesterin

Den Teig etwas größer als die Form ausrollen, die Form damit auslegen und die Ränder festdrücken.

Die Meeresfrüchte auf dem Tarteboden verteilen und den geriebenen Käse darüberstreuen.

Lauch-Spinat-Quiche mit Kartoffeln

VORBEREITUNGSZEIT: 1 STUNDE + KÜHLZEIT: 40 MINUTEN | GESAMTZUBEREITUNGSZEIT: 2 STUNDEN | FÜR 6–8 PERSONEN

250 g Mehl Type 550
125 g kalte Butter, gewürfelt
2–3 EL eiskaltes Wasser

SPINATFÜLLUNG
3 Kartoffeln
30 g Butter
2 EL Öl
2 Knoblauchzehen, zerdrückt
2 Lauchstangen, in feine Ringe geschnitten
500 g Blattspinat
125 g geriebener Gouda
4 Eier
125 g Sahne
125 ml Milch

1 Mehl und Butter in der Küchenmaschine etwa 15 Sekunden zu einer krümeligen Masse mixen. Den Großteil des Wassers zugeben und alles in kurzen Intervallen mixen, sodass ein glatter Teig entsteht, der beim Reiben mit den Fingern leicht verbindet. Bei Bedarf mehr Wasser zufügen. Auf einer bemehlten Arbeitsfläche zu einer Kugel kneten, in Frischhaltefolie wickeln und mindestens 30 Minuten kalt stellen.

2 Den Teig auf etwas mehr als 21 cm Durchmesser ausrollen und eine tiefe Tarteform dieser Größe damit auslegen. Auf einem Backblech etwa 20 Minuten kalt stellen.

3 Für die Füllung die Kartoffeln schälen und in dünne Scheiben schneiden. Butter und Öl zusammen in der Pfanne erhitzen, Knoblauch zugeben und die Kartoffelscheiben darin wenden. Bei schwacher Hitze zugedeckt 5 Minuten garen. Die Kartoffeln mit einem Sieblöffel herausnehmen, mit Küchenpapier abtupfen und beiseite stellen. Die Lauchringe in die Pfanne geben und weich braten, dann beiseite stellen.

4 Den Spinat waschen und feucht ohne sonstige Zutaten in einem Topf erhitzen. Zugedeckt etwa 2 Minuten garen, bis er zusammengefallen ist. Etwas abkühlen lassen, dann so viel Flüssigkeit wie möglich ausdrücken und auf einem Küchenpapier abtropfen lassen.

5 Den Backofen auf 180 °C vorheizen. Den Teigboden mit Backpapier und einer Schicht Reis oder getrockneten Hülsenfrüchten beschweren. 15 Minuten blindbacken, dann Reis und Papier entfernen und weitere 15 Minuten backen.

6 Die Hälfte des Käses auf dem gebackenen Boden verteilen, dann je die Hälfte der Kartoffelscheiben, Spinat und Lauch daraufschichten. Mit dem Rest der Zutaten wiederholen. In einer Schüssel Eier, Milch und Sahne verquirlen und über die Quiche geben. 1 Stunde backen, bis die Mischung gestockt ist. Kalt oder lauwarm servieren.

HINWEIS: *Frischer Spinat ist oft sehr sandig. Waschen Sie ihn mehrmals gründlich und drücken Sie nach dem Garen möglichst viel Flüssigkeit heraus. Lassen Sie ihn auf Küchenpapier oder einem Küchentuch abtropfen, damit die Füllung nicht zu wässrig wird.*

NÄHRWERTE PRO PERSON (8)
510 kcal; 15 g Eiweiß; 35 g Fett; 35 g Kohlenhydrate; 5 g Ballaststoffe; 180 mg Cholesterin

Die gebratenen Kartoffeln mit einem Sieblöffel aus der Pfanne nehmen und mit Küchenpapier abtupfen.

Den Spinat etwa 2 Minuten im Topf garen, bis er zusammengefallen ist.

Den Teigboden abwechselnd mit je der Hälfte von Käse, Kartoffeln, Spinat und Lauch belegen.

Tomaten-Speck-Quiche

VORBEREITUNGSZEIT: 45 MINUTEN + KÜHLZEIT: 1 STUNDE | GESAMTZUBEREITUNGSZEIT: 1 STUNDE 10 MINUTEN | FÜR 6 PERSONEN

185 g Mehl Type 550
1 Prise Cayennepfeffer
1 Prise Senfpulver
125 g kalte Butter, gewürfelt
40 g geriebener Gouda
1 Eigelb

FÜLLUNG
25 g Butter
100 g magerer Speck, gehackt
1 kleine Zwiebel, in feine Ringe geschnitten
3 Eier
185 g Sahne
½ TL Salz
2 Tomaten, geschält, Samen entfernt, gewürfelt
90 g geriebener Gouda

1 Mehl, Gewürze und Butter in der Küchenmaschine zu einer krümeligen Masse mixen; dann mit Käse und Eigelb zu einem geschmeidigen Teig rühren. Wenn der Teig klebt, 1–2 Esslöffel kaltes Wasser hinzufügen. Auf einer bemehlten Arbeitsfläche zu einer Kugel kneten und in Frischhaltefolie gewickelt 30 Minuten kalt stellen. Eine tiefe Tarteform mit etwa 23 cm Durchmesser einfetten.

2 Für die Füllung die Butter in einer Pfanne zerlassen und den Speck einige Minuten goldbraun anbraten. Zwiebel zugeben und weich garen. Die Pfanne vom Herd nehmen. In einer Schüssel Eier, Sahne und Salz verquirlen. Erst Speck und Zwiebeln, dann Tomaten und Käse unterheben.

3 Den Teig auf einer bemehlten Arbeitsfläche auf die Größe der Form ausrollen, die Form damit auslegen und 30 Minuten kalt stellen. Backofen auf 180 °C vorheizen. Den Teig mit Backpapier und Reis oder getrockeneten Hülsenfrüchten beschweren, 10 Minuten blindbacken, Papier und Reis entfernen und weitere 10 Minuten backen.

4 Die Füllung auf den Teig geben und die Quiche 35 Minuten goldbraun backen.

Den Speck in zerlassener Butter goldbraun anbraten, dann die Zwiebel hinzufügen.

Anschließend mit Tomatenwürfeln und Käse unter die Ei-Sahne-Mischung heben.

NÄHRWERTE PRO PERSON
570 kcal; 15 g Eiweiß; 45 g Fett; 25 g Kohlenhydrate; 2 g Ballaststoffe; 255 mg Cholesterin

Quiche mit karamellisierten Zwiebeln

VORBEREITUNGSZEIT: 45 MINUTEN + KÜHLZEIT: 20 MINUTEN | GESAMTZUBEREITUNGSZEIT: 1 STUNDE 45 MINUTEN | FÜR 6 PERSONEN

185 g Mehl Type 550
125 g kalte Butter, gewürfelt
1 Eigelb
1–2 EL eiskaltes Wasser

FÜLLUNG
800 g Zwiebeln, in dünne Ringe geschnitten
75 g Butter
1 EL brauner Zucker
185 g saure Sahne
2 Eier
40 g Prosciutto, in dünne Streifen geschnitten
40 g geriebener Gouda
2 TL Thymianblättchen

1 Mehl und Butter in der Küchenmaschine krümelig rühren. Eigelb und den Großteil des Wassers hinzufügen und alles in kurzen Intervallen zu einem glatten Teig mixen. Bei Bedarf mehr Wasser zugeben. Den Teig auf einer bemehlten Arbeitsfläche zu einer Kugel kneten, in Frischhaltefolie wickeln und 20 Minuten kalt stellen.

2 Die Zwiebeln in kochendem Wasser 2 Minuten blanchieren, dann abgießen. Die Butter in einem Topf zerlassen und die Zwiebeln darin bei schwacher Hitze 25 Minuten weich garen. Zucker einrühren und 15 Minuten weiter garen, gelegentlich umrühren. Den Backofen auf 200 °C vorheizen und eine flache, runde Tarteform mit etwa 23 cm Durchmesser einfetten.

3 Den Teig etwas größer als die Form ausrollen, die Form damit auslegen und Teigüberhänge abschneiden. Mit Backpapier und einer Schicht Reis oder getrockneten Hülsenfrüchten bedecken und 15 Minuten blindbacken. Reis und Papier entfernen und weitere 5 Minuten backen.

4 Eier und saure Sahne kurz verquirlen. Prosciutto, Käse und Thymian unterheben, Zwiebeln dazugeben und die Mischung auf dem Teigboden verteilen. 40 Minuten backen. Wenn der Teig zu schnell bräunt, mit Alufolie bedecken.

NÄHRWERTE PRO PERSON
585 kcal; 10 g Eiweiß; 45 g Fett; 30 g Kohlenhydrate; 3 g Ballaststoffe; 230 mg Cholesterin

Mehl und Butter in der Küchenmaschine mixen, anschließend das Eigelb hinzugeben.

Den braunen Zucker unter die gegarten Zwiebeln rühren, damit sie karamellisieren.

Petersilien-Pilz-Quiche

VORBEREITUNGSZEIT: 30 MINUTEN + KÜHLZEIT: 50 MINUTEN | GESAMTZUBEREITUNGSZEIT: 1 STUNDE | FÜR 4–6 PERSONEN

300 g Mehl Type 550
30 g frische gehackte glatte Petersilie
180 g kalte Butter, gewürfelt
2 Eigelb
4 EL eiskaltes Wasser

FÜLLUNG
30 g Butter
1 rote Zwiebel, gehackt
175 g Champignons, in Scheiben geschnitten
1 TL Zitronensaft
20 g frische gehackte glatte Petersilie
20 g Schnittlauchröllchen
2 Eier, leicht verquirlt
170 g Sahne
Salz
frisch gemahlener schwarzer Pfeffer

NÄHRWERTE PRO PERSON (6)
320 kcal; 6 g Eiweiß; 25 g Fett; 20 g Kohlenhydrate; 2 g Ballaststoffe; 130 mg Cholesterin

1 Mehl, Petersilie und Butter in der Küchenmaschine 15 Sekunden krümelig mixen. Eigelb und den Großteil des Wassers zufügen und in kurzen Intervallen zu einem glatten Teig mixen; bei Bedarf mehr Wasser zugeben. Auf einer bemehlten Arbeitsfläche zu einer Kugel kneten, in Frischhaltefolie wickeln und mindestens 30 Minuten kalt stellen.

2 Eine flache, eckige Tarteform mit etwa 35 x 10 cm vorbereiten und den Teig auf diese Größe ausrollen. Die Form damit auslegen und Teigüberhänge abschneiden. 20 Minuten kalt stellen. Den Backofen auf 190 °C vorheizen.

3 Teig mit Backpapier und einer Schicht Reis oder getrockneten Hülsenfrüchten bedecken; 15 Minuten blindbacken. Reis und Papier entfernen und weitere 10 Minuten backen, bis der Teig fest ist. Die Backtemperatur auf 180 °C reduzieren.

4 Butter in einer Pfanne erhitzen und die Zwiebel 2–3 Minuten anschwitzen. Champignons zugeben und unter Rühren 2–3 Minuten weich garen. Zitronensaft und frische Kräuter zufügen. In einer Schüssel Eier und Sahne verquirlen und mit Salz und Pfeffer abschmecken.

5 Die Champignonfüllung auf dem Teigboden verteilen und die Ei-Sahne-Mischung darübergeben. Die Quiche 25–30 Minuten backen, bis die Füllung gestockt und goldgelb ist.

Mehl und Petersilie in die Küchenmaschine geben und mit der Butter krümelig mixen.

Zum Auslegen der Tarteform den Teig mit dem Nudelholz aufheben und über der Form abrollen.

Eier und Sahne verquirlen und die Mischung über die Champignonfüllung geben.

Gruyèretörtchen mit grünem Pfeffer

VORBEREITUNGSZEIT: 25 MINUTEN + KÜHLZEIT: 15 MINUTEN | GESAMTZUBEREITUNGSZEIT: 45 MINUTEN | ERGIBT 4 STÜCK

2 Platten fertiger Blätterteig
100 g Gruyère, gewürfelt
½ kleine Selleriestange, fein gehackt
1 TL Thymian
2 TL grüne Pfefferkörner, gehackt
1 Ei, leicht verquirlt
60 g Sahne

1 4 tiefe Tarteförmchen mit etwa 8 cm Durchmesser leicht einfetten. Aus beiden Teigplatten je 2 Teigkreise mit etwa 14 cm Durchmesser ausschneiden, in die Förmchen heben und an Boden und Rändern gut festdrücken. Teigüberhänge abschneiden oder durch Darüberfahren mit dem Nudelholz abtrennen. Die Teigböden mit der Gabel einstechen und mindestens 15 Minuten kalt stellen.

2 Den Backofen auf 220 °C vorheizen und die Teigböden darin etwa 12 Minuten backen, bis sie aufgehen und goldgelb sind. Aus dem Ofen nehmen und während des Abkühlens den Teig leicht andrücken, wenn er zu stark aufgegangen ist, sodass Platz für die Füllung entsteht.

3 Käse, Sellerie, Thymian und Pfefferkörner verrühren und die Mischung auf die Teigböden auftragen. Ei und Sahne verquirlen und über die Füllung geben. 25–30 Minuten backen, bis die Füllung gar ist und Blasen wirft.

Mithilfe eines Tellers oder einer Schüssel aus dem Blätterteig 4 Kreise ausschneiden.

Die vorgebackenen Teigböden vorsichtig niederdrücken, wenn sie zu stark aufgegangen sind.

NÄHRWERTE PRO QUICHE
485 kcal; 15 g Eiweiß; 35 g Fett; 30 g Kohlenhydrate; 1 g Ballaststoffe; 115 mg Cholesterin

Austern-Quiche

VORBEREITUNGSZEIT: 20 MINUTEN + KÜHLZEIT: 20 MINUTEN | GESAMTZUBEREITUNGSZEIT: 1 STUNDE | FÜR 4 PERSONEN

1 Platte fertiger Blätterteig
2 Eier
2 TL Mehl Type 550
¼ TL geriebene Muskatnuss
2 EL Sahne
2 EL Milch
1 Prise Salz
65 g geriebener Gruyère
12 frische Austern ohne Schale
20 g Parmesan, geraspelt

1 Eine Tarteform mit 19 cm Durchmesser mit dem ausgerollten Blätterteig auslegen und Teigüberhänge abschneiden. In der Form 20 Minuten kalt stellen. Den Backofen auf 180 °C vorheizen.

2 Den Teigboden mit Backpapier und einer Schicht Reis oder getrockneten Hülsenfrüchten bedecken und 10 Minuten blindbacken. Reis und Papier entfernen und weitere 5 Minuten goldgelb backen. Abkühlen lassen.

3 Die Eier schlagen und nacheinander mit Mehl, Muskat, Sahne, Milch und Salz verquirlen. Gruyère unterheben und die Mischung auf dem Teigboden verteilen.

4 Austern auf der Ei-Mischung verteilen und mit Parmesan bestreuen. Die Quiche im Backofen 40–45 Minuten backen, vor dem Servieren etwas abkühlen lassen.

NÄHRWERTE PRO PERSON
285 kcal; 15 g Eiweiß; 25 g Fett; 15 g Kohlenhydrate; 1 g Ballaststoffe; 155 mg Cholesterin

Den Teigboden mit Backpapier und Backkugeln (alternativ Reis oder Hülsenfrüchte) beschweren.

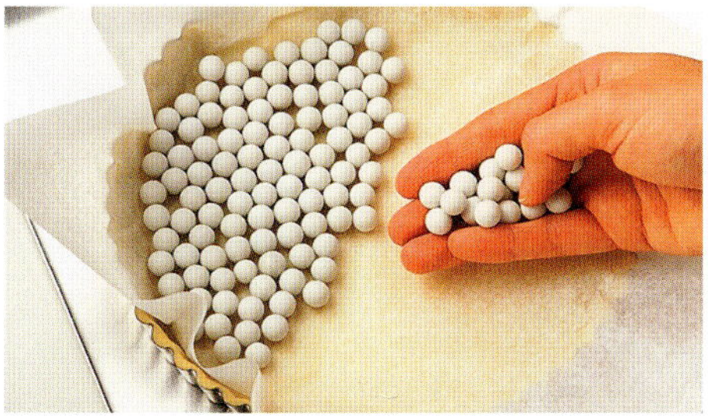

Für die Füllung Mehl, Muskat, Sahne, Milch und Salz mit den geschlagenen Eiern verquirlen.

Mit Austern ohne Schale belegen und mit Parmesan bestreuen.

Quiche mit frischen Kräutern

VORBEREITUNGSZEIT: 30 MINUTEN + KÜHLZEIT: 50 MINUTEN | GESAMTZUBEREITUNGSZEIT: 1 STUNDE | FÜR 4–6 PERSONEN

185 g Mehl Type 550
15 g frische gehackte glatte Petersilie
125 g kalte Butter, gewürfelt
1 Eigelb
1 EL eiskaltes Wasser

KRÄUTERFÜLLUNG
30 g Butter
1 kleine Lauchstange, in feine Ringe geschnitten
1–2 Knoblauchzehen, zerdrückt
4 Frühlingszwiebeln, gehackt
15 g frische gehackte glatte Petersilie
2 EL Schnittlauchröllchen
2 EL gehackter Dill
2 EL Oreganoblättchen
3 Eier
250 g Sahne
60 ml Milch
frisch gemahlener schwarzer Pfeffer
125 g geriebener Gouda

1 Mehl, Petersilie und Butter in der Küchenmaschine etwa 15 Sekunden zu einer krümeligen Masse vermischen. Eigelb und den Großteil des Wassers hinzufügen und in kurzen Intervallen zu einem glatten Teig mixen. Bei Bedarf mehr Wasser dazugeben. Auf einer bemehlten Arbeitsfläche zu einer Kugeln kneten, in Frischhaltefolie wickeln und 30 Minuten kalt stellen.

2 Backofen auf 190 °C vorheizen und eine runde Tarteform mit 24 cm Durchmesser leicht einfetten. Den Teig auf die Größe der Form ausrollen, die Form damit auslegen, Teigüberhänge abschneiden. 20 Minuten kalt stellen. Den Teigboden mit Backpapier und einer Schicht Reis oder getrockneten Hülsenfrüchten bedecken und 15 Minuten blindbacken. Reis und Papier entfernen und weitere 10 Minuten backen. Die Backtemperatur auf 180 °C reduzieren.

3 Butter in einem Topf erhitzen. Lauch, Knoblauch und Frühlingszwiebel darin unter Rühren 10 Minuten anschwitzen. Kräuter einrühren und abkühlen lassen.

4 Eier in einer Schüssel mit Sahne und Milch verquirlen und mit Pfeffer abschmecken. Die Lauchfüllung auf dem Teigboden verteilen, mit der Ei-Mischung übergießen und mit Käse bestreuen. 25–30 Minuten goldbraun backen.

NÄHRWERTE PRO PERSON (6)
545 kcal; 15 g Eiweiß; 45 g Fett; 25 g Kohlenhydrate; 2 g Ballaststoffe; 220 mg Cholesterin

Mehl, Petersilie und Butter mixen, bis ein krümeliger Teig entsteht, dann Eigelb und kaltes Wasser zugeben.

Die frischen gehackten Kräuter unter die Lauchmischung rühren.

Die Ei-Mischung gleichmäßig über der Kräuterfüllung verteilen und mit geriebenem Käse bestreuen.

Zucchini-Prosciutto-Quiche

VORBEREITUNGSZEIT: 35 MINUTEN + KÜHLZEIT: 20 MINUTEN | GESAMTZUBEREITUNGSZEIT: 1 STUNDE 15 MINUTEN | FÜR 6 PERSONEN

2 Platten fertiger Mürbeteig
2 EL Olivenöl
100 g Prosciutto
1 Zwiebel, gehackt
4 Zucchini, in dünne Scheiben geschnitten
Salz
frisch gemahlener schwarzer Pfeffer
4 Eier
170 g Sahne
60 ml Milch
25 g geriebener Parmesan

1 Eine flache, runde Tarteform mit etwa 25 cm Durchmesser vorbereiten. Die beiden Teigblätter überlappend aufeinanderlegen und etwas größer als die Form ausrollen. Die Form damit auslegen, überstehende Teigränder abschneiden und in der Form 20 Minuten kalt stellen. Den Backofen auf 200 °C vorheizen.

2 Den Quicheboden mit Backpapier belegen und mit einer Schicht Reis oder getrockneten Hülsenfrüchten beschweren. 15 Minuten blindbacken. Reis und Backpapier entfernen und weitere 10 Minuten goldgelb backen. Abkühlen lassen.

3 Für die Füllung Olivenöl in der Pfanne erhitzen, Prosciutto in dünne Streifen schneiden und knusprig anbraten. Mit einem Sieblöffel aus der Pfanne nehmen und mit Küchenpapier abtupfen. Die Zwiebeln in der gleichen Pfanne anschwitzen, herausnehmen und die Zucchini garen. Kurz bevor sie gar sind, mit Salz und Pfeffer abschmecken und vom Herd nehmen.

4 In einer Schüssel Eier, Sahne, Milch und den Großteil des geriebenen Parmesans verquirlen.

5 Prosciutto, Zwiebeln und Zucchini schichtweise auf den Teigboden legen und die Ei-Mischung darüber verteilen. Mit dem übrigen Parmesan bestreuen und 35–40 Minuten backen, bis die Eierschicht gestockt und goldgelb ist.

Prosciutto in Olivenöl knusprig anbraten und mit einem Sieblöffel aus der Pfanne nehmen.

Zuletzt die Zucchini garen und mit Salz und frisch gemahlenem schwarzem Pfeffer abschmecken.

NÄHRWERTE PRO PERSON
525 kcal; 15 g Eiweiß; 40 g Fett; 30 g Kohlenhydrate; 2 g Ballaststoffe; 195 mg Cholesterin

Pastinaken-Käse-Quiche

VORBEREITUNGSZEIT: 45 MINUTEN + KÜHLZEIT: 25 MINUTEN | GESAMTZUBEREITUNGSZEIT: 1 STUNDE 10 MINUTEN | FÜR 4–6 PERSONEN

125 g Mehl Type 550
150 g Vollkorn-Weizenmehl
100 g kalte Butter, gewürfelt
1 Eigelb
3 EL eiskaltes Wasser

FÜLLUNG
½ EL Öl
1 kleine Zwiebel, gehackt
1 Möhre, fein gewürfelt
1 Pastinake, fein gewürfelt
1 TL Kümmel
1 EL frische gehackte Korianderblättchen
Salz, frisch gemahlener schwarzer Pfeffer
100 g milder Blauschimmelkäse
1 Ei, leicht verquirlt
90 g Sahne

1 Mehl und Butter in der Küchenmaschine krümelig mixen. Mit Eigelb und Wasser zu einem glatten Teig mixen, evtl. mehr Wasser zugeben. Den Teig rasch zu einer Kugel kneten, in Frischhaltefolie gewickelt 15 Minuten kalt stellen. Backofen auf 200 °C vorheizen, ein Backblech darin erwärmen. Eine tiefe, runde Tarteform mit etwa 19 cm Durchmesser einfetten.

2 Den Teig auf Backpapier ausrollen und die Form damit auskleiden, Teigüberhänge abschneiden. Den Boden mit der Gabel mehrmals einstechen und in der Form 10 Minuten kalt stellen. Auf dem erwärmten Backblech 12 Minuten hellbraun und trocken backen und abkühlen lassen.

3 Öl in der Pfanne erhitzen, Gemüse und Kümmel unter darin Rühren garen, bis die Zwiebel glasig ist. Koriander zufügen, mit Salz und Pfeffer abschmecken und abkühlen lassen.

4 Käse zerbröckeln und auf dem Teig verteilen, dann das Gemüse einfüllen. Ei und Sahne verquirlen, darübergeben und mit Pfeffer bestreuen. Die Quiche 45 Minuten fertigbacken.

NÄHRWERTE PRO PERSON (6)
610 kcal; 15 g Eiweiß; 45 g Fett; 40 g Kohlenhydrate; 7 g Ballaststoffe; 210 mg Cholesterin

Teigboden blindbacken und auf einem Rost abkühlen lassen, inzwischen die Füllung vorbereiten.

Den Teigboden mit zerbröckeltem Käse belegen und die Gemüsefüllung darauf verteilen.

Spargel-Parmesan-Quiche

VORBEREITUNGSZEIT: 25 MINUTEN + KÜHLZEIT: 50 MINUTEN | GESAMTZUBEREITUNGSZEIT: 1 STUNDE | FÜR 4–6 PERSONEN

185 g Mehl Type 550
125 g kalte Butter, gewürfelt
1 Eigelb
2 EL eiskaltes Wasser

SPARGELFÜLLUNG
50 g geriebener Parmesan
30 g Butter
1 kleine rote Zwiebel, gehackt
2 Frühlingszwiebeln, gehackt
1 EL frischer gehackter Dill
1 EL Schnittlauchröllchen
1 Ei, leicht verquirlt
60 g saure Sahne
60 g Sahne
Salz
frisch gemahlener schwarzer Pfeffer
1 Dose grüner Stangenspargel (400 g)

NÄHRWERTE PRO PERSON (4)
665 kcal; 15 g Eiweiß; 50 g Fett; 35 g Kohlenhydrate; 4 g Ballaststoffe; 240 mg Cholesterin

1 Mehl und Butter in der Küchenmaschine etwa 15 Sekunden krümelig mixen. Eigelb und den Großteil des Wassers zugeben und in kurzen Intervallen zu einem geschmeidigen Teig mixen. Bei Bedarf mehr Wasser hinzufügen. Den Teig auf einer bemehlten Arbeitsfläche zu einer Kugel kneten, in Frischhaltefolie wickeln und 30 Minuten kalt stellen.

2 Den Teig auf die Größe einer rechteckigen Tarteform von etwa 35 x 10 cm ausrollen, die Form damit auslegen und Teigüberhänge abschneiden. In der Form 20 Minuten kalt stellen. Den Backofen auf 190 °C vorheizen.

3 Den Teigboden mit Backpapier und Reis oder getrockneten Hülsenfrüchten beschweren und 15 Minuten blindbacken. Reis und Papier entfernen und weitere 10 Minuten trocken und goldgelb backen. Etwas abkühlen lassen und mit der Hälfte des Parmesans bestreuen. Die Backtemperatur auf 180 °C reduzieren.

4 Butter in der Pfanne zerlassen. Zwiebel und Frühlingszwiebel darin 2–3 Minuten anschwitzen, die frischen Kräuter einrühren und abkühlen lassen. In einer Schüssel Eier, Sahne, saure Sahne und den übrigen Parmesan verquirlen und mit Salz und Pfeffer abschmecken.

5 Die Zwiebelmischung auf den Teigboden geben, die Spargelstangen darauf verteilen und die Ei-Mischung darübergeben. 25–30 Minuten backen, bis die Füllung gar ist.

Tarteform auskleiden und den Teig entlang der Formränder mit einem scharfen Messer abschneiden.

Eier, Sahne, saure Sahne und den übrigen Parmesan verquirlen.

Die Zwiebelmischung auf dem Teigboden verteilen und aus den Spargelstangen darauf ein Muster legen.

Kleine Speck-Mais-Quiches

VORBEREITUNGSZEIT: 30 MINUTEN | GESAMTZUBEREITUNGSZEIT: 35 MINUTEN | ERGIBT 4 STÜCK

4 Maiskolben
2 TL Olivenöl
2 Scheiben Speck, in dünne Streifen geschnitten
1 kleine Zwiebel, fein gehackt
3 Eier, leicht verquirlt
2 EL Schnittlauchröllchen
2 EL frische gehackte glatte Petersilie
60 g Semmelbrösel
80 g Sahne
Salz, frisch gemahlener schwarzer Pfeffer

1 Backofen auf 180 °C vorheizen und 4 kleine Soufflé- oder Becherförmchen (etwa 185 ml Inhalt) leicht einfetten.

2 Maiskolben schälen und die Maiskörner mit einer groben Reibe in eine tiefe Schüssel reiben (Körner und Saft sollten etwa 375 ml ergeben.) Öl in einem Topf erhitzen, Speck und Zwiebel darin 3–4 Minuten anbraten, bis die Zwiebel weich ist. In eine Schüssel geben und nacheinander Mais, Eier, Schnittlauch, Petersilie, Semmelbrösel und Sahne unterheben. Mit Salz und Pfeffer abschmecken, Masse in die Förmchen füllen.

3 Die Förmchen in eine tiefe Form stellen und die Form halbhoch mit Wasser füllen. Locker mit Alufolie bedecken und 25–30 Minuten backen, bis die Quiches gestockt sind.

NÄHRWERTE PRO QUICHE
295 kcal; 13 g Eiweiß; 17 g Fett; 23 g Kohlenhydrate; 3 g Ballaststoffe; 175 mg Cholesterin

Die Maiskörner mit der groben Seite einer Reibe vom Kolben lösen.

Zwiebel und Speck mit Mais, Eiern, Schnittlauch, Petersilie, Semmelbröseln und Sahne verrühren.

Eine ofenfeste Form halbhoch mit Wasser füllen und die Quiches im Wasserbad garen.

Räucherlachs-Quiche mit Kapern

VORBEREITUNGSZEIT: 25 MINUTEN + KÜHLZEIT: 40 MINUTEN | GESAMTZUBEREITUNGSZEIT: 1 STUNDE 10 MINUTEN | FÜR 6–8 PERSONEN

185 g Mehl Type 550
90 g kalte Butter, gewürfelt
2 TL schwarze Pfefferkörner, zerdrückt
1 Eigelb
2 EL eiskaltes Wasser

FÜLLUNG
1 EL Olivenöl
1 kleine Lauchstange, gehackt
½ TL Zucker
200 g Räucherlachsscheiben
50 g TK-Erbsen
2 EL kleine Kapern
75 g Frischkäse
2 Eier
2 TL Dijon-Senf
185 g Sahne

1 Mehl und Butter in der Küchenmaschine zu einer krümeligen Masse mixen. Pfeffer, Eigelb und Wasser zugeben und alles in kurzen Intervallen zu einem glatten Teig mixen. Bei Bedarf mehr Wasser hinzufügen. Teig zu einer Kugel kneten und zugedeckt 30 Minuten kalt stellen. Backofen auf 200 °C vorheizen und eine tiefe, runde Tarteform mit etwa 17 cm Durchmesser einfetten.

2 Den Teig in die Form legen und an den Rändern hochziehen, in der Form 10 Minuten kalt stellen. Den Boden mit der Gabel einstechen und 12 Minuten blindbacken.

3 Für die Füllung Öl in einer Pfanne erhitzen; Lauch mit Zucker darin 15 Minuten braten. Abkühlen lassen, dann auf dem Teigboden verteilen. Lachsscheiben mit der Gabel zerkleinern und im Kreis auflegen, Kapern und Erbsen darauf verteilen.

4 Frischkäse, Eier und Senf zu einer glatten Masse mixen, Sahne unterheben und über die Füllung geben. Etwa 40 Minuten backen.

NÄHRWERTE PRO PERSON (8)
355 kcal; 10 g Eiweiß; 25 g Fett; 20 g Kohlenhydrate; 2 g Ballaststoffe; 150 mg Cholesterin

Den Teig vor dem Backen mehrmals mit der Gabel einstechen, damit er sich beim Backen nicht wölbt.

Die Räucherlachsscheiben mit der Gabel zerkleinern und die Lachsstücke gleichmäßig auflegen.

Kürbis-Spinat-Quiche

VORBEREITUNGSZEIT: 20 MINUTEN | GESAMTZUBEREITUNGSZEIT: 1 STUNDE 50 MINUTEN | FÜR 6 PERSONEN

500 g Butternuss-Kürbis
1 Zwiebel, in schmale Spalten geschnitten
2 EL Olivenöl
1 Knoblauchzehe, zerdrückt
Salz
4 Eier
125 g Sahne
125 ml Milch
1 EL frische gehackte glatte Petersilie
1 EL frisch gehackte Korianderblättchen
1 TL grober Senf
frisch gemahlener schwarzer Pfeffer
6 Blätter Filoteig
50 g frischer Blattspinat, blanchiert
1 EL geriebener Parmesan

NÄHRWERTE PRO PERSON
285 kcal; 10 g Eiweiß; 20 g Fett; 15 g Kohlenhydrate; 2 g Ballaststoffe; 155 mg Cholesterin

1 Den Backofen auf 190 °C vorheizen. Den Kürbis mit Schale in etwa 1 cm dicke Scheiben schneiden. Kürbis und Zwiebel in eine ofenfeste Form legen, mit 1 Esslöffel Öl beträufeln und mit Knoblauch und 1 TL Salz würzen. 1 Stunde rösten, bis der Kürbis goldgelb und weich ist.

2 Eier, Sahne, Milch, frische Kräuter und Senf verquirlen und mit Salz und Pfeffer abschmecken.

3 Eine runde Tarteform mit etwa 23 cm Durchmesser einfetten. Den Filoteig Blatt für Blatt mit Öl einpinseln und die Form gleichmäßig damit auslegen. Überstehende Teigenden nach innen einrollen, sodass ein Rand entsteht.

4 Ein Backblech im Ofen 10 Minuten erwärmen. Den Teigboden mit der Gemüsefüllung belegen, mit der Ei-Mischung übergießen und mit Parmesan bestreuen. Auf dem vorgewärmten Backblech in den Ofen schieben.

5 Die Quiche etwa 35–40 Minuten backen, bis die Füllung gar und die Eischicht gestockt ist.

Kürbis und Zwiebel im Ofen rösten, bis der Kürbis goldgelb und weich ist.

Den Filoteig Blatt für Blatt mit Öl bestreichen und die Tarteform damit auslegen.

Kürbis, Zwiebel und Spinat auf den Teigboden legen und mit die Ei-Sahne-Mischung darübergeben.

Süße Pies

Süße Kürbis-Pie

VORBEREITUNGSZEIT: 20 MINUTEN + KÜHLZEIT + ABKÜHLZEIT | GESAMTZUBEREITUNGSZEIT: 1 STUNDE 30 MINUTEN | FÜR 6–8 PERSONEN

150 g Mehl Type 550
100 g kalte Butter, gewürfelt
2 TL feiner Zucker
4 EL eiskaltes Wasser

FÜLLUNG
750 g Butternuss-Kürbis, geschält und gewürfelt
2 Eier, leicht verquirlt
180 g brauner Zucker
80 g Sahne
1 EL süßer Sherry oder Brandy
½ TL gemahlener Ingwer
½ TL frisch geriebener Muskat
1 TL Zimt

NÄHRWERTE PRO PERSON (8)
350 kcal; 6 g Eiweiß; 16,5 g Fett; 45 g Kohlenhydrate; 2 g Ballaststoffe; 90 mg Cholesterin

1 Mehl in eine große Schüssel sieben und mit der Butter zu einer krümeligen Masse verreiben. Zucker unterrühren, in die Mitte eine Mulde drücken und den Großteil des Wassers dazugeben. Alle Zutaten mit dem Messer verhacken, bis ein geschmeidiger Teig entsteht. Bei Bedarf mehr Wasser verwenden.

2 Den Teig auf einer bemehlten Arbeitfläche kneten, zu einer Scheibe formen. In Frischhaltefolie gewickelt 20 Minuten kalt stellen.

3 Den Teig zwischen zwei Schichten Backpapier ausrollen und eine runde, feuerfeste Form mit etwa 18 cm Durchmesser damit auslegen. Teigüberhänge abschneiden und daraus Dekorationen für den Rand ausstechen. Den dekorierten Teigboden 20 Minuten kalt stellen.

4 Den Backofen auf 180 °C vorheizen. Den Kürbis in kochendem Wasser weich garen, dann abgießen, zerstampfen, durch ein Sieb streichen und abkühlen lassen.

5 Den Teigboden mit Backpapier und einer Schicht Reis oder getrockneten Hülsenfrüchten bedecken und 10 Minuten blindbacken. Reis und Papier entfernen und weitere 10 Minuten goldbraun backen. Abkühlen lassen.

6 Eier und braunen Zucker in einer Schüssel verquirlen. Kürbismus, Sahne, Sherry und Gewürze unterrühren und die Mischung auf dem Teigboden verteilen. Mit den Teigresten verzieren und 1 Stunde backen. Die Pie mit Alufolie bedecken, wenn sie zu schnell bräunt. Vor dem Servieren abkühlen lassen.

Teigboden mit Backkugeln, Reis oder Hülsenfrüchten bedecken und 10 Minuten blindbacken.

Kürbismus, Sahne, Sherry und Gewürze unter die Ei-Mischung rühren.

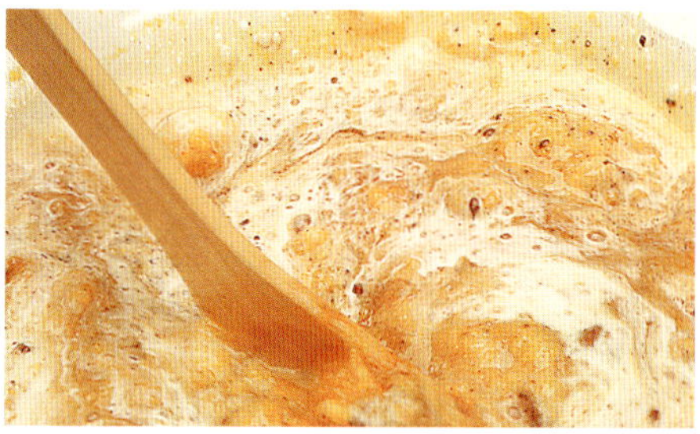

Kleine Himbeer-Gitterkuchen

VORBEREITUNGSZEIT: 50 MINUTEN | GESAMTZUBEREITUNGSZEIT: 25 MINUTEN | ERGIBT 8 STÜCK

125 g Frischkäse
125 g Butter
185 g Mehl Type 550
1 Ei, verquirlt
1 EL feiner Zucker

FÜLLUNG
250 g Himbeeren
70 g weiche Butter
90 g feiner Zucker
1 Ei
70 g gemahlene Mandelkerne

1 Frischkäse und Butter weich rühren. Das gesiebte Mehl mit dem Messer unterheben, die Masse zu einem Teig verrühren und zu einer Kugel kneten. 8 kleine feuerfeste Förmchen oder Muffinformen (etwa 125 ml Fassungsvermögen) leicht einfetten. Den Teig etwa 3 mm dick ausrollen und mit einem Teigschneider 8 Teigkreise mit 10 cm Durchmesser ausschneiden. Die Förmchen damit auslegen.

2 Die Himbeeren auf die Teigböden verteilen. Die weiche Butter mit dem Zucker verrühren und mit dem Ei verquirlen. Gemahlene Mandelkerne unterheben und die Himbeeren mit der Mischung bedecken.

3 Den Backofen auf 180 °C vorheizen. Die Teigreste ausrollen und in lange, etwa 5 mm breite Streifen schneiden. Auf einem Brett ein feines Teiggitter formen, mit den Handflächen leicht festdrücken und mit dem Teigschneider Kreise mit 10 cm Durchmesser daraus ausschneiden. Die Ränder der Teigböden mit Ei bestreichen, die Teiggitter als Deckel darauflegen und am Rand festdrücken. Übrige Teigstücke erneut ausrollen und zu Gittern formen, bis alle Kuchen bedeckt sind. Mit verquirltem Ei bestreichen, mit Zucker bestreuen und 20–25 Minuten goldbraun backen.

Mit dem Nudelholz oder einem kleinen Teller 8 Teigkreise ausschneiden, die Förmchen auslegen.

Die Teigränder mit geschlagenem Ei bestreichen und die Gitter darauf festdrücken.

NÄHRWERTE PRO KUCHEN
400 kcal; 10 g Eiweiß; 30 g Fett; 25 g Kohlenhydrate; 4 g Ballaststoffe; 100 mg Cholesterin

Blätterteig-Apfel-Pie mit Pekannüssen

VORBEREITUNGSZEIT: 25 MINUTEN | GESAMTZUBEREITUNGSZEIT: 50 MINUTEN | FÜR 8 PERSONEN

60 g Pekannusskerne
50 g Butter
3 EL feiner Zucker
1 TL abgeriebene Schale einer Bio-Zitrone
1 Ei, leicht verquirlt
2 EL Mehl Type 550
3 säuerliche grüne Äpfel
10 Blätter Filoteig
40 g zerlassene Butter
Puderzucker zum Bestäuben

1 Den Backofen auf 180 °C vorheizen. Eine eckige Tarteform von etwa 35 x 11 cm leicht einfetten. Die Pekannusskerne dünn auf einem Backblech verteilen und im Backofen 5 Minuten rösten. Abkühlen lassen und fein hacken.

2 Butter, Zucker, abgeriebene Zitronenschale und Ei mit dem Handrührgerät schaumig schlagen. Mehl und Pekannusskerne unterheben.

3 Die Äpfel schälen, entkernen und in dünne Spalten schneiden. Jedes Filoteigblatt mit zerlassener Butter bestreichen und die Blätter aufeinanderschichten. Die vorbereitete Backform locker damit auslegen, die Nussmischung gleichmäßig auf dem Teigboden verstreichen und die Apfelstücke darauf verteilen.

4 Die Teigränder über der Füllung einschlagen und außen mit zerlassener Butter bestreichen. Die obere Kante abschneiden und die Pie mit dem Teigrest verschließen. 45 Minuten goldbraun und knusprig backen und vor dem Servieren mit Puderzucker bestäuben. Warm oder kalt servieren.

AUFBEWAHRUNG: *Die Tarte schmeckt am besten frisch, deshalb möglichst am selben Tag servieren.*

VARIANTE: *Statt Äpfeln können Sie Birnen, statt Pekannusskernen Walnusskerne verwenden. Wenn die Nusskerne vorher angeröstet werden, schmecken sie intensiver und sind knuspriger.*

NÄHRWERTE PRO PERSON
313 kcal; 4 g Eiweiß; 22 g Fett; 27 g Kohlenhydrate; 3 g Ballaststoffe; 51 mg Cholesterin

Die ganzen Nusskerne im Backofen kurz anrösten, damit sie mehr Aroma entwickeln.

Die Nussmischung auf dem Teigboden verteilen und die Apfelspalten daraufschichten.

Mince Pies

VORBEREITUNGSZEIT: 40 MINUTEN + KÜHLZEIT: 40 MINUTEN | GESAMTZUBEREITUNGSZEIT: 25 MINUTEN | ERGIBT 12 STÜCK

250 g Mehl Type 550
½ TL Zimt
¼ TL Salz
125 g kalte Butter, gewürfelt
1 TL abgeriebene Schale von 1 Bio-Orange
30 g gesiebter Puderzucker
1 Eigelb
3–4 EL eiskaltes Wasser

FÜLLUNG
60 g Rosinen, gehackt
60 g brauner Zucker
40 g Sultaninen
45 g Orangeat und Zitronat, gemischt
1 EL Korinthen
1 EL geschälte, gehackte Mandelkerne
1 kleiner säuerlicher Apfel, gerieben
1 TL Zitronensaft
1 TL abgeriebene Schale einer Bio-Zitrone
1 TL abgeriebene Schale einer Bio-Orange
½ TL Lebkuchengewürz
¼ TL gemahlener Ingwer
1 Prise gemahlener Muskat
25 g zerlassene Butter
1 EL Brandy
Puderzucker zum Bestäuben

NÄHRWERTE PRO PIE
130 kcal; 2 g Eiweiß; 6 g Fett; 17 g Kohlenhydrate; 1 g Ballaststoffe; 23 mg Cholesterin

1 Mehl, Zimt und Salz in eine große Schüssel sieben und mit den Fingern zusammen mit der Butter zu einer krümeligen Masse verreiben. Puderzucker und abgeriebene Zitronenschale unterheben. In die Mitte eine Mulde drücken, Eigelb und den Großteil des Wassers zugeben und alles zu einem glatten Teig verhacken. Bei Bedarf mehr Wasser zufügen. Den Teig auf einer leicht bemehlten Arbeitsfläche verkneten und zu einer dicken Scheibe formen. In Frischhaltefolie gewickelt 20 Minuten kalt stellen. Für die Füllung alle Zutaten gut verrühren.

2 Den Backofen auf 180 °C vorheizen. Eine Muffinform für 12 kleine Muffins leicht einfetten. Zwei Drittel des Teiges zwischen zwei Schichten Backpapier etwa 3 mm dick ausrollen und 12 Teigkreise mit 8 cm Durchmesser ausschneiden. Die Förmchen damit auslegen.

3 Die Füllung auf die ausgelegten Förmchen verteilen. Den übrigen Teig ausrollen und 12 Teigkreise mit 7 cm Durchmesser ausschneiden. Mit einer Ausstechform je einen Stern (etwa 2,5 cm) ausstechen, den äußeren Teig als Deckel auf die Pies setzen. Die Ränder gut festdrücken und 20 Minuten kalt stellen.

4 Die Pies 25 Minuten goldbraun backen und 5 Minuten ruhen lassen, dann herausnehmen und abkühlen lassen. Vor dem Servieren mit Puderzucker bestäuben.

HINWEIS: *Übriggebliebene Fruchtmischung hält sich in einem Einmachglas etwa 3 Monate, wenn sie kühl und dunkel gelagert wird.*

Für den Teig die Zutaten mit dem Messer verhacken, bis eine krümelige Masse entsteht.

Mit einem Löffel die Fruchtmischung in die Teigböden füllen.

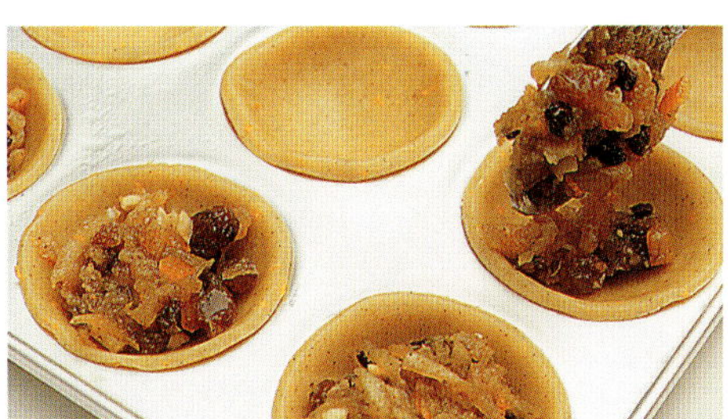

Mit der Ausstechform Sternfenster in die Teigdeckel stechen.

Bananencreme-Pie

VORBEREITUNGSZEIT: 25 MINUTEN + KÜHLZEIT: 20 MINUTEN | GESAMTZUBEREITUNGSZEIT: 30 MINUTEN | FÜR 6–8 PERSONEN

375 g fertiger Mürbeteig
90 g Zartbitter-Schokoladensplitter
4 Eigelb
125 g feiner Zucker
½ TL Vanilleextrakt
2 EL Vanille-Puddingpulver
500 ml Milch
40 g weiche Butter
1 TL Rum oder Brandy
3 große reife Bananen in dünnen Scheiben, plus Bananenscheiben zum Verzieren
60 g geriebene Zartbitter-Schokolade

1 Den Teig zwischen zwei Schichten Backpapier auf die Größe einer runden, feuerfesten Form mit 18 cm Durchmesser ausrollen und diese damit auslegen. Teigüberhänge abschneiden. Den Teigboden 20 Minuten kalt stellen.

2 Backofen auf 190 °C vorheizen. Teigboden mit Backpapier und einer Schicht Reis oder getrockneten Hülsenfüchten bedecken und 10 Minuten blindbacken. Reis und Papier entfernen und weitere 10–12 Minuten fest und goldgelb backen.

3 Die Schokoladensplitter auf dem heißen Teig verteilen. Mit einem Löffel verstreichen, sobald sie geschmolzen sind.

4 Für die Füllung Eigelb, Zucker, Vanilleextrakt und Puddingpulver mit dem Handrührgerät 2–3 Minuten zu einer dicken Masse verrühren. Milch in einem kleinen Topf zum Kochen bringen, vom Herd nehmen und nach und nach unter die Ei-Mischung rühren. Die Mischung unter Rühren erneut aufkochen und 2 Minuten eindicken lassen. Vom Herd nehmen, Butter und Rum unterrühren und abkühlen lassen.

5 Bananenscheiben auf die Schokoladenschicht legen, die Puddingmischung darauf verteilen und kalt stellen. Vor dem Servieren mit Bananenscheiben und Schokosplittern garnieren.

Eigelb, Zucker, Vanilleextrakt und Puddingpulver zu einer dickflüssigen Masse verrühren.

Bananenscheiben auf die Schokoladenschicht legen und die Puddingmischung darauf verteilen.

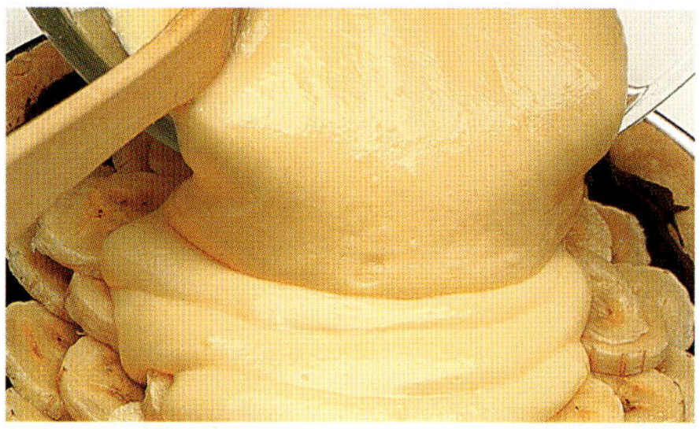

NÄHRWERTE PRO PERSON (8)
490 kcal; 8 g Eiweiß; 26 g Fett; 60 g Kohlenhydrate; 2 g Ballaststoffe; 124 mg Cholesterin

Mango-Maracuja-Pies

VORBEREITUNGSZEIT: 25 MINUTEN + KÜHLZEIT | GESAMTZUBEREITUNGSZEIT: 25 MINUTEN | ERGIBT 6 STÜCK

750 g fertiger süßer Mürbeteig
3 reife Mangos, geschält und klein geschnitten, oder 400 g Mangoscheiben aus der Dose (abgegossen)
60 g Maracuja (Fruchtfleisch)
1 EL Puddingpulver
90 g feiner Zucker
1 Ei, leicht verquirlt
Puderzucker zum Bestäuben

1 Backofen auf 190 °C vorheizen. 6 kleine Tarte- oder Muffinförmchen (etwa 8 cm Durchmesser) einfetten. Zwei Drittel des Mürbeteigs 3 mm dick ausrollen und 6 Teigkreise mit etwa 13 cm Durchmesser ausschneiden. Die Förmchen damit auslegen und Teigränder abschneiden. Fürmchen kalt stellen, während die Füllung vorbereitet wird.

2 Mango, Maracuja, Puddingpulver und Zucker gut verrühren.

3 Den übrigen Teig etwa 3 mm dünn ausrollen und 6 Teigkreise mit 11 cm Durchmesser ausschneiden. Die Teigreste erneut dünn ausrollen und Verzierungen ausstechen.

4 Die Mangomischung auf die Teigböden verteilen und die Ränder mit Ei bestreichen. Teigdeckel darauflegen, gut festdrücken und verzieren. Mit Ei bestreichen und mit Puderzucker bestäuben. 20–25 Minuten goldgelb backen.

NÄHRWERTE PRO PIE
640 kcal; 11 g Eiweiß; 29 g Fett; 85 g Kohlenhydrate; 6 g Ballaststoffe; 114 mg Cholesterin

Die eingefetteten Backförmchen mit Teig auslegen und überstehende Teigränder abschneiden.

Die Mango-Maracuja-Füllung mit einem Löffel auf die Teigböden verteilen.

Die Teigreste ausrollen, Verzierungen ausstechen und die Pies damit dekorieren.

Gefüllter Zitronenkuchen

VORBEREITUNGSZEIT: 20 MINUTEN + KÜHLZEIT: 20 MINUTEN | GESAMTZUBEREITUNGSZEIT: 50 MINUTEN | FÜR 6–8 PERSONEN

2 große Bio-Zitronen
60 g Mehl Type 550
500 g feiner Zucker
1 Prise Salz
40 g zerlassene Butter
4 Eier, leicht verquirlt plus 1 Ei, leicht verquirlt, zum Bestreichen

TEIG
375 g Mehl Type 550
¼ TL Salz
185 g kalte Butter, gewürfelt
2 EL feiner Zucker
4–5 EL eiskaltes Wasser

1 Von einer Zitrone die Schale abreiben und 2 Teelöffel Zitronenschale in eine große Schüssel geben. Haut von beiden Zitronen entfernen. Das Fruchtfleisch in dünne Scheiben schneiden und Kerne entfernen.

2 60 g Mehl in die Schüssel mit der abgeriebenen Zitronenschale sieben. Zucker und Salz unterrühren. Mit zerlassener Butter und 4 Eiern glatt rühren und zuletzt die Zitronenscheiben unterheben.

3 Den Backofen auf 200 °C vorheizen und ein Backblech darin erwärmen. Eine runde, feuerfeste Form mit etwa 20 cm Durchmesser einfetten.

4 Für den Teig Mehl und Salz in eine große Schüssel sieben, Butter hinzufügen und mit den Fingern zu einer krümeligen Masse verreiben. Zucker einrühren. In die Mitte eine Mulde drücken und den Großteil des Wassers hineingeben. Mit dem Messer zu einem glatten Teig verhacken. Bei Bedarf mehr Wasser dazugeben.

5 Den Teig auf einer leicht bemehlten Arbeitsfläche zusammenkneten und zu einer dicken Scheibe formen. In Frischhaltefolie wickeln und 20 Minuten kalt stellen.

6 Zwei Drittel des Teigs auf die Größe der Backform ausrollen, diese damit auslegen und die Zitronenfüllung darauf verteilen.

7 Den übrigen Teig zu einem Deckel ausrollen. Mit einem scharfen Messer den Teigdeckel dreimal einschneiden. Den Rand des Bodens mit Ei bestreichen, den Teigdeckel darauflegen und gut festdrücken. Teigreste abschneiden. Mit den Fingern einen welligen Rand formen und mit der Gabel verzieren. Den Teigdeckel mit Ei bestreichen.

8 Auf dem erwärmten Backblech 20 Minuten backen. Dann die Backtemperatur auf 180 °C reduzieren, die Pie mit Alufolie bedecken und weitere 30 Minuten backen, bis die Füllung gestockt und die Pie goldbraun ist.

NÄHRWERTE PRO PERSON (8)
690 kcal; 9 g Eiweiß; 26 g Fett; 106 g Kohlenhydrate; 2,5 g Ballaststoffe; 161 mg Cholesterin

Mit einem kleinen, scharfen Messer Haut vom Fruchtfleisch der Zitronen lösen.

Zerlassene Butter und Ei verrühren und die dünn geschnittenen Zitronenspalten unterheben.

Traditioneller Rhabarberkuchen

VORBEREITUNGSZEIT: 40 MINUTEN + KÜHLZEIT | GESAMTZUBEREITUNGSZEIT: 50 MINUTEN | FÜR 6 PERSONEN

185 g gesiebtes Mehl (Type 550)
125 g kalte Butter, gewürfelt
2 EL Puderzucker
1 Eigelb
1 EL eiskaltes Wasser

FÜLLUNG
250 g Zucker
750 g Rhabarber, klein geschnitten
2 große Äpfel, geschält, entkernt, gewürfelt
2 TL abgeriebene Schale einer Bio-Zitrone
3 eingelegte Ingwerwurzeln, in feine Scheiben geschnitten
2 TL Zucker
1 Prise Zimt

1 Mehl, Butter und Puderzucker in der Küchenmaschine krümelig rühren. Eigelb und Wasser dazugeben und alles zu einem glatten Teig mixen. Den Teig mit Frischhaltefolie bedecken und 15 Minuten kalt stellen.

2 Den Backofen auf 190 °C vorheizen. Den Teig zu einem Kreis mit etwa 35 cm Durchmesser ausrollen und eine flache Kuchenform mit etwa 20 cm Durchmesser so auslegen, dass der Teig gleichmäßig über den Formrand ragt. Während der Teig nochmals im Kühlschrank ruht, die Füllung vorbereiten.

3 Den Zucker mit 125 ml Wasser 4–5 Minuten in der Pfanne erhitzen, bis eine sirupartige Mischung entsteht. Rhabarber, Apfel, abgeriebene Zitronenschale und Ingwer einrühren und zugedeckt 5 Minuten köcheln lassen, bis der Rhabarber gar ist, aber noch nicht zerfällt.

4 Die Flüssigkeit abgießen und den Rhabarber abkühlen lassen. Dann auf den Teigboden verteilen und mit Zucker und Zimt bestreuen. Die Teigränder über der Füllung locker einschlagen und den Kuchen 40 Minuten goldbraun backen.

Die Rhabarbermischung köcheln lassen, bis der Rhabarber weich ist, aber noch nicht zerfällt.

Die Teigränder über der Füllung lose einschlagen, sodass in der Mitte eine offene Fläche entsteht.

NÄHRWERTE PRO PERSON
513 kcal; 6 g Eiweiß; 20 g Fett; 82 g Kohlenhydrate; 6 g Ballaststoffe; 83 mg Cholesterin

Feigen-Nuss-Pie

VORBEREITUNGSZEIT: 40 MINUTEN + KÜHLZEIT: 20 MINUTEN | GESAMTZUBEREITUNGSZEIT: 1 STUNDE | FÜR 8 PERSONEN

375 g fertiger süßer Mürbeteig
200 g Haselnusskerne
100 g Pinienkerne
100 g Mandelblättchen
100 g geschälte Mandelkerne
150 g Sahne
60 g Butter
90 g Honig
95 g brauner Zucker
150 g getrocknete Feigen, geviertelt

1 Den Backofen auf 200 °C vorheizen und eine feuerfeste Form mit 20 cm Durchmesser einfetten. Den Teig zwischen zwei Schichten Backpapier auf die Größe der Form ausrollen, die Form damit auslegen und Teigüberhänge mit einem scharfen Messer abschneiden. Den Teigboden mit einer Gabel mehrmals einstechen und den Rand mit Rillen dekorieren. 20 Minuten kalt stellen, dann 15 Minuten blindbacken, bis der Teig fest und goldgelb ist. Abkühlen lassen.

2 Während der Teigboden abkühlt, Haselnusskerne auf einem Backblech 8 Minuten rösten, bis sich die Haut leicht ablösen lässt, auf einem Küchentuch ausbreiten, etwas abkühlen lassen und die Haut abreiben. Pinienkerne, Mandelblättchen und geschälte Mandelkerne auf das Backblech geben und 5–6 Minuten goldgelb rösten.

3 Sahne, Butter, Honig und Zucker in einem Topf bei mittlerer Hitze unter Rühren erwärmen, bis sich der Zucker auflöst und die Butter schmilzt. Vom Herd nehmen, Nusskerne und Feigenstücke unterrühren und die Mischung auf dem Teigboden verteilen. Die Pie 30 Minuten goldbraun backen, bis die Füllung fest ist. Vor dem Aufschneiden abkühlen lassen.

Den Teig dünn ausrollen und die Form damit auslegen, sodass der Teig über den Formrand ragt.

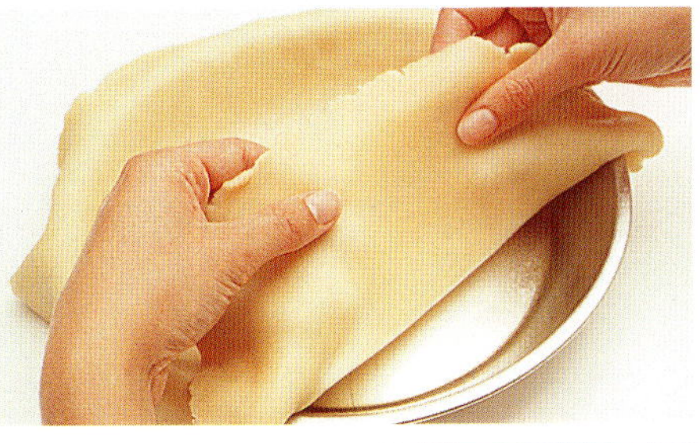

Die Nuss-Feigen-Mischung auf dem vorgebackenen Teigboden verteilen.

NÄHRWERTE PRO PERSON
725 kcal; 11 g Eiweiß; 57 g Fett; 44 g Kohlenhydrate; 5,5 g Ballaststoffe; 57 mg Cholesterin

Birnen-Pie mit Pekannüssen

VORBEREITUNGSZEIT: 25 MINUTEN + KÜHLZEIT: 40 MINUTEN + ABKÜHLZEIT | GESAMTZUBEREITUNGSZEIT: 50 MINUTEN | FÜR 6 PERSONEN

250 g Mehl Type 550
¼ TL Salz
100 g kalte Butter, gewürfelt
65 g kaltes Kokosfett, gewürfelt
2 TL feiner Zucker
3–4 EL eiskaltes Wasser

FÜLLUNG

40 g Butter
180 g Golden Syrup (heller Zuckerrohrsirup) oder eine Mischung aus Honig und dunklem Maissirup
2 EL Speisestärke
¼ TL gemahlener Ingwer
½ TL abgeriebene Schale einer Bio-Zitrone
½ TL Lebkuchengewürz
4 Birnen, geschält, entkernt und in dünne Spalten geschnitten
100 g Pekannusskerne, gehackt
1 EL feiner Zucker
1 EL gemahlene Pekannusskerne
1 EL Zucker
1 Ei, leicht verquirlt

1 Für den Teig Mehl und Salz in eine große Schüssel sieben, Butter und Kokosfett hinzugeben und mit den Fingern zu einer krümeligen Masse verreiben. Zucker unterrühren, in die Mitte eine Mulde drücken und den Großteil des Wassers zugießen. Mit dem Messer alles zu einem glatten Teig verhacken und bei Bedarf mehr Wasser zugeben.

2 Den Teig auf einer bemehlten Arbeitsfläche zu einer Kugel kneten, flachdrücken, in Frischhaltefolie wickeln und 20 Minuten kalt stellen.

3 Backofen auf 200 °C vorheizen und ein Backblech darin erwärmen. Eine runde, feuerfeste Form mit etwa 18 cm Durchmesser einfetten. Zwei Drittel des Teigs auf die Größe der Form ausrollen, die Form damit auslegen und Teigränder abschneiden. Mit Frischhaltefolie bedecken, weitere 20 Minuten kalt stellen.

4 Für die Füllung Butter und Sirup vorsichtig bei mittlerer Hitze erwärmen, rasch nacheinander Speisestärke, Ingwer, Zitronenschale und Lebkuchengewürz zugeben und rühren, bis eine glatte Masse entsteht. Birnenstücke, und die Hälfte der gehackten Pekannusskerne einrühren und 5 Minuten garen, bis die Birne weich ist. Vollständig abkühlen lassen.

5 Die übrigen gehackten Nusskerne mit dem feinen Zucker vermischen und den Teigboden damit bestreuen, dann die Füllung darauf geben.

6 Gemahlene Pekannusskerne und Zucker verrühren. Den übrigen Teig zu einem Teigdeckel ausrollen und auf der Arbeitsfläche mit verquirltem Ei bestreichen. Aus Backpapier breite Streifen schneiden und in großen Abständen auf den Teigdeckel legen. Die freien Flächen mit der Pekannuss-Zucker-Mischung bestreuen und mit dem Nudelholz vorsichtig festrollen. Backpapierstreifen entfernen und den Deckel auf die Pie legen. Die Teigränder gut verschließen und überstehenden Teig abschneiden.

7 Auf dem heißen Backblech auf mittlerer Schiene 20 Minuten backen, dann die Backtemperatur auf 180 °C reduzieren, die Pie mit Alufolie bedecken und weitere 20 Minuten backen. In der Form etwas abkühlen lassen und warm oder bei Zimmertemperatur servieren.

NÄHRWERTE PRO PERSON
595 kcal; 7 g Eiweiß; 34 g Fett; 69 g Kohlenhydrate; 5 g Ballaststoffe; 62 mg Cholesterin

Speisestärke, Ingwer, Zitronenschale und Lebkuchengewürz unter die Sirupmischung rühren.

Pie mit Papierstreifen abdecken, die freien Flächen mit gemahlenen Nusskernen und Zucker bestreuen.

Backpapierstreifen vorsichtig abziehen und darauf achten, dass die Nuss-Garnierung nicht verrutscht.

Pfirsich-Pie

VORBEREITUNGSZEIT: 35 MINUTEN + KÜHLZEIT: 20 MINUTEN | GESAMTBACKZEIT: 1 STUNDE | FÜR 6–8 PERSONEN

- 500 g fertiger süßer Mürbeteig
- 2 Dosen Pfirsiche in Spalten (à 825 g), abgegossen
- 125 g feiner Zucker plus 1 EL Zucker zum Bestreuen
- 30 g Speisestärke
- ¼ TL Mandelextrakt (Mandelaroma)
- 20 g Butter in Flöckchen
- 1 EL Milch
- 1 Ei, leicht verquirlt

1 Zwei Drittel des Teigs zwischen zwei Schichten Backpapier ausrollen und eine runde, feuerfeste Form mit etwa 18 cm Durchmesser damit auslegen. An den Seiten gut festdrücken und überstehende Teigränder abschneiden. 20 Minuten kalt stellen.

2 Den Backofen auf 200 °C vorheizen. Den Teigboden mit Backpapier und einer Schicht Reis oder getrockneten Hülsenfüchten bedecken und 10 Minuten blindbacken, dann Reis und Papier entfernen und weitere 5 Minuten backen, bis der Boden fest und goldgelb ist. Abkühlen lassen.

3 Pfirsiche mit Zucker, Stärke und Mandelextrakt verrühren und mit dem Löffel auf dem Teigboden verteilen. Mit Butterflöckchen belegen und die Teigränder mit Milch bestreichen.

4 Den übrigen Teig auf etwa 25 x 25 cm ausrollen und mit einem geriffelten Teigrädchen in zehn 2,5 cm breite Streifen schneiden. Aus den Streifen einen Gitterdeckel formen und an den Rändern gut festdrücken, überstehende Teigstücke abschneiden. Das Teiggitter mit Ei bestreichen und mit Zucker bestreuen. 10 Minuten backen, dann die Backtemperatur auf 180 °C reduzieren und weitere 30 Minuten goldbraun backen.

Für den Belag Zucker, Stärke und Mandelextrakt unter die Pfirsichspalten rühren.

Den übrigen Teig in gleichmäßige Streifen schneiden und daraus ein Gitter über die Pie legen.

NÄHRWERTE PRO PERSON

525 kcal; 7 g Eiweiß; 25 g Fett; 70 g Kohlenhydrate; 3 g Ballaststoffe; 62 mg Cholesterin

Schokoladen-Pie mit Erdnussbutter

VORBEREITUNGSZEIT: 30 MINUTEN + KÜHLZEIT: 4 STUNDEN 15 MINUTEN | GARNIERZEIT: 5 MINUTEN | FÜR 10–12 PERSONEN

200 g Schokoladenkekse, zerkrümelt
60 g zerlassene Butter plus 3 TL Butter
250 g Frischkäse
90 g Puderzucker, gesiebt
125 g weiche Erdnussbutter
1 TL Vanilleextrakt
300 g Sahne, steif geschlagen plus 60 g Sahne
100 g Zartbitter-Schokolade, gerieben
gehackte, geröstete Wal- oder Haselnusskerne zum Garnieren

1 Kekse zerkrümeln und mit der zerlassenen Butter verrühren. Die Mischung in einer tiefen, feuerfesten Form mit 18 cm Durchmesser verteilen und festdrücken. 15 Minuten kalt stellen.

2 Frischkäse und Puderzucker mit dem Handrührgerät glatt rühren, mit Erdnussbutter und Vanilleextrakt mixen. Ein wenig geschlagene Sahne unterheben, bis eine glatte Masse entsteht, dann nach und nach die übrige geschlagene Sahne unterheben.

3 Zwei Drittel der Füllung auf dem Teigboden verteilen und glatt streichen. Pie und übrige Füllung 2 Stunden kalt stellen, bis die Masse fest ist.

4 Sahne und Butter in einem kleinen Topf bei mittlerer Hitze erwärmen, bis die Butter geschmolzen ist und die Sahne köchelt. Vom Herd nehmen und die geriebene Schokolade einrühren, bis die Masse geschmeidig ist. Auf Zimmertemperatur abkühlen lassen und über die Teigfüllung geben, bei Bedarf mit einem in heißes Wasser getauchten Teigspachtel glatt streichen. Weitere 2 Stunden kühlen, bis die Glasur fest ist. Die restliche Füllung 30 Minuten vor dem Servieren aus dem Kühlschrank nehmen.

5 Füllung in eine Spritztüte füllen und kleine Rosetten auf die Pie spritzen, mit den Nusskernen garnieren. Achtung: Die Pie ist sehr gehaltvoll.

Die geschlagene Sahne nach und nach unter die Erdnussbutter-Mischung heben.

Die Schokoladenmischung etwas abkühlen lassen, auf dem Kuchen verteilen und glatt streichen.

NÄHRWERTE PRO PERSON (10)
435 kcal; 7 g Eiweiß; 35 g Fett; 25 g Kohlenhydrate; 1,5 g Ballaststoffe; 76 mg Cholesterin

Walnuss-Pie mit Karamellsauce

VORBEREITUNGSZEIT: 40 MINUTEN + KÜHLZEIT | GESAMTZUBEREITUNGSZEIT: 40 MINUTEN | FÜR 8 PERSONEN

250 g Mehl Type 550
½ TL Salz
180 g kalte Butter, gewürfelt
40 g Puderzucker
1 Eigelb plus 1 Eigelb, leicht verqirlt, zum Bestreichen
3–4 EL eiskaltes Wasser
Puderzucker und Walnusskerne zum Garnieren

NUSSFÜLLUNG
2 Eier
200 g feiner Zucker
150 g Walnusskerne, fein gehackt

KARAMELLSAUCE
20 g Butter
140 g brauner Zucker
1 TL Vanilleextrakt
100 g Sahne

1 Mehl und Salz in eine große Schüssel sieben und zusammen mit der Butter mit den Fingern zu einer krümeligen Masse verreiben. Puderzucker unterrühren. In die Mitte eine Mulde drücken, 1 Eigelb und den Großteil des Wassers hineingeben und alle Zutaten verhacken, bis ein glatter Teig entsteht. Bei Bedarf mehr Wasser zugeben.

2 Den Teig auf einer leicht bemehlten Arbeitsfläche rasch zu einer Kugel kneten und zu einer dicken Scheibe formen. In Frischhaltefolie wickeln und 20 Minuten kalt stellen.

3 Den Backofen auf 180 °C vorheizen und eine flache, eckige Tarteform (etwa 35 x 11 cm) leicht einfetten. Für die Füllung Eier und Zucker mit einem Löffel verrühren und 2 Minuten mit dem Handrührgerät steif schlagen. Walnusskerne unterheben.

4 Den Teig in zwei ungleich große Hälften teilen und die größere Portion auf etwas mehr als den Durchmesser der Tarteform ausrollen. Boden und Seiten der Form damit auslegen und mit Frischhaltefolie bedecken. Den übrigen Teig zu einem Deckel ausrollen.

5 Die Walnussfüllung auf den Teigboden geben und die Ränder mit dem übrigen Eigelb bestreichen. Den Teigdeckel auf die Pie legen und an den Rändern gut festdrücken. Teigüberhänge mit dem Messer entfernen. In die Mitte des Deckels ein Loch schneiden, damit Dampf entweichen kann, und den Deckel mit Eigelb bestreichen. 30–35 Minuten backen und mindestens 1 Stunde bei Zimmertemperatur abkühlen lassen.

6 Für die Karamellsauce Butter, braunen Zucker, Vanilleextrakt und Sahne unter Rühren 5 Minuten erhitzen, bis eine dickflüssige Masse entsteht. Die Pie mit Puderzucker bestäuben und mit Walnusskernen bestreuen. Vor dem Servieren mit Karamellsauce beträufeln.

NÄHRWERTE PRO PERSON
800 kcal; 9 g Eiweiß; 50 g Fett; 84 g Kohlenhydrate; 2,5 g Ballaststoffe; 193 mg Cholesterin

Walnussfüllung auf dem Teigboden verteilen und die Ränder mit verquirltem Eigelb bestreichen.

Für die Karamellsauce Butter, Zucker, Vanilleextrakt und Sahne erhitzen und eindicken lassen.

Limettenkuchen

VORBEREITUNGSZEIT: 25 MINUTEN + KÜHLZEIT: 2 STUNDEN | GESAMTZUBEREITUNGSZEIT: 25 MINUTEN | FÜR 8 PERSONEN

125 g Vollkornkekse
90 g zerlassene Butter
4 Eigelb
400 g Kondensmilch
125 ml Limettensaft
2 TL abgeriebene Schale einer Bio-Limette
250 ml Sahne zum Servieren

1 Vollkornkekse in der Küchenmaschine etwa 30 Sekunden krümelig mixen und in einer Schüssel mit der zerlassenen Butter gut verrühren. Die Mischung in eine runde, feuerfeste Form mit etwa 23 cm Durchmesser füllen und gut festdrücken. Kühl stellen, bis die Masse fest ist. Den Backofen auf 180 °C vorheizen.

2 Eigelbe, Kondensmilch, Limettensaft und -schale mit dem Handrührgerät 1 Minute verrühren, auf dem Teigboden verteilen und glattstreichen. 20–25 Minuten backen, bis die Füllung stockt.

3 Die Pie weitere 2 Stunden im Kühlschrank ruhen lassen. Gekühlt mit geschlagener Sahne servieren.

NÄHRWERTE PRO PERSON

385 kcal; 9 g Eiweiß; 19 g Fett; 47 g Kohlenhydrate; 1 g Ballaststoffe; 120 mg Cholesterin

Die Vollkornkekse in der Küchenmaschine krümelig mixen.

Die Butter-Keks-Mischung in einer feuerfesten Form verteilen und gut festdrücken.

Eigelbe, Kondensmilch, Limettensaft und -schale mit dem Handrührgerät glatt rühren.

Heidelbeer-Pie

VORBEREITUNGSZEIT: 30 MINUTEN + KÜHLZEIT: 20 MINUTEN | GESAMTZUBEREITUNGSZEIT: 30 MINUTEN | FÜR 6–8 PERSONEN

185 g Mehl Type 550
100 g kalte Butter, gewürfelt
2 TL abgeriebene Schale einer Bio-Orange
1 EL feiner Zucker
2–3 EL eiskaltes Wasser

FÜLLUNG
40 g Amaretti oder dünne Mandelkekse, zerkrümelt
60 g Mehl Type 550
1 TL Zimt
90 g feiner Zucker
500 g Heidelbeeren
Milch zum Bestreichen

1 Mehl in eine große Schüssel sieben und mit der Butter zu einer krümeligen Masse verreiben. Abgeriebene Orangenschale und Zucker unterrühren. In die Mitte eine Mulde drücken, den Großteil des Wassers hineingießen und alles zu einem glatten Teig verrühren. Wenn der Teig zu krümelig ist, mehr Wasser zugeben. Den Teig auf einer bemehlten Arbeitsfläche zu einer Kugel kneten, in Frischhaltefolie wickeln und 20 Minuten kalt stellen.

2 Den Backofen auf 200 °C vorheizen. Für die Füllung die zerkrümelten Kekse mit Mehl, Zimt und 1½ Esslöffeln Zucker verrühren. Den Teig auf einen Kreis mit 36 cm Durchmesser ausrollen und die Keksmischung darauf verteilen. Dabei einen Rand von etwa 4 cm frei lassen. Die Heidelbeeren auf der Keksmischung verteilen und die Teigenden einschlagen, sodass ein Rand entsteht.

3 Die Teigränder mit Milch bestreichen und die Heidelbeeren mit dem übrigen Zucker bestreuen. 30 Minuten knusprig goldbraun backen und bei Zimmertemperatur servieren.

NÄHRWERTE PRO PERSON (8)
325 kcal; 4 g Eiweiß; 13 g Fett; 51 g Kohlenhydrate; 3 g Ballaststoffe; 33 mg Cholesterin

Die Keksmischung auf dem Teigkreis verteilen und dabei einen breiten Rand frei lassen.

Die Heidelbeeren auf der Keksmischung verteilen, die freien Teigenden zu einem Rand einschlagen.

Quitten-Pie mit Sirup

VORBEREITUNGSZEIT: 50 MINUTEN + KÜHLZEIT: 20 MINUTEN | GESAMTZUBEREITUNGSZEIT: 3 STUNDEN | FÜR 6–8 PERSONEN

440 g Roh-Rohrzucker
1 Vanilleschote, längs halbiert
6 Kardamomkapseln, zerdrückt
2 Sternanis
1 Zimtstange
2 kg Quitten, geschält, entkernt und in dicke Spalten geschnitten

TEIG
200 g Mehl Type 550
1 TL Backpulver
1 Prise Salz
100 g gekühltes Schweineschmalz, in Flöckchen
1–2 EL eiskaltes Wasser
2 EL Milch
¼ TL Zimt
2 TL feiner Zucker

1 Zucker, Vanilleschotenstücke, Kardamomkapseln, Sternanis und Zimtstange in einem Suppentopf oder einem großen Topf mit 1 Liter Wasser aufgießen und bei schwacher Hitze rühren, bis sich der Zucker auflöst. Quittenstücke zugeben und zum Kochen bringen, dann die Hitze reduzieren und alles 2 Stunden köcheln lassen, bis die Quitten weich und orangefarben sind.

2 Die Quitten abschöpfen und beiseite stellen. Die Flüssigkeit durch ein Sieb gießen, zurück in den Topf geben und 10 Minuten aufkochen, bis sie eindickt und sirupartig wird.

3 Den Backofen auf 200 °C vorheizen. Für den Teig Mehl und Backpulver mit Salz in eine große Schüssel sieben, Schweineschmalz zugeben und mit den Fingern zu einer krümeligen Masse verreiben. In die Mitte eine Mulde drücken, Wasser zugeben und alles zu einem glatten Teig verrühren. Bei Bedarf mehr Wasser zufügen.

4 Den Teig locker zusammenkneten, auf einer leicht bemehlten Arbeitsfläche zu einer Kugel kneten und daraus eine dicke Scheibe formen. Mit Frischhaltefolie abdecken und 20 Minuten kalt stellen.

5 Die Quitten in eine runde, feuerfeste Form mit etwa 20 cm Durchmesser füllen und etwa 125 ml Sirup darübergeben. Den Teig auf die Größe der Backform ausrollen und als Deckel über die Quittenfüllung legen. An den Formrändern mit den Fingern festdrücken und Teigüberhänge entlang des Formrandes abschneiden. Den Teigdeckel mehrmals einstechen, damit Dampf entweichen kann, aus den Teigresten Verzierungen ausstechen und die Pie damit belegen. Den Deckel mit Milch bestreichen und mit Zimt und Zucker bestreuen. Die Pie auf ein Backblech stellen und 35–40 Minuten knusprig und goldgelb backen. Den übrigen Sirup im Topf aufwärmen und mit der Pie servieren.

NÄHRWERTE PRO PERSON (8)
395 kcal; 4 g Eiweiß; 13 g Fett; 67 g Kohlenhydrate; 12 g Ballaststoffe; 13 mg Cholesterin

Die Quitten in einer tiefen Backform verteilen und eine kleine Menge Sirup darübergeben.

Teig zu einem Deckel ausrollen, Quitten damit bedecken und Teig an den Rändern festdrücken.

Kirsch-Pie

VORBEREITUNGSZEIT: 25 MINUTEN + KÜHLZEIT: 15 MINUTEN | GESAMTBACKZEIT: 40 MINUTEN | FÜR 6–8 PERSONEN

150 g Mehl Type 550
30 g Puderzucker
60 g gemahlene Mandelkerne
100 g kalte Butter, gewürfelt
3 EL eiskaltes Wasser
2 x 700 g Sauerkirschen aus dem Glas, entkernt und abgegossen
1 Ei, leicht verquirlt
feiner Zucker zum Bestreuen

1 Mehl und Puderzucker in eine Schüssel sieben und gemahlene Mandelkerne unterrühren. Butter zugeben und mit den Fingern zu einem krümeligen Teig verreiben. Den Großteil des Wassers hinzufügen und alles verrühren, sodass ein geschmeidiger Teig entsteht. Bei Bedarf mehr Wasser zugeben.

2 Den Teig auf einer leicht bemehlten Arbeitsfläche glatt kneten und zu einem Kreis mit etwa 25 cm Durchmesser ausrollen. Mit Frischhaltefolie abdecken und etwa 15 Minuten kalt stellen.

3 Den Backofen auf 200 °C vorheizen. Die abgegossenen Sauerkirschen in eine tiefe, feuerfeste Form mit etwa 23 cm Durchmesser füllen und mit dem Teigkreis bedecken. Überhängende Teigränder abschneiden, neu ausrollen und daraus Verzierungen ausstechen. Den Teigdeckel mit verquirltem Ei bestreichen, die Dekoration darauflegen und die Pie mit Zucker bestreuen. Die Pie auf einem Backblech 35–40 Minuten goldgelb backen.

Die Butter zur Mehlmischung hinzufügen und mit den Fingern zu einer krümeligen Masse verreiben.

Den Teigdeckel mit verquirltem Ei bepinseln und mit den Teigresten verzieren.

NÄHRWERTE PRO PERSON (8)

295 kcal; 5 g Eiweiß; 14 g Fett; 37 g Kohlenhydrate; 4 g Ballaststoffe; 54 mg Cholesterin

Apfelstrudel

VORBEREITUNGSZEIT: 20 MINUTEN | GESAMTZUBEREITUNGSZEIT: 30 MINUTEN | FÜR 8–10 PERSONEN

4 grüne, säuerliche Äpfel
30 g Butter
2 EL Orangensaft
1 EL Honig
3 EL Zucker
90 g Sultaninen
2 Platten fertiger Blätterteig
3 EL gemahlene Mandelkerne
1 Ei, leicht verquirlt
2 EL brauner Zucker
1 TL Zimt

1 Den Backofen auf 220 °C vorheizen und zwei Backbleche leicht einfetten. Die Äpfel schälen, entkernen und grob würfeln. Butter in einer Pfanne erhitzen, die Apfelstücke darin 2 Minuten bräunen. Orangensaft, Honig, Zucker und Sultaninen hinzugeben und unter Rühren garen, bis der Zucker sich auflöst und die Äpfel bissfest sind. Vollständig abkühlen lassen.

2 Ein Stück Blätterteig auf einer glatten Arbeitsfläche aufbreiten, in der Mitte falten und entlang der Faltlinie im Abstand von 2 cm einschneiden. Den Teig wieder auffalten und mit der Hälfte der gemahlenen Mandelkerne bestreuen. Die Flüssigkeit von der Apfelmischung abgießen und die Mischung in der Mitte des Teigblatts verteilen. Die Außenränder mit Ei bestreichen, einschlagen und gut festdrücken.

3 Den Strudel mit der Einschnittfläche nach oben auf ein Backblech legen, mit Ei bestreichen und mit braunem Zucker und Zimt bestreuen. Aus dem zweiten Teigblatt und den übrigen Zutaten einen zweiten Strudel formen. Die Strudel 20–25 Minuten goldgelb und knusprig backen.

VARIANTE: *Statt Äpfeln können Sie auch andere frische Früchte oder Obst aus dem Glas, wie Birnen, Kirschen oder Aprikosen verwenden.*

NÄHRWERTE PRO PERSON (8)
337 kcal; 5 g Eiweiß; 18 g Fett; 45 g Kohlenhydrate; 4 g Ballaststoffe; 42 mg Cholesterin

Das Teigblatt in der Mitte falten und entlang der Faltlinie im Abstand von 2 cm einschneiden.

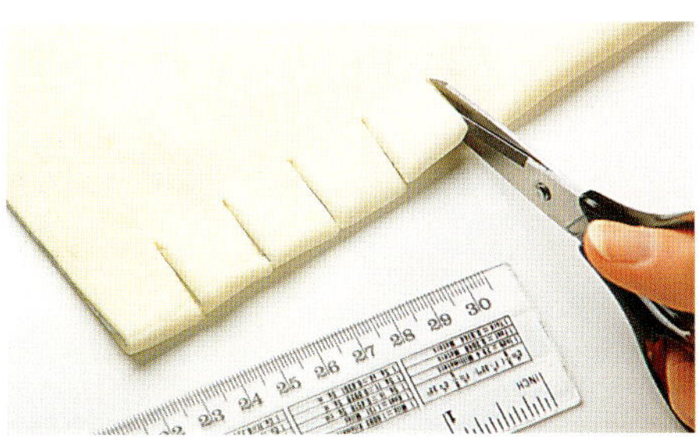

Strudel mit der Einschnittfläche nach oben auf das Blech legen und mit Zucker und Zimt bestreuen.

Rhabarber-Pie

VORBEREITUNGSZEIT: 40 MINUTEN + KÜHLZEIT: 30 MINUTEN + ABKÜHLZEIT | GESAMTZUBEREITUNGSZEIT: 1 STUNDE | FÜR 6 PERSONEN

330 g Mehl Type 550
½ TL Salz
40 g kalte Butter, gewürfelt
85 g kaltes Kokosfett, gewürfelt
2 EL Puderzucker
150 ml eiskaltes Wasser

FÜLLUNG
1,5 kg Rhabarber, geputzt und geschnitten
250 g feiner Zucker
½ TL Zimt
2½ EL Speisestärke
30 g Butter, in kleine Würfel geschnitten
1 Ei, leicht verquirlt
Puderzucker zum Bestäuben

1 Eine feuerfeste Form mit etwa 20 cm Durchmesser einfetten. Mehl mit Salz in eine große Schüssel sieben und mit Butter und Kokosfett zu einer feinkrümeligen Masse verreiben. Puderzucker unterheben, In die Mitte eine Mulde drücken und den Großteil des Wassers zugeben. Mit einem Messer zu einem glatten Teig verhacken, bei Bedarf mehr Wasser zugeben.

2 Den Teig auf einer leicht bemehlten Arbeitsfläche zu einer Kugel kneten und zu einer dicken Scheibe formen. In Frischhaltefolie wickeln und etwa 30 Minuten kalt stellen.

3 Für die Füllung Rhabarberstücke, Zucker, Zimt und 2 Esslöffel Wasser bei geringer Hitze verrühren, bis sich der Zucker auflöst. Zugedeckt weitere 5–8 Minuten köcheln lassen und gelegentlich rühren, bis der Rhabarber weich ist. Speisestärke mit 60 ml Wasser verrühren, zugeben, die Mischung zum Kochen bringen und rühren, bis sie eindickt. Abkühlen lassen.

4 Den Backofen auf 180 °C vorheizen und ein Backblech darin erwärmen. Zwei Drittel des Teigs zu einem Kreis mit 30 cm Durchmesser ausrollen und die Form damit auslegen. Die Rhabarbermischung darauf verteilen und kleine Butterwürfel darübergeben.

5 Den restlichen Teig zu einem Deckel ausrollen, die Teigränder mit Ei bestreichen und den Deckel auf die Pie legen. Teigüberhänge abschneiden und den Deckel einmal in der Mitte einschneiden. Mit den Teigresten verzieren, mit Ei bestreichen und auf dem heißen Backblech 35–40 Minuten goldgelb backen. Vor dem Servieren mit Puderzucker bestäuben.

NÄHRWERTE PRO PERSON
545 kcal; 7,5 g Eiweiß; 22 g Fett; 82 g Kohlenhydrate; 6 g Ballaststoffe; 55 mg Cholesterin

Die Rhabarberfüllung köcheln lassen und gelegentlich umrühren, bis die Früchte weich sind.

Ränder des Teigbodens mit Ei bestreichen, Teigdeckel darüberlegen und die Ränder festdrücken.

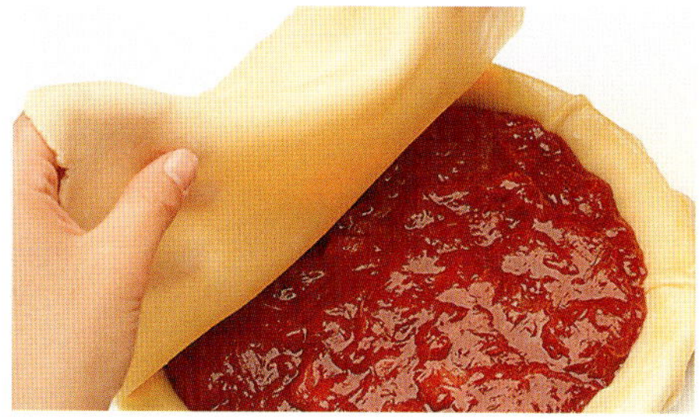

Kleine Mandelkuchen

VORBEREITUNGSZEIT: 20 MINUTEN | GESAMTZUBEREITUNGSZEIT: 25 MINUTEN | ERGIBT 8 STÜCK

30 g Mandelblättchen
60 g weiche Butter
60 g Puderzucker
60 g gemahlene Mandelkerne
30 g Mehl Type 550
1 Ei
½ EL Rum
¼ TL Vanilleextrakt
4 Platten fertiger Blätterteig
1 Ei, leicht verquirlt
1 EL Zucker zum Bestreuen

1 Den Backofen auf 200 °C vorheizen. Die Mandelblättchen auf einem Backblech verteilen und im Ofen 2–3 Minuten goldbraun rösten, dann vom Backblech nehmen und das Blech im Backofen warm halten.

2 Mit dem Handrührgerät Butter, Puderzucker, gemahlene Mandelkerne, Mehl, Eier, Rum und Vanilleextrakt 2–3 Minuten zu einer glatten Masse mixen. Die Mandelblättchen unterheben.

3 Aus dem Blätterteig 8 Teigkreise mit je 10 cm und weitere 8 Kreise mit je 11 cm Durchmesser ausschneiden. Die kleineren Kreise mit der Mandelfüllung bestreichen und ringsherum einen schmalen Rand frei lassen. Die Ränder mit Ei bestreichen und die größeren Teigkreise darauflegen. Die Ränder mit der Gabel festdrücken und die Deckel einstechen, damit Dampf entweichen kann. Mit dem übrigen Ei bestreichen und mit Zucker bestreuen. Auf dem vorgewärmten Backblech 15–20 Minuten backen, bis der Teig aufgeht und bräunt.

Die Mandelfüllung gleichmäßig auf die 8 Blätterteigböden verteilen.

Die Teigdeckel auf den Kuchen legen und die Ränder mit einer Gabel gut festdrücken.

NÄHRWERTE PRO KUCHEN
655 kcal; 12 g Eiweiß; 46 g Fett; 50 g Kohlenhydrate; 3 g Ballaststoffe; 128 mg Cholesterin

Pflaumen-Cobbler

VORBEREITUNGSZEIT: 25 MINUTEN | GESAMTZUBEREITUNGSZEIT: 40 MINUTEN | FÜR 6 PERSONEN

750 g frische Pflaumen
90 g Zucker
1 TL Vanilleextrakt

TEIG
125 g Mehl
1 TL Backpulver
60 g kalte Butter, gewürfelt
60 g brauner Zucker
60 ml Milch
1 EL feiner Zucker

1 Den Backofen auf 200 °C vorheizen. Die Pflaumen vierteln und entkernen, mit dem Zucker und 2 Esslöffel Wasser in einem Topf zum Kochen bringen und unter Rühren garen, bis sich der Zucker aufgelöst hat.

2 Die Hitze reduzieren und die Pflaumenmischung zugedeckt 5 Minuten köcheln lassen, bis die Früchte weich sind. Nach Belieben die Schalen abziehen. Vanilleextrakt unterrühren und die Pflaumenmischung in eine tiefe, feuerfeste Form (etwa 750 ml Fassungsvermögen) füllen.

3 Für den Teig Mehl in eine große Schüssel sieben und zusammen mit der Butter mit den Fingern zu einer krümeligen Masse verreiben. Braunen Zucker und 2 Esslöffel Milch unterheben und alles zu einem glatten Teig verrühren. Bei Bedarf mehr Milch zugeben.

4 Auf einer leicht bemehlten Arbeitsfläche zu einem geschmeidigen Teig kneten und etwa 1 cm dick ausrollen. Mit dem Teigschneider oder einer Ausstechform Teigkreise mit je 4 cm Durchmesser ausschneiden.

5 Die Füllung entlang des Formrandes mit den Teigkreisen belegen, sodass sie sich überlappen. Den Teig dünn mit Milch bestreichen, mit Zucker bestreuen und im Ofen 30 Minuten backen, bis der Teig durchgebacken und leicht gebräunt ist.

NÄHRWERTE PRO PERSON
295 kcal; 3 g Eiweiß; 9 g Fett; 50 g Kohlenhydrate; 3,5 g Balaststoffe; 25 mg Cholesterin

Mehl in eine große Schüssel sieben und mit der Butter zu einer krümeligen Masse verreiben.

Den Teig etwa 1 cm dick ausrollen und mit einer Ausstechform Kreise ausstechen.

Zitronen-Pie mit Baiserhaube

VORBEREITUNGSZEIT: 30 MINUTEN + KÜHLZEIT: 20 MINUTEN | GESAMTZUBEREITUNGSZEIT: 1 STUNDE | FÜR 6–8 PERSONEN

375 g fertiger süßer Mürbeteig
30 g Mehl Type 550
30 g Speisestärke
230 g feiner Zucker
180 ml Zitronensaft
1 EL abgeriebene Schale einer Bio-Zitrone
50 g Butter, in Flöckchen
6 Eigelb

BAISER-HAUBE

4 Eiweiß
350 g feiner Zucker
1 Prise Weinsteinpulver

NÄHRWERTE PRO PERSON (6)
810 kcal; 11 g Eiweiß; 28 g Fett; 133 g Kohlenhydrate; 1,5 g Ballaststoffe; 217 mg Cholesterin

1 Eine feuerfeste Form mit 18 cm Durchmesser einfetten. Den Teig zu einem Kreis mit 30 cm Durchmesser ausrollen und die Form damit auslegen, überhängende Teigränder abschneiden. Den Teigboden mit einer Gabel mehrmals einstechen und zum Verzieren entlang des Randes mit dem Löffelrand eindrücken. Abgedeckt mindestens 20 Minuten kalt stellen. Den Backofen auf 180 °C vorheizen.

2 Den Teigboden mit Backpapier und einer Schicht Reis oder getrockneten Hülsenfüchten belegen und 15 Minuten blindbacken, Reis und Papier entfernen und weitere 15–20 Minuten backen, bis der Teig fest ist. Abkühlen lassen, Backtemperatur auf 200 °C erhöhen.

3 Für die Zitronenfüllung Mehl, Speisestärke, Zucker, Zitronensaft und -schale in einen Topf geben und nach und nach 300 ml Wasser einrühren. Bei mittlerer Hitze zu einer glatten Masse verquirlen und unter Rühren weitere 2 Minuten eindicken lassen. Vom Herd nehmen, rasch mit Butter und Eigelb mixen. Bei schwacher Hitze erneut erwärmen und unter Rühren 2 Minuten fest werden lassen.

4 Für das Baiser mit dem Handrührgerät Eiweiß, Zucker und Weinsteinpulver etwa 10 Minuten in einer sauberen, trockenen Schüssel mixen, bis eine feste Masse entsteht.

5 Die Füllung auf dem erkalteten Teigboden verteilen und das Baiser daraufgeben, zur Mitte hin etwas höher schichten. Mit dem Messer Muster in die Baiser-Masse ziehen. 12–15 Minuten backen, bis das Baiser leicht bräunt.

Überhängende Teigreste entfernen und den Teig entlang des Randes mit der Löffelspitze verzieren.

Die Baiser-Masse auf der Zitronenfüllung verteilen und mit einem Messer dekorative Spitzen ziehen.

Beeren-Pie

VORBEREITUNGSZEIT: 30 MINUTEN + KÜHLZEIT: 30 MINUTEN | GESAMTZUBEREITUNGSZEIT: 40 MINUTEN | FÜR 4–6 PERSONEN

250 g Mehl Type 550
1 TL Backpulver
125 g kalte Butter, gewürfelt
2 EL feiner Zucker
1 Ei, leicht verquirlt
3–4 EL Milch

FÜLLUNG
2 EL Speisestärke
2–4 EL Zucker nach Geschmack
1 TL abgeriebene Schale einer Bio-Orange
1 EL Orangensaft
600 g Brombeeren (siehe HINWEIS)
1 Eigelb, mit 1 TL Wasser verqirlt

1 Mehl, Backpulver, Butter und Zucker in der Küchenmaschine 30 Sekunden krümelig rühren. Ei und den Großteil der Milch zufügen und weitere 15 Sekunden zu einer glatten Masse vermischen. Bei Bedarf mehr Milch zugeben. Den Teig auf einer leicht bemehlten Arbeitsfläche zu einer Kugel formen und 30 Minuten kalt stellen.

2 Speisestärke, Zucker, Orangenschale und -saft in einem Topf mischen. Die Hälfte der Beeren hinzufügen und bei schwacher Hitze 5 Minuten unter Rühren erwärmen, bis die Masse kocht und eindickt. Abkühlen lassen, die übrigen Beeren zugeben und die Masse in eine feuerfeste Form (etwa 750 ml Fassungsvermögen) füllen.

3 Den Backofen auf 180 °C vorheizen. Den Teig in zwei Hälften teilen und die eine Hälfte zu einem Teigdeckel ausrollen. Über die Füllung legen und Teigüberhänge abschneiden. Aus dem übrigen Teig Herzen ausstechen und die Pie damit dekorieren. Teigdeckel mit Ei bestreichen und die Pie 35 Minuten goldbraun backen.

HINWEIS: *Statt Brombeeren können Sie, je nach Verfügbarkeit, auch Himbeeren, Heidelbeeren und verwandte Sorten verwenden oder mehrere Sorten mischen.*

Wenn die Mischung kocht und eingedickt ist, vom Herd nehmen und die übrigen Beeren unterrühren.

Aus der zweiten Teighälfte verschieden große Herzen ausstechen und die Pie damit dekorieren.

NÄHRWERTE PRO PERSON (6)
470 kcal; 8 g Eiweiß; 20 g Fett; 65 g Kohlenhydrate; 7 g Ballaststoffe; 115 mg Cholesterin

Apfel-Birnen-Pie mit Streuseln

VORBEREITUNGSZEIT: 20 MINUTEN + KÜHLZEIT: 20 MINUTEN | GESAMTZUBEREITUNGSZEIT: 1 STUNDE 10 MINUTEN | FÜR 8 PERSONEN

375 g fertiger Mürbeteig
3 Birnen
4 grüne, säuerliche Äpfel
60 g feiner Zucker
2 TL abgeriebene Schale einer Bio-Orange
90 g Rosinen
1 Prise Salz
60 g Mehl Type 550
60 g brauner Zucker
½ TL gemahlener Ingwer
60 g Butter

1 Den Teig zwischen zwei Schichten Backpapier auf die Größe einer runden, feuerfesten Form mit 18 cm Durchmesser ausrollen, die Form damit auslegen und Teigüberhänge abschneiden. Mit Frischhaltefolie abdecken und 20 Minuten kalt stellen.

2 Während der Teig kühlt, Äpfel und Birnen schälen, entkernen und in kleine Stücke schneiden. In einem großen Topf mit Zucker, abgeriebener Orangenschale und 2 Esslöffeln Wasser vermischen und bei schwacher Hitze unter Rühren 20 Minuten garen, bis die Früchte weich sind, aber noch nicht zerfallen. Vom Herd nehmen, Rosinen und Salz unterrühren und vollständig abkühlen lassen. Die Mischung in die Backform füllen.

3 Den Backofen auf 200 °C vorheizen und ein Backblech darin erwärmen. Für die Streusel Mehl, braunen Zucker und Ingwer in eine Schüssel geben und mit der Butter zu groben Krümeln verreiben. Die Streusel auf der Fruchtfüllung verteilen.

4 Auf dem erwärmten Backblech 10 Minuten backen, dann die Backtemperatur auf 180 °C reduzieren und weitere 40 Minuten backen. Nach 20 Minuten prüfen, ob die Streusel sehr rasch bräunen, und die Pie bei Bedarf mit Alufolie bedecken.

NÄHRWERTE PRO PERSON
490 kcal; 5 g Eiweiß; 22 g Fett; 72 g Kohlenhydrate; 5 g Ballaststoffe; 42 mg Cholesterin

Äpfel und Birnen mit Zucker und Orangenschale erhitzen und unter Rühren weich garen.

Die Streusel dicht auf der Fruchtfüllung verteilen.

Hoher Apfelkuchen

VORBEREITUNGSZEIT: 40 MINUTEN + KÜHLZEIT: 20 MINUTEN | GESAMTZUBEREITUNGSZEIT: 50 MINUTEN | FÜR 6–8 PERSONEN

2 TL Grieß
250 g Mehl Type 550
½ TL Backpulver
½ TL Salz
125 g kalte Butter, gewürfelt
60 g feiner Zucker
1 Ei
3–4 EL eiskaltes Wasser

FÜLLUNG
875 g Äpfel, geschält, entkernt, halbiert und in dünne Spalten geschnitten
60 g feiner Zucker
½ TL Zimt
¼ TL Lebkuchengewürz
1 Ei, getrennt
Roh-Rohrzucker zum Bestreuen
Puderzucker zum Betreuen

NÄHRWERTE PRO PERSON (8)
350 kcal; 5,5 g Eiweiß; 15 g Fett; 51 g Kohlenhydrate; 3,5 g Ballaststoffe; 84,5 mg Cholesterin

1 Eine tiefe, feuerfeste Form mit etwa 19 cm Durchmesser einfetten und Grieß auf dem Boden verteilen. Mehl, Backpulver und Salz in eine große Schüssel sieben und mit der Butter zu einer krümeligen Masse verreiben.Zucker unterheben. In die Mitte eine Mulde drücken, Ei und den Großteil des kalten Wassers zugeben und alles zu einem glatten Teig vermischen. Bei Bedarf mehr Wasser zugeben.

2 Den Teig auf einer leicht bemehlten Arbeitsfläche verkneten und zu einer glatten Scheibe formen. In Frischhaltefolie wickeln und 20 Minuten kalt stellen. Den Backofen auf 200 °C vorheizen.

3 Äpfel, Zucker, Zimt und Lebkuchengewürz in einer großen Schüssel vermischen.

4 Den Teig zu einem Kreis mit etwa 40 cm Durchmesser ausrollen und die Form damit auslegen, sodass die Ränder über die Form ragen. Den Teigboden mit Eigelb bestreichen und die Apfelmischung darauf verteilen.

5 Die Teigränder über der Füllung so einschlagen, dass in der Mitte ein Loch frei bleibt. Die Teigränder falten, sodass ein gleichmäßiger Rand entsteht, mit Eiweiß bestreichen und mit Roh-Rohrzucker bestreuen. 20 Minuten backen, dann die Backtemperatur auf 180 °C reduzieren und weitere 30 Minuten backen, bis der Teig knusprig goldbraun ist. Die Pie mit Alufolie bedecken, falls der Teig zu schnell bräunt. Warm oder lauwarm servieren und vor dem Servieren leicht mit Puderzucker bestreuen.

Die Äpfel schälen, entkernen und in dünne Spalten schneiden.

Kuchen mit Eiweiß bestreichen und zum Schluss mit Roh-Rohrzucker bestreuen.

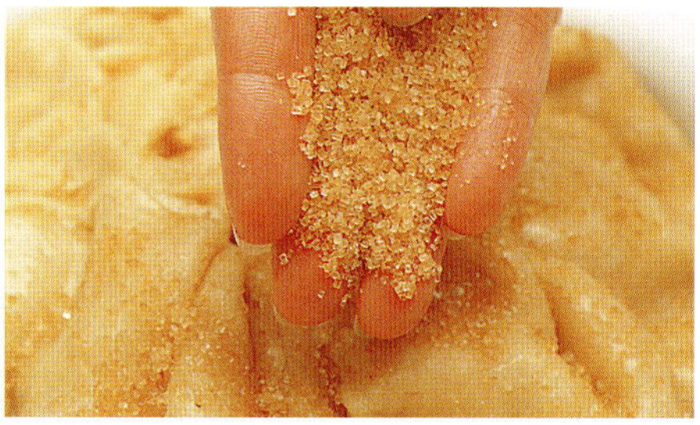

Pflaumen-Pie

VORBEREITUNGSZEIT: 15 MINUTEN + KÜHLZEIT: 20 MINUTEN | GESAMTZUBEREITUNGSZEIT: 55 MINUTEN | FÜR 8 PERSONEN

600 g fertiger süßer Mürbeteig
14 große Pflaumen, halbiert, entsteint und grob gehackt, oder 2 Dosen Pflaumen (à 825 g), abgegossen
95 g brauner Zucker
1 TL abgeriebene Schale einer Bio-Zitrone
1 TL abgeriebene Schale einer Bio-Orange
30 g weiche Butter
2 EL Mehl Type 550
½ TL Zimt
1 Ei, leicht verquirlt
feiner Zucker zum Bestreuen

1 Den Backofen auf 180 °C vorheizen und eine runde, feuerfeste Form mit 23 cm Durchmesser leicht einfetten.

2 Zwei Drittel des Mürbeteigs zwischen zwei Blättern Backpapier ausrollen und die Form damit auslegen. Über den Formrand ragenden Teig abschneiden. Teigboden und den übrigen Teig zudecken und 20 Minuten kalt stellen.

3 Pflaumenstücke, braunen Zucker, abgeriebene Zitronen- und Orangenschale und Butter in einer großen Schüssel verrühren. Mehl und Zimt über die Pflaumenmischung sieben und unterheben. Die Füllung auf dem Teigboden verteilen, den übrigen Teig zu einem Deckel ausrollen und auf die Pie legen. Teigüberhänge abschneiden und entlang des Randes dekorative Wellen formen. Ein Loch in den Teigdeckel stechen, damit Dampf entweichen kann. Die Pie mit Ei bestreichen und etwa 55 Minuten goldbraun backen. Vor dem Servieren mit feinem Zucker bestreuen.

Mehl und Zimt in die Schüssel sieben und unter die Pflaumenmischung heben.

Deckel formen, Teigüberhänge abschneiden und den Rand gleichmäßig festdrücken.

NÄHRWERTE PRO PERSON
445 kcal; 7 g Eiweiß; 23 g Fett; 54 g Kohlenhydrate; 5 g Ballaststoffe; 53 mg Cholesterin

Pekannuss-Kuchen

VORBEREITUNGSZEIT: 30 MINUTEN + KÜHLZEIT: 20 MINUTEN | GESAMTZUBEREITUNGSZEIT: 1 STUNDE 10 MINUTEN | FÜR 6 PERSONEN

185 g Mehl Type 550
125 g kalte Butter, gewürfelt
2–3 EL eiskaltes Wasser

FÜLLUNG
200 g Pekannusskerne
3 Eier, leicht verquirlt
50 g zerlassene Butter, abgekühlt
140 g brauner Zucker
170 ml heller Maissirup
1 TL Vanilleextrakt
1 Prise Salz
Puderzucker zum Bestäuben

1 Mehl und Butter in der Küchenmaschine 20 Sekunden zu einer feinkrümeligen Masse verrühren. Den Großteil des Wassers zugeben und zu einem glatten Teig verrühren, bei Bedarf mehr Wasser hinzufügen. Auf einer leicht bemehlten Arbeitsfläche rasch zu einer Kugel kneten.

2 Den Teig zu einem großen Rechteck ausrollen und eine Tarteform von etwa 35 x 11 cm damit auslegen. Überstehende Teigränder entfernen und in der Form 20 Minuten kalt stellen.

3 Den Backofen auf 180 °C vorheizen. Teigboden mit Backpapier und einer Schicht Reis oder getrockneten Hülsenfüchten belegen und 15 Minuten blindbacken. Reis und Papier entfernen und weitere 10 Minuten backen, bis der Teig fest und goldgelb ist. Gut abkühlen lassen.

4 Pekannusskerne auf dem Teigboden verteilen. Eier, Butter, Zucker, Sirup, Vanilleextrakt und Salz verquirlen und die Mischung vorsichtig auf der Nussschicht verteilen. Aus den Teigresten Dekorationen formen und den Kuchen damit verzieren. Auf ein Backblech stellen und 45 Minuten backen. Mit Puderzucker bestäuben und abkühlen lassen. Bei Zimmertemperatur servieren.

NÄHRWERTE PRO PERSON
676 kcal; 10 g Eiweiß; 53 g Fett; 42 g Kohlenhydrate; 5 g Ballaststoffe; 125 mg Cholesterin

Backform auslegen, überstehende Ränder mit dem Nudelholz abtrennen und in der Form kalt stellen.

Den Boden beschweren, 15 Minuten blindbacken, dann Backpapier und Reis oder Bohnen entfernen.

Apple Pie

VORBEREITUNGSZEIT: 45 MINUTEN + KÜHLZEIT: 20 MINUTEN | GESAMTZUBEREITUNGSZEIT: 1 STUNDE | FÜR 6–8 PERSONEN

6 große grüne Äpfel, geschält, entkernt und in feine Spalten geschnitten
2 EL feiner Zucker
1 TL abgeriebene Schale einer Bio-Zitrone
1 Prise gemahlene Gewürznelken
2 EL Aprikosenkonfitüre
1 Ei, leicht verquirlt
1 EL Zucker

TEIG
300 g Mehl Type 550
75 g Mehl
1 TL Backpulver
180 g kalte Butter, gewürfelt
2½ EL feiner Zucker
6–7 EL eiskaltes Wasser

NÄHRWERTE PRO PERSON (6)
465 kcal; 7 g Eiweiß; 20 g Fett; 60 g Kohlenhydrate; 4 g Ballaststoffe; 95 mg Cholesterin

1 Äpfel mit Zucker, Zitronenschale, Nelken und 2 Esslöffeln Wasser in einem großen Topf erhitzen. Zugedeckt etwa 8 Minuten köcheln lassen und hin und wieder schwenken, bis die Äpfel bissfest sind. Flüssigkeit abgießen und die Äpfel abkühlen lassen.

2 Für den Teig Mehl und Backpulver in eine große Schüssel sieben und mit der Butter zu einer krümeligen Masse verreiben. Zucker gut unterheben. In die Mitte eine Mulde drücken, Wasser zugeben und alles zu einem glatten Teig verhacken. Auf einer bemehlten Arbeitsfläche rasch verkneten und in zwei ungleich große Portionen teilen. In Frischhaltefolie wickeln und 20 Minuten kalt stellen.

3 Den Backofen auf 200 °C vorheizen und eine feuerfeste Form mit etwa 23 cm Durchmesser einfetten. Die größere Teigportion auf die Größe der Form ausrollen, diese damit auslegen und Teigüberhänge abschneiden. Konfitüre auf den Teigboden geben und die Apfelfüllung darauf verteilen. Den übrigen Teig zu einem Deckel ausrollen, Teigränder mit etwas Wasser bestreichen und den Deckel darauflegen. Überhängende Teigreste abschneiden, die Ränder festdrücken und den Deckel einschneiden, damit Dampf entweichen kann.

4 Aus den Teigresten Dekorationen ausstechen. Die Pie damit verzieren, mit Ei bestreichen und mit etwas Zucker bestreuen. 20 Minuten backen, dann die Backtemperatur auf 180 °C reduzieren und weitere 30–35 Minuten goldbraun backen.

Den Teig zum Ausrollen zwischen zwei Blätter Backpapier legen, damit er nicht klebt.

Den ausgerollten Teigboden in die Backform heben und dann das Backpapier abziehen.

Süße Tartes und Törtchen

Zitronentarte

VORBEREITUNGSZEIT: 1 STUNDE + 30 MINUTEN KÜHLZEIT | GESAMTZUBEREITUNGSZEIT: 1 STUNDE 45 MINUTEN | FÜR 8 PERSONEN

125 g Mehl Type 550
1 Prise Salz
75 g weiche Butter
1 Eigelb
2 EL Puderzucker, gesiebt

BELAG
3 Eier
2 Eigelb
180 g feiner Zucker
125 g Sahne
180 ml Zitronensaft
1½ EL abgeriebene Schale einer Bio-Zitrone
2 kleine Bio-Zitronen
140 g Zucker

1 Für den Teig Mehl und Salz in eine große Schüssel sieben und in die Mitte eine Mulde drücken. Butter, Eigelb und Puderzucker hineingeben und darin mit den Fingern verreiben, dann das Mehl nach und nach einarbeiten, bis eine glatte Masse entsteht. Den Teig zu einer Kugel zusammenkneten. Wenn er zu krümelig ist, einige Tropfen Wasser zugeben. Zu einer dicken Scheibe formen und in Frischhaltefolie gewickelt 20 Minuten kalt stellen.

2 Den Backofen auf 200 °C vorheizen und eine flache, runde Tarteform mit etwa 20 cm Durchmesser leicht einfetten.

3 Den Teig etwa 3 mm dünn ausrollen und die Form damit auslegen, Teigüberhänge abschneiden. Den Boden in der Form 10 Minuten kalt stellen; mit Backpapier und einer Schicht Backkugeln, Reis oder getrockneten Hülsenfrüchten bedecken und 10 Minuten backen. Reis und Papier entfernen und 6–8 Minuten trocken und goldgelb backen. Abkühlen lassen.

4 Die Backtemperatur auf 150 °C reduzieren. Eier, 2 Eigelbe und Zucker schlagen, Sahne und Zitronensaft hinzugeben und gut verrühren. In eine Schüssel streichen und Zitronenschale hinzufügen. Die Form auf ein Backblech stellen, die Zitronenfüllung vorsichtig auf dem Teigboden verteilen und die Tarte 40 Minuten auf mittlerer Schiene backen, bis die Füllung fest ist, aber beim Klopfen an die Form noch wackelt. Abkühlen lassen, dann aus der Form nehmen.

5 Zitronen waschen, trocken reiben und in dünne Scheiben schneiden. Zucker mit 200 ml Wasser verrühren und bei schwacher Hitze erwärmen, bis der Zucker sich auflöst. Zitronenscheiben zugeben und bei schwacher Hitze etwa 40 Minuten köcheln lassen, bis die Schalen sehr weich sind und das Fruchtfleisch durchsichtig erscheint. Zitronenscheiben aus dem Topf nehmen, auf Backpapier abtropfen lassen und die Tarte damit dekorieren.

NÄHRWERTE PRO PERSON
422 kcal; 6 g Eiweiß; 18 g Fett; 60 g Kohlenhydrate; 1 g Ballaststoffe; 180 mg Cholesterin

Butter, Eigelb und Puderzucker in der Schüssel verkneten, dann mit dem Mehl vermischen.

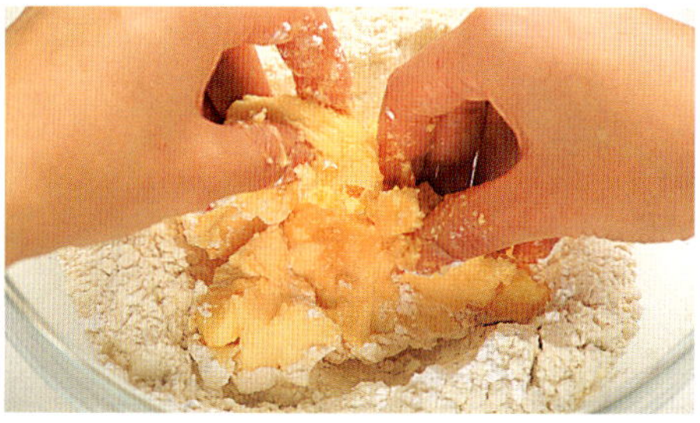

Die Tarte backen, bis die Füllung gestockt ist, aber beim Klopfen an die Form noch wackelt.

Die Zitronenscheiben köcheln lassen, bis die Schalen weich sind und das Fruchtfleisch durchsichtig ist.

Banoffie Pie

VORBEREITUNGSZEIT: 35 MINUTEN + 1 STUNDE 15 MINUTEN KÜHLZEIT | GESAMTZUBEREITUNGSZEIT: 40 MINUTEN | FÜR 8 PERSONEN

150 g Mehl Type 550
2 EL Puderzucker
90 g gemahlene Walnusskerne
80 g kalte Butter, gewürfelt
2–3 EL eiskaltes Wasser

BELAG
400 g Kondensmilch
30 g Butter
1 EL Golden Syrup (heller Zuckerrohrsirup) oder eine Mischung aus Honig und dunklem Maissirup
4 Bananen, in Scheiben geschnitten
375 g Sahne

1 Mehl und Puderzucker in eine Schüssel sieben, gemahlene Walnusskerne unterrühren und mit der Butter zu einer krümeligen Masse verreiben. Wasser zugeben und alles zu einem glatten Teig verrühren. Auf einer bemehlten Arbeitsfläche zu einer Kugel kneten und in Frischhaltefolie gewickelt 15 Minuten kalt stellen. Den Teig auf die Größe einer flachen Tarteform mit 23 cm Durchmesser ausrollen, die Form damit auslegen und Teigüberhänge abschneiden. In der Form 20 Minuten kalt stellen.

2 Den Backofen auf 180 °C vorheizen. Den Teigboden mit Backpapier und einer Schicht Reis oder getrockneten Hülsenfrüchte bedecken und 15 Minuten blindbacken, dann Reis und Papier entfernen und weitere 20 Minuten goldgelb backen. Vollständig abkühlen lassen.

3 Kondensmilch, Butter und Sirup unter Rühren zum Kochen bringen, bis die Mischung eindickt und die Farbe von Karamell annimmt. Während sie abkühlt, die Bananenscheiben auf dem Teigboden verteilen. Die Karamellmischung darübergeben und 30 Minuten kalt stellen.

4 Sahne steif schlagen und löffelweise auf der Pie verteilen. Mit Bananenscheiben garnieren.

Kondensmilch, Butter und Sirup aufkochen, bis es eindickt und die Farbe von Karamell annimmt.

Sahne steif schlagen und löffelweise auf die Karamellschicht geben; mit Bananenscheiben garnieren.

NÄHRWERTE PRO PERSON
700 kcal; 10 g Eiweiß; 45 g Fett; 66 g Kohlenhydrate; 3 g Ballaststoffe; 116 mg Cholesterin

Schokoladen-Mandel-Törtchen

VORBEREITUNGSZEIT: 40 MINUTEN + 20 MINUTEN KÜHLZEIT | GESAMTZUBEREITUNGSZEIT: 15 MINUTEN | ERGIBT 18 STÜCK

125 g Mehl Type 550
60 g kalte Butter, gewürfelt
1 EL Puderzucker
1 EL Zitronensaft

BELAG
1 Ei
90 g feiner Zucker
2 EL Kakaopulver
90 g gemahlene Mandelkerne
3 EL Sahne
3 EL Aprikosenkonfitüre
18 ganze, geschälte Mandelkerne
Puderzucker zum Bestäuben

1 Den Backofen auf 180 °C vorheizen und zwei Mini-Muffinförmchen mit je 12 Mulden leicht einfetten. Mehl, Butter und Puderzucker in der Küchenmaschine 10 Sekunden krümelig rühren, Zitronensaft hinzufügen und mixen, bis sich der Teig zu einer Kugel formt.

2 Den Teig zwischen Backpapier etwa 6 mm dick ausrollen und daraus 18 Teigkreise mit 7 cm Durchmesser oder der Größe der Förmchen ausschneiden, die Förmchen damit auslegen und 20 Minuten kalt stellen.

3 Ei und Zucker mit dem Handrührgerät schaumig schlagen und das Kakaopulver darübersieben. Mit einem flachen Messer gemahlene Mandelkerne und Sahne untermischen.

4 Einen Klecks Aprikosenkonfitüre auf jeden Teigboden setzen und die Kakao-Mandel-Füllung darauf verteilen. Mit je einer geschälten Mandel verzieren. Die Tartes 15 Minuten backen, bis die Füllung aufgeht und oben fest wird. 5 Minuten in der Form ruhen lassen, dann herausnehmen und mit Puderzucker bestreuen.

Mit einem flachen Messer gemahlene Mandelkerne und Sahne unter die Eimischung rühren.

Die Kakaofüllung auf die Muffinförmchen verteilen und mit je einem ganzen Mandelkern verzieren.

NÄHRWERTE PRO TÖRTCHEN
135 kcal; 2 g Eiweiß; 8 g Fett; 15 g Kohlenhydrate; 1 g Ballaststoffe; 23 mg Cholesterin

Honig-Pinienkern-Tarte

VORBEREITUNGSZEIT: 25 MINUTEN + 15 MINUTEN KÜHLZEIT | GESAMTZUBEREITUNGSZEIT: 1 STUNDE | FÜR 6 PERSONEN

250 g Mehl Type 550
1½ EL Puderzucker
115 g kalte Butter, gewürfelt
1 Ei, leicht verquirlt
2 EL eiskaltes Wasser

BELAG
250 g Pinienkerne
180 g Honig
115 g weiche Butter
125 g feiner Zucker
3 Eier, leicht verquirlt
¼ TL Vanilleextrakt
1 EL Mandellikör
1 TL abgeriebene Schale einer Bio-Zitrone
1 EL Zitronensaft
1 Prise Salz
Puderzucker zum Bestäuben

1 Den Backofen auf 190 °C vorheizen und ein Backblech auf mittlerer Schiene erwärmen. Eine runde Tarteform mit 23 cm Durchmesser und etwa 3,5 cm Tiefe leicht einfetten. Mehl und Puderzucker in eine große Schüssel sieben und zusammen mit der Butter mit den Fingern zu einer krümeligen Masse verreiben. In die Mitte eine Mulde drücken, Ei und Wasser zugeben und alles zu einem glatten Teig verrühren.

2 Auf einer leicht bemehlten Arbeitsfläche zu einer Kugel formen und zu einem etwa 3 mm dicken Teigkreis von der Größe der Backform ausrollen. Die Form damit auslegen, Teigüberhänge abschneiden und den Boden mehrmals mit der Gabel einstechen. 15 Minuten kalt stellen und aus den Teigresten Blätter oder andere Muster zum Verzieren ausstechen. Dekoration mit Frischhaltefolie abdecken und kalt stellen.

3 Den Teigboden mit Backpapier und Reis oder getrockneten Hülsenfrüchte beschweren und auf dem heißen Backblech 10 Minuten blindbacken. Herausnehmen.

4 Die Backtemperatur auf 180 °C reduzieren. Pinienkerne auf einem Backblech verteilen und im Ofen 3 Minuten goldbraun rösten. Honig in einem kleinen Topf erhitzen, bis er flüssig wird. Butter und Zucker in einer Schüssel schaumig schlagen und nach und nach unter Rühren das Ei hinzufügen. Honig, Vanilleextrakt, Likör, Zitronenschale und -saft sowie Salz hinzufügen und die Pinienkerne unterheben. Die Füllung auf dem Teigboden verteilen und die Oberfläche glatt streichen. Die Dekoration auflegen.

5 Auf das heiße Backblech stellen und 40 Minuten backen, bis der Teig goldbraun und die Füllung fest ist. Nach 25 Minuten mit Alufolie bedecken, damit sie nicht verbrennt. Mit Puderzucker bestreuen und warm servieren. Nach Belieben mit einem Klecks Crème fraîche, Sahne oder Mascarpone servieren.

NÄHRWERTE PRO PERSON
940 kcal; 14 g Eiweiß; 63 g Fett; 83 g Kohlenhydrate; 3,5 g Ballaststoffe; 217 mg Cholesterin

Mit einem kleinen Teigball den Teig an Boden und Rändern der Form festdrücken.

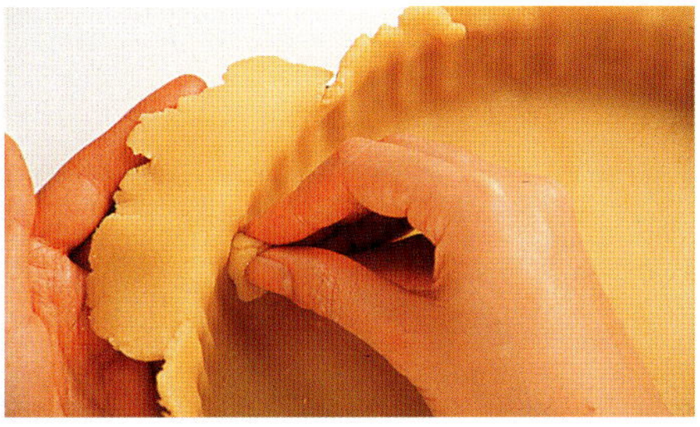

Aus den Teigresten Dekoration ausstechen und auf der Pinienfüllung auflegen.

Ricotta-Beeren-Törtchen

VORBEREITUNGSZEIT: 1 STUNDE + 1 STUNDE KÜHLZEIT | GESAMTZUBEREITUNGSZEIT: 40 MINUTEN | FÜR 6 PERSONEN

180 g Mehl Type 550
90 g gemahlene Mandelkerne
40 g Puderzucker
125 g kalte Butter, gewürfelt
1 Ei, leicht verqirlt

FÜLLUNG
200 g Ricotta
1 TL Vanilleextrakt
2 Eier
160 g feiner Zucker
125 g Sahne
60 g Himbeeren
80 g Heidelbeeren
Puderzucker zum Bestäuben

1 Mehl in eine große Schüssel sieben, gemahlene Mandelkerne und Puderzucker hinzufügen und mit der Butter zu einer krümeligen Masse verkneten. In die Mitte eine Mulde drücken, das Ei zugeben und alle Zutaten zu einem glatten Teig verrühren. Auf einer leicht bemehlten Arbeitsfläche zu einer Kugel kneten, in Frischhaltefolie wickeln und 30 Minuten kalt stellen.

2 6 tiefe Tarteförmchen mit 8 cm Durchmesser einfetten. Den Teig ausrollen und Teigkreise von etwas mehr als dem Formdurchmesser ausschneiden. Die Förmchen damit auslegen und überhängende Teigreste abschneiden. Die Teigböden mit der Gabel einstechen und 30 Minuten kalt stellen. Den Backofen auf 180 °C vorheizen.

3 Die Tarteböden mit Backpapier und Reis oder getrockneten Hülsenfrüchte beschweren und 8–10 Minuten blindbacken, dann Reis und Papier entfernen. Ricotta, Vanilleextrakt, Eier, Zucker und Sahne in der Küchenmaschine glatt rühren. Himbeeren und Heidelbeeren auf die Tarteböden verteilen und die Ricottamischung darübergeben. 25–30 Minuten backen. Die Oberfläche sollte weich sein, aber beim Berühren nicht auseinanderfallen. Abkühlen lassen und vor dem Servieren mit Puderzucker bestreuen.

Den Teig rasch zusammenkneten und zu einer Kugel formen. In Frischhaltefolie wickeln und kalt stellen.

Himbeeren und Heidelbeeren auf die Teigböden verteilen und die Ricottamischung darübergeben.

NÄHRWERTE PRO PERSON
665 kcal; 14 g Eiweiß; 42 g Fett; 62 g Kohlenhydrate; 3,5 g Ballaststoffe; 187 mg Cholesterin

Tarte Tatin

VORBEREITUNGSZEIT: 15 MINUTEN | GESAMTZUBEREITUNGSZEIT: 1 STUNDE 10 MINUTEN | FÜR 6 PERSONEN

100 g Butter
180 g Zucker
6 große, süße Äpfel, geschält, entkernt und geviertelt (siehe HINWEIS)
1 Platte fertiger Blätterteig

1 Den Backofen auf 220 °C vorheizen und eine flache, runde Kuchenform mit etwa 23 cm Durchmesser leicht einfetten. Butter in einer Pfanne zerlassen, Zucker hinzufügen und unter Rühren bei mittlerer Hitze 4–5 Minuten köcheln, bis der Zucker karamellisiert und bräunt. Weiterrühren, bis der Zucker goldbraun ist.

2 Apfelstücke in die Pfanne geben und ohne zu rühren 20–25 Minuten dünsten, bis sie goldbraun sind. Dann wenden, bis die Unterseite ebenso goldbraun ist. Wenn viel Flüssigkeit austritt, die Hitze erhöhen, bis die Flüssigkeit verdampft ist. Die Karamellmasse sollte klebrig und dickflüssig sein. Vom Herd nehmen, die Äpfel mit der Zange in die Kuchenform legen und die Karamellsauce darübergeben.

3 Den Blätterteig ausrollen, über die Apfelfüllung legen und die Teigränder mit einem Löffelstiel entlang des Formrandes einschlagen. 30–35 Minuten backen, bis der Teig durchgebacken ist. 15 Minuten abkühlen lassen und dann auf eine Kuchenplatte stürzen.

HINWEIS: *Die Kochzeit der Äpfel hängt vom Wassergehalt ab, der je nach Sorte variiert. Am besten geeignet sind süße, aber feste Sorten wie Golden Delicious, Pink Lady oder Fuji-Äpfel, weil sie beim Kochen nicht zerfallen.*

Butter und Zucker unter Rühren erhitzen, bis die Masse goldbraun ist und karamellisiert.

Den Blätterteig über die Apfelfüllung legen und die Ränder mit dem Löffel einschlagen.

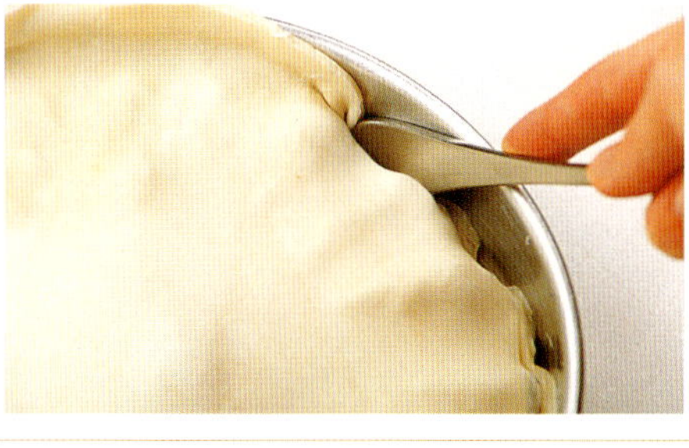

NÄHRWERTE PRO PERSON
370 kcal; 2 g Eiweiß; 20 g Fett; 47 g Kohlenhydrate; 1,5 g Ballaststoffe; 50 mg Cholesterin

Pflaumentarte mit Mandelcreme

VORBEREITUNGSZEIT: 2 STUNDEN + EINWEICHZEIT + KÜHLZEIT | ZUBEREITUNGSZEIT: 50 MINUTEN | FÜR 8–10 PERSONEN

375 g entkernte Dörrpflaumen
170 ml süßer Sherry
4 EL Johannisbeergelee

MANDEL-MÜRBETEIG
180 g Mehl Type 550
60 g gemahlene Mandelkerne
60 g feiner Zucker
125 g kalte Butter, gewürfelt
1 Eigelb
2–3 EL eiskaltes Wasser
60 g Marzipan, grob gerieben

PUDDINGCREME
3 EL Mandel-Puddingpulver
420 ml Milch
125 g saure Sahne
1 EL feiner Zucker
2 TL Vanilleextrakt

1 Dörrpflaumen in einer Schüssel 1 Stunde im Sherry einweichen, dann bei schwacher Hitze erwärmen und 10 Minuten köcheln lassen, bis die Pflaumen weich, aber noch nicht musig sind. Pflaumen mit einem Sieblöffel herausnehmen und zum Abkühlen beiseite stellen. Johannisbeergelee unter den Sherry heben und bei schwacher Hitze auflösen. Abdecken und beiseite stellen.

2 Für den Teig Mehl, gemahlene Mandelkerne und Zucker in der Küchenmaschine 15 Minuten verrühren. Butter hinzufügen und weitere 15 Sekunden krümelig rühren. Eigelb und ausreichend Wasser zugeben und zu einem glatten Teig verkneten, bei Bedarf mehr Wasser verwenden. Auf einer leicht bemehlten Arbeitsfläche zu einer Kugel kneten und 15 Minuten kalt stellen. Den Backofen auf 180 °C vorheizen und ein Backblech miterhitzen.

3 Den Teig zu einem Kreis mit etwa 23 cm Durchmesser ausrollen und eine flache Tarteform dieser Größe leicht einfetten. Die Form damit auslegen und überhängende Teigränder abschneiden. Wenn der Teig sehr weich und klebrig ist, in der Form 10 Minuten kalt stellen.

4 Den Teigboden mit Backpapier und einer Schicht Reis oder getrockneten Hülsenfrüchte beschweren, 15 Minuten kalt stellen und dann auf dem heißen Backblech 15 Minuten backen. Reis und Papier entfernen, die Backtemperatur auf 160 °C reduzieren und weitere 5 Minuten backen. Geriebenes Marzipan auf dem Teigboden verteilen und erneut 5–10 Minuten goldbraun backen. Herausnehmen und abkühlen lassen.

5 Für die Puddingcreme das Puddingpulver mit 2–3 Esslöffeln Milch glatt rühren, in einen Topf geben und Milch, saure Sahne und Zucker hinzufügen. Bei mittlerer Hitze unter ständigem Rühren 5–7 Minuten aufkochen, bis die Masse eindickt. Vanilleextrakt einrühren. (Wenn die Puddingcreme nicht gleich weiterverarbeitet wird, mit Frischhaltefolie abdecken, damit sich keine Haut bildet.)

6 Die warme Puddingcreme auf dem Teigboden verstreichen und die Dörrpflaumen daraufsetzen. Die Wein-Gelee-Mischung kurz erwärmen und vorsichtig mit dem Löffel gleichmäßig auf der Tarte verteilen. Mindestens 2 Stunden kalt stellen, bis der Pudding fest ist.

AUFBEWAHREN: *Am besten schmeckt die Tarte frisch (am gleichen Tag servieren).*

NÄHRWERTE PRO PERSON (8)
490 kcal; 7 g Eiweiß; 25 g Fett; 60 g Kohlenhydrate; 5 g Ballaststoffe; 88 mg Cholesterin

Die Pflaumen bei geringer Hitze garen, bis sie weich sind, aber nicht zerfallen.

Für den Teig die Zutaten krümelig rühren und kaltes Wasser zugeben, sodass eine glatte Masse entsteht.

Den Teigboden mit geriebenem Marzipan belegen und die warme Puddingcreme darauf verstreichen.

Leichte Bananen-Heidelbeer-Tarte

VORBEREITUNGSZEIT: 30 MINUTEN | GESAMTZUBEREITUNGSZEIT: 25 MINUTEN | FÜR 6–8 PERSONEN

175 g Mehl Type 550
1 TL Backpulver
1 TL Zimt
1 TL gemahlener Ingwer
40 g kalte Butter, gewürfelt
95 g brauner Zucker
125 ml Buttermilch
200 g Heidelbeeren
2 Bananen
2 TL Zitronensaft
1 EL Demerarazucker (körniger brauner Zucker)
Puderzucker zum Garnieren

1 Den Backofen auf 200 °C vorheizen und ein Backblech oder ein rundes Pizzablech leicht einfetten. Mehl, Backpulver und Gewürze in eine Schüssel sieben und mit Butter und Zucker zu einer krümeligen Masse verreiben. In die Mitte eine Mulde drücken und ausreichend Buttermilch zugeben, sodass beim Verrühren ein glatter Teig entsteht.

2 Den Teig auf einer bemehlten Arbeitsfläche auf einen Kreis mit etwa 23 cm Durchmesser ausrollen, auf das Backblech legen und entlang der Kante zu einem Rand einrollen.

3 Heidelbeeren auf dem Teigboden verteilen. Bananen in Scheiben schneiden, in Zitronensaft wenden auf die Heidelbeerschicht auflegen. Mit Zucker bestreuen und im Backofen 25 Minuten backen, bis der Teig bräunt. Mit Puderzucker bestreuen und warm servieren.

Mehl, Gewürze, Butter und Zucker mit den Fingerspitzen zu einer krümeligen Masse verreiben.

Den Teigkreis auf das Back- oder Pizzablech setzen und einen Rand formen.

NÄHRWERTE PRO PERSON (6)
290 kcal; 5 g Eiweiß; 6 g Fett; 55 g Kohlenhydrate; 3 g Ballaststoffe; 20 mg Cholesterin

Pfirsichtörtchen im Filoteigbecher

VORBEREITUNGSZEIT: 40 MINUTEN | GESAMTZUBEREITUNGSZEIT: 25 MINUTEN | ERGIBT 8 STÜCK

6 Blätter Filoteig
60 g zerlassene Butter
90 g Mandelsplitter
1½ TL Zimt
90 g brauner Zucker
185 ml frisch gepresster Orangensaft
4 Pfirsiche

1 Den Backofen auf 180 °C vorheizen. Jedes Filoteigblatt in 8 Quadrate schneiden, jedes Quadrat mit zerlassener Butter bestreichen und 8 große Muffinformen mit je 3 Filoteig-Quadraten versetzt auslegen.

2 Mandelsplitter mit Zimt und der Hälfte des Zuckers verrühren, die Teigböden mit der Mischung bestreuen und je 3 weitere, mit Butter bestrichene Filoteigstücken daraufschichten. 10–15 Minuten backen.

3 Inzwischen den übrigen Zucker mit dem Orangensaft in einem Topf zum Kochen bringen, die Hitze reduzieren und die Mischung köcheln lassen. Pfirsiche halbieren und in dünne Spalten schneiden, in den Topf geben und in dem Sirup wenden. 2–3 Minuten köcheln lassen, die Pfirsichstücke mit einem Sieblöffel herausnehmen, auf die Törtchen verteilen und servieren.

VARIANTE: *Statt frischen Pfirsichen können Sie auch Früchte aus der Dose verwenden.*

NÄHRWERTE PRO TÖRTCHEN
180 kcal; 2 g Eiweiß; 7 g Fett; 27 g Kohlenhydrate; 1 g Ballaststoffe; 20 mg Cholesterin

Die Filoteig-Quadrate einzeln mit zerlassener Butter bestreichen und in die Muffinförmchen schichten.

Mandelkerne, Zimt und die Hälfte des Zuckers verrühren und in die Teigböden streuen.

Orangensaft und Zucker erhitzen, Pfirsichstücke darin wenden und mit einem Sieblöffel herausnehmen.

Erdbeer-Mascarpone-Tarte

VORBEREITUNGSZEIT: 45 MINUTEN + 45 MINUTEN KÜHLZEIT | GESAMTZUBEREITUNGSZEIT: 35 MINUTEN | FÜR 6 PERSONEN

180 g Mehl Type 550
125 g kalte Butter, gewürfelt
80 ml eiskaltes Wasser

BELAG
500 g Erdbeeren, Blütenansatz entfernt, halbiert
2 TL Vanilleextrakt
50 ml Drambuie (Whiskeylikör)
60 g brauner Zucker
250 g Mascarpone
300 g Sahne
2 TL abgeriebene Schale einer Bio-Orange

NÄHRWERTE PRO PERSON
652 kcal; 9,5 g Eiweiß; 53 g Fett; 37 g Kohlenhydrate; 3 g Ballaststoffe; 162 mg Cholesterin

1 Mehl in eine große Schüssel sieben und mit der Butter zu einer krümeligen Masse verreiben. In die Mitte eine Mulde drücken, den Großteil des Wassers hinzufügen und alles zu einer glatten Masse verrühren. Bei Bedarf mehr Wasser zugeben. Den Teig auf einer bemehlten Arbeitsfläche leicht zusammenkneten.

2 Eine runde Tarteform mit etwa 23 cm Durchmesser leicht einfetten. Den Teig auf die Größe der Backform ausrollen und die Form damit auslegen. Überhängende Teigränder abschneiden und den Boden 15 Minuten kalt stellen. Den Backofen auf 200 °C vorheizen und ein Backblech darin mit erwärmen.

3 Den Teigboden mit Backpapier und Reis oder getrockneten Hülsenfrüchte beschweren und auf dem erwärmten Blech 15 Minuten blindbacken. Anschließend Reis und Papier entfernen und weitere 15–20 Minuten trocken und goldbraun backen. Vollständig abkühlen lassen.

4 Erdbeerhälften, Vanille, Likör und 1 Esslöffel Zucker in einer Schüssel verrühren. In einer weiteren Schüssel Mascarpone, Sahne, Orangenschale und den restlichen Zucker verrühren. Beides zugedeckt 30 Minuten kalt stellen, die Erdbeeren ein- oder zweimal wenden.

5 Zwei Drittel der Mascarponemischung steif schlagen und auf dem Tarteboden verstreichen. Die Flüssigkeit der Erdbeeren in eine Schüssel abgießen und die Früchte auf der Tarte verteilen. Vor dem Servieren mit Mascarpone garnieren und mit dem Saft der Erdbeeren beträufeln.

Mehl, Butter und Wasser mit einem flachen Messer zu einer Masse verrühren.

Den Teigboden mit Backkugeln oder Reis beschwert blindbacken, dann die Backkugeln entfernen.

Portugiesische Vanilletörtchen

VORBEREITUNGSZEIT: 40 MINUTEN | GESAMTZUBEREITUNGSZEIT: 40 MINUTEN | ERGIBT 12 STÜCK

150 g Mehl Type 550
25 g Kokosfett
30 g weiche Butter
250 g Zucker
500 ml Milch
3 EL Speisestärke
1 EL Vanille-Puddingpulver
4 Eigelb
1 TL Vanilleextrakt

1 Mehl in eine große Schüssel sieben und mit etwa 185 ml Wasser zu einer weichen Masse verrühren. Zusammenkneten und auf Backpapier zu einem Rechteck von etwa 24 x 30 cm ausrollen. Das weiche Kokosfett darauf verstreichen und den Teig zu einer Rolle formen.

2 Den Teig ein weiteres Mal zu einem Rechteck ausrollen und mit Butter bestreichen, erneut einrollen und in 12 gleich große Stücke schneiden. Jedes Stück mit den Fingern zu flachen Scheiben formen. 12 kleine Muffinförmchen mit etwa 80 ml Fassungsvermögen damit auslegen und in der Form kalt stellen.

3 Den Zucker in 80 ml Wasser in einem Topf erhitzen und bei schwacher Hitze rühren, bis sich der Zucker aufgelöst hat.

4 Etwas Milch mit Speisestärke und Puddingpulver vermischen, bis eine glatte, dickflüssige Masse entsteht, und diese unter die Zuckermischung rühren. Die übrige Milch, Eigelbe und Vanilleextrakt hinzufügen. Bei schwacher Hitze weiter rühren, bis die Masse eindickt. In eine Schüssel geben, zudecken und abkühlen lassen.

5 Den Backofen auf 220 °C vorheizen. Die Puddingfüllung auf die Teigböden verteilen und die Törtchen 25–30 Minuten backen, bis der Pudding fest ist und die Törtchen bräunen. Vor dem Herausnehmen in der Form abkühlen lassen.

Die Teigrolle in 12 gleich große Stücke schneiden und diese zu Kugeln rollen.

Die Kugeln mit den Fingern zu Scheiben formen und in die Muffinförmchen drücken.

NÄHRWERTE PRO TÖRTCHEN
215 kcal; 3,5 g Eiweiß; 7 g Fett; 35 g Kohlenhydrate; 0,5 g Ballaststoffe; 75 mg Cholesterin

Limetten-Heidelbeer-Tarte

VORBEREITUNGSZEIT: 30 MINUTEN + 20 MINUTEN KÜHLZEIT | GESAMTZUBEREITUNGSZEIT: 1 STUNDE | FÜR 8 PERSONEN

375 g fertiger süßer Mürbeteig
3 Eier
125 g feiner Zucker
60 ml Buttermilch
1 EL Limettensaft
2 TL abgeriebene Schale einer Bio-Limette
2 EL Vanille-Puddingpulver
250 g Heidelbeeren
Puderzucker zum Garnieren

1 Eine feuerfeste Form mit etwa 23 cm Durchmesser vorbereiten. Den Mürbeteig zwischen zwei Schichten Backpapier auf die Größe der Form ausrollen, diese damit auslegen und überhängende Teigreste abschneiden. 20 Minuten kalt stellen. Den Backofen auf 200 °C vorheizen.

2 Den Teigboden mit Backpapier und einer Schicht Backkugeln, Reis oder getrockneten Hülsenfrüchte bedecken und 10 Minuten blindbacken, dann Reis und Papier entfernen und weitere
4–5 Minuten backen, bis der Teigboden fest ist. Etwas abkühlen lassen und die Backtemperatur auf 180 °C reduzieren.

3 Für den Belag Eier und Zucker mit dem Handrührgerät steif schlagen. Anschließend Buttermilch, Limettensaft und -schale hinzufügen und das Puddingpulver darübersieben, gut verrühren und die Mischung auf dem Teigboden verteilen. 15 Minuten backen, dann die Backtemperatur auf 160 °C reduzieren und weitere 20–25 Minuten backen, bis der Belag Farbe annimmt und fest wird. Abkühlen lassen (dabei sinkt der Belag etwas in sich zusammen) und mit Heidelbeeren belegen. Vor dem Servieren mit Puderzucker bestreuen.

Den Teigboden mit Backkugeln oder Reis beschwert blindbacken.

Buttermilch, Limettensaft und -schale sowie Puddingpulver unter den Eischnee heben.

NÄHRWERTE PRO PERSON
295 kcal; 5,5 g Eiweiß; 14 g Fett; 38,5 g Kohlenhydrate; 1 g Ballaststoffe; 81,5 mg Cholesterin

Feine Maracujatarte

VORBEREITUNGSZEIT: 30 MINUTEN + 20 MINUTEN KÜHLZEIT | GESAMTZUBEREITUNGSZEIT: 45 MINUTEN | FÜR 8 PERSONEN

125 g Mehl Type 550
45 g gemahlene Mandelkerne
60 g feiner Zucker
60 g kalte Butter, gewürfelt
2–3 EL eiskaltes Wasser

BELAG
6 Eigelb
125 g feiner Zucker
185 g Maracuja-Fruchtfleisch
75 g Butter
1½ TL Gelatinepulver
125 g Sahne, geschlagen

NÄHRWERTE PRO PERSON
540 kcal; 7 g Eiweiß; 40 g Fett; 40 g Kohlenhydrate; 3 g Ballaststoffe; 240 mg Cholesterin

1 Backofen auf 180 °C vorheizen. Mehl, gemahlene Mandelkerne, Zucker und Butter in der Küchenmaschine 30 Sekunden fein krümelig rühren. Wasser zugeben und alles zu einer glatten Masse verrühren. Bei Bedarf mehr Wasser verwenden. Den Teig auf einer bemehlten Arbeitsfläche zu einer Kugel kneten.

2 Den Teig ausrollen und eine runde Tarteform mit etwa 23 cm Durchmesser damit auslegen. Teigüberhänge abschneiden und den Boden 20 Minuten kalt stellen. Mit Backpapier und Reis oder getrockneten Hülsenfrüchte bedecken und 15 Minuten backen, dann Reis und Papier entfernen und weitere 15 Minuten fest und goldgelb backen. Vollständig abkühlen lassen.

3 In einer hitzebeständigen Schüssel Eigelb und Zucker 1 Minute dickflüssig schlagen, dann das Marajuja-Fruchtfleisch unterheben. Die Schüssel in einen großen Topf mit köchelndem Wasser stellen und 15 Minuten unter stetigem Rühren erwärmen, dabei nach und nach die Butter unterheben, bis die Masse eindickt. Vom Herd nehmen und etwas abkühlen lassen.

4 Gelatinepulver in 1 Esslöffel Wasser auflösen und unter die Maracujamasse rühren. Unter gelegentlichem Rühren auf Zimmertemperatur abkühlen lassen und die geschlagene Sahne unterheben. Die Masse auf dem Teigboden verstreichen und im Kühlschrank fest werden lassen.

AUFBEWAHREN: *Die Tarte gekühlt aufbewahren und kalt servieren.*

Für den Teig die Zutaten krümelig rühren und mit dem Großteil des kalten Wassers glatt mixen.

Eigelb und Zucker verquirlen, bis eine dickflüssige Masse entsteht, und Maracuja unterrühren.

Gelatinepulver in etwas Wasser auflösen und anschließend unter die Maracujamischung heben.

Leichte Obsttörtchen

VORBEREITUNGSZEIT: 25 MINUTEN + 30 MINUTEN KÜHLZEIT | GESAMTZUBEREITUNGSZEIT: 20 MINUTEN | ERGIBT 6 STÜCK

125 g Mehl Type 550
30 g Vanille-Puddingpulver
30 g Puderzucker
40 g Butter
2 EL Magermilch
250 g Magerquark
100 g Ricotta
Erdbeeren, geputzt und halbiert; Heidelbeeren; Kiwi, geschält und in Scheiben geschnitten
3–4 EL Johannisbeergelee

1 6 flache Tarteförmchen mit etwa 7 cm Durchmesser leicht einfetten. Mehl, Puddingpulver, Puderzucker und Butter in der Küchenmaschine fein krümelig rühren und mit etwas Milch zu einem glatten Teig mixen. Den Teig zu einer Kugel formen, in Frischhaltefolie wickeln und 30 Minuten kalt stellen. Den Backofen auf 200 °C vorheizen.

2 Den Teig ausrollen, in 6 Portionen teilen und die Förmchen damit auslegen. Die Teigböden mit Backpapier und einer Schicht Reis oder getrockneten Hülsenfrüchte bedecken und 10 Minuten blindbacken, dann Reis und Papier entfernen und weitere 10 Minuten goldgelb backen. Abkühlen lassen, dann aus den Förmchen nehmen.

3 Quark und Ricotta glatt rühren, die Masse in die Tortenböden streichen und mit den Früchten belegen. Johannisbeergelee in einem kleinen Topf erwärmen, bis es flüssig ist, und über die Früchte geben.

Die Teigböden mit Backpapier abdecken und mit Reis beschwert blindbacken.

Nach 10 Minuten Reis und Papier entfernen und erneut backen, bis die Teigböden goldgelb sind.

NÄHRWERTE PRO TÖRTCHEN
165 kcal; 3,5 g Eiweiß; 8 g Fett; 20 g Kohlenhydrate; 1 g Ballaststoffe; 20 mg Cholesterin

Knusprige Pinienkerntörtchen

VORBEREITUNGSZEIT: 25 MINUTEN | GESAMTZUBEREITUNGSZEIT: 20 MINUTEN | ERGIBT 24 STÜCK

60 g Mehl Type 550
60 g kalte Butter, gewürfelt
3 EL Pinienkerne
20 g zerlassene Butter
180 g Golden Syrup (heller Zuckerrohrsirup) oder eine Mischung aus Honig und dunklem Maissirup
2 EL brauner Zucker

1 Den Backofen auf 180 °C vorheizen und zwei Muffinbleche für je 12 Mini-Muffins mit zerlassener Butter einpinseln.

2 Mehl und Butter in der Küchenmaschine 20–30 Sekunden glatt rühren und auf einer leicht bemehlten Arbeitsfläche zu einer glatten Kugel formen. Den Teig etwa 3 mm dünn ausrollen und mit einer gewellten Ausstechform Teigkreise mit etwa 5 cm Durchmesser ausstechen. Die Kreise mit einem flachen Messer von der Arbeitsplatte lösen und in die Förmchen legen. Pinienkerne auf einem Backblech verteilen und im Ofen 1–2 Minuten rösten, bis sie bräunen. Etwas abkühlen lassen und auf die Teigböden verteilen.

3 Zerlassene Butter, Sirup und Zucker verquirlen und die Mischung über die Pinientörtchen geben. 15 Minuten goldbraun backen. Anschließend in der Form 5 Minuten ruhen lassen, herausnehmen und abkühlen lassen.

NÄHRWERTE PRO TÖRTCHEN
71 kcal; 0,5 g Eiweiß; 4 g Fett; 9 g Kohlenhydrate; 0 g Ballaststoffe; 9 mg Cholesterin

Den Teig auf eine leicht bemehlte Arbeitsfläche legen und zu einer glatten Kugel kneten.

Die Pinienkerne im Backofen goldbraun rösten und auf die Teigböden verteilen.

Zerlassene Butter, Sirup und Zucker verquirlen und über die Törtchen geben.

Himbeer-Shortcake

VORBEREITUNGSZEIT: 30 MINUTEN + 50 MINUTEN KÜHLZEIT | GESAMTZUBEREITUNGSZEIT: 25 MINUTEN | FÜR 8 PERSONEN

125 g Mehl Type 550
4 EL Puderzucker
90 g kalte Butter, gewürfelt
1 Eigelb
½ TL Vanilleextrakt

BELAG
750 g frische Himbeeren
3–4 EL Puderzucker
4 EL Johannisbeergelee

NÄHRWERTE PRO PERSON (8)
245 kcal; 4 g Eiweiß; 10 g Fett; 34 g Kohlenhydrate; 6 g Ballaststoffe; 50 mg Cholesterin

1 Mehl und Puderzucker in der Küchenmaschine vermischen. Butter hinzufügen und alles 15 Sekunden zu einer krümeligen Masse rühren. Mit Eigelb, Vanille und etwas kaltem Wasser (etwa ½–1 Esslöffel) weitere 10 Sekunden verrühren, sodass ein glatter Teig entsteht. Anschließend auf einer bemehlten Arbeitsfläche verkneten und zu einer Kugel formen, in Frischhaltefolie wickeln und 30 Minuten kalt stellen.

2 Den Backofen auf 180 °C vorheizen. Den Teig ausrollen, eine eckige Tarteform mit etwa 20 cm Länge damit auslegen und überhängende Teigränder abschneiden. Den Boden mit der Gabel mehrmals einstechen und 20 Minuten kalt stellen. 15–20 Minuten goldgelb backen, aus der Form nehmen und abkühlen lassen.

3 Für den Belag 500 g Himbeeren beiseite stellen (die schöneren Früchte auswählen) und die übrigen mit dem Puderzucker zu Mus zerdrücken. Kurz vor dem Servieren den Teigboden mit dem Himbeermus bestreichen und die ganzen Früchte darauf verteilen.

4 Johannisbeergelee in einem kleinen Topf erhitzen und mit einem weichen Backpinsel daraufstreichen. Sofort servieren.

VARIATION: *Statt frischer Früchte können Sie auch 800 g tiefgefrorene Himbeeren verwenden. Über Nacht im Kühlschrank auftauen und erst unmittelbar vor dem Servieren belegen.*

Die Form auslegen und überstehende Teigränder mit dem Nudelholz abtrennen.

Für die Füllung 250 g Himbeeren mit Puderzucker zerdrücken.

Mit einem weichen Backpinsel die Himbeertarte dick mit flüssigem Johannisbeergelee bestreichen.

Birnen-Mandel-Kuchen

VORBEREITUNGSZEIT: 15 MINUTEN + 2 STUNDEN 30 MINUTEN KÜHLZEIT | GESAMTZUBEREITUNGSZEIT: 1 STUNDE 10 MINUTEN | FÜR 8 PERSONEN

150 g Mehl Type 550
90 g kalte Butter, gewürfelt
60 g feiner Zucker
2 Eigelb
1 EL eiskaltes Wasser

FÜLLUNG
165 g weiche Butter
160 g feiner Zucker
3 Eier
230 g gemahlene Mandelkerne
1½ EL Mehl
2 reife Birnen

1 Eine feuerfeste Form mit etwa 24 cm Durchmesser einfetten. Mehl, Butter und Zucker in der Küchenmaschine krümelig rühren. Eigelb und Wasser zugeben und alles zu einem glatten Teig mixen. Zu einer Kugel kneten und in Frischhaltefolie 30 Minuten kalt stellen. Den Backofen auf 180 °C vorheizen.

2 Den Teig zwischen zwei Schichten Backpapier auf die Größe der Backform ausrollen und die Form damit auslegen, überhängende Teigränder abschneiden. Den Boden mit der Gabel einige Male einstechen, mit Backpapier und einer Schicht Reis oder Hülsenfrüchten bedecken und 10 Minuten blindbacken. Dann Reis und Papier entfernen und weitere 10 Minuten backen.

3 Butter und Zucker mit dem Handrührgerät 30 Sekunden mixen, aber nicht schaumig schlagen. Eier einzeln zugeben und jeweils kurz mit dem Handrührgerät schlagen. Gemahlene Mandelkerne und Mehl unterheben und die Masse gleichmäßig auf dem Teigboden verteilen.

4 Birnen schälen, halbieren und entkernen. Die Hälften etwa 3 mm breit einschneiden, kreuzförmig auflegen und auffächern. 50 Minuten backen, bis der Belag gestockt und in der Mitte noch etwas weich ist. Den Kuchen vor dem Servieren mindestens 2 Stunden kalt stellen.

Butter, Zucker und Eier schlagen und mit Mandelkernen und Mehl verrühren.

Die Birnen der Länge nach halbieren, das Kerngehäuse entfernen und die Hälften auffächern.

NÄHRWERTE PRO PERSON
500 kcal; 7 g Eiweiß; 30 g Fett; 48 g Kohlenhydrate; 2 g Ballaststoffe; 165 mg Cholesterin

Mini-Schokoladentörtchen

VORBEREITUNGSZEIT: 30 MINUTEN + 20 MINUTEN KÜHLZEIT | GESAMTZUBEREITUNGSZEIT: 15 MINUTEN | ERGIBT 24 STÜCK

250 g Mehl Type 550
2 EL Vanille-Puddingpulver
125 g kalte Butter, gewürfelt
1 Eigelb
2–3 EL eiskaltes Wasser

FÜLLUNG
250 g Frischkäse (Zimmertemperatur)
125 g feiner Zucker
1 Ei
125 g Zartbitter-Schokolade, geschmolzen
3 EL gemahlene Mandelkerne
100 g weiße Schokolade, geschmolzen

1 Den Backofen auf 180 °C vorheizen und zwei Muffinbleche für je 12 Mini-Muffins einfetten. Mehl, Puddingpulver und Butter in der Küchenmaschine 30 Sekunden fein krümelig rühren. Dann Eigelb und den Großteil des Wassers zugeben und 20 Sekunden mixen, bis ein glatter Teig entsteht – bei Bedarf das übrige Wasser zugeben. Auf einer leicht bemehlten Arbeitsfläche zu einer Kugel kneten, in Frischhaltefolie wickeln und 20 Minuten kalt stellen.

2 Den Teig in zwei Portionen teilen, eine davon abgedeckt beiseite stellen und die andere Hälfte etwa 3 mm dünn ausrollen. 12 Teigkreise mit etwa 7 cm Durchmesser ausstechen und die Förmchen damit auslegen, die zweite Teighälfte ausrollen und ebenso verfahren. Die beiden Bleche kalt stellen und die Füllung vorbereiten.

3 Frischkäse und Zucker zu einer lockeren, cremigen Masse verrühren, dann Ei und abgekühlte, geschmolzene Zartbitterschokolade unterheben, bis eine glatte Masse entsteht. Gemahlene Mandelkerne hinzufügen. Die Mischung in die Teigböden streichen und die Törtchen 15 Minuten backen, bis die Füllung zu stocken beginnt – sie wird beim Abkühlen noch fester. Die Törtchen aus der Form nehmen und abkühlen lassen. Anschließend mit weißer Schokolade beträufeln und fest werden lassen.

NÄHRWERTE PRO TÖRTCHEN
200 kcal; 3 g Eiweiß; 12 g Fett; 20 g Kohlenhydrate; 1 g Ballaststoffe; 40 mg Cholesterin

Mit einer gewellten Ausstechform Teigkreise ausstechen und die Muffinförmchen damit auslegen.

Schokoladefüllung mit einem Löffel in die Muffinböden setzen und backen, bis die Füllung fest wird.

Dattel-Mascarpone-Tarte

VORBEREITUNGSZEIT: 50 MINUTEN + 25 MINUTEN KÜHLZEIT | GESAMTZUBEREITUNGSZEIT: 45 MINUTEN | FÜR 6–8 PERSONEN

90 g Reismehl
60 g Mehl Type 550
2 EL Puderzucker
25 g Kokosflocken
100 g Marzipan, grob gerieben
100 g kalte Butter, gewürfelt

BELAG
200 g frische Datteln, entkernt
2 Eier
2 TL Vanille-Puddingpulver
125 g Mascarpone
2 EL feiner Zucker
80 g Sahne
2 EL Mandelblättchen
Puderzucker zum Bestreuen

NÄHRWERTE PRO PERSON (8)
450 kcal; 7 g Eiweiß; 27 g Fett; 50 g Kohlenhydrate; 4 g Ballaststoffe; 106 mg Cholesterin

1 Den Backofen auf 180 °C vorheizen und eine flache Tarteform von 35 x 10 cm einfetten.

2 Reis- und Weizenmehl, Puderzucker, Kokosflocken und Marzipan in der Küchenmaschine 10 Sekunden verrühren. Butter hinzufügen und 10–20 Sekunden (nicht zu lange) zu einem krümeligen Teig mixen, der beim Verreiben mit den Fingern leicht zusammenhält. Auf einer leicht bemehlten Arbeitsfläche zu einer Kugel formen und in Frischhaltefolie gewickelt 15 Minuten kalt stellen.

3 Datteln der Länge nach vierteln. Den Teig auf die Größe der Backform ausrollen, die Form damit auslegen und überstehende Teigreste abschneiden. Erneut 5–10 Minuten kalt stellen, dann den Teigboden mit Backpapier und einer Schicht Reis oder getrockneten Hülsenfrüchte belegen, die Form auf ein Backblech stellen und den Boden 10 Minuten blindbacken. Reis und Backpapier entfernen und weitere 5 Minuten goldgelb backen, dann abkühlen lassen.

4 Den Teigboden mit Dattelstücken belegen. Eier, Puddingpulver, Mascarpone, Zucker und Sahne glatt rühren, die Creme über die Datteln geben und Mandelblättchen darauf verteilen. 25–30 Minuten backen, bis der Rand goldbraun ist und der Belag fest wird. Mit Puderzucker bestäuben und warm servieren.

Zutaten mixen, bis ein krümeliger Teig entsteht, der mit den Fingern verrieben leicht zusammenhält.

Die Tarteform auslegen und Teigüberhänge mit dem Nudelholz oder einem Messer abtrennen.

Den Teigboden mit Dattelstücken belegen und die Puddingcreme darauf verteilen.

Mini-Zitronentörtchen

VORBEREITUNGSZEIT: 40 MINUTEN + 10 MINUTEN KÜHLZEIT | GESAMTZUBEREITUNGSZEIT: 20 MINUTEN | ERGIBT 24

250 g Mehl Type 550
125 g kalte Butter, gewürfelt
2 TL feiner Zucker
1 TL abgeriebene Schale einer Bio-Zitrone
1 Eigelb
2–3 EL eiskaltes Wasser

FÜLLUNG
125 g weicher Frischkäse
125 g feiner Zucker
2 Eigelb
2 EL Zitronensaft
125 ml Kondensmilch (gesüßt)
Puderzucker zum Bestreuen

1 Den Backofen auf 180 °C vorheizen und ein Muffinblech für 12 Mini-Muffins leicht einfetten.

2 Mehl in eine Schüssel sieben und mit der Butter zu einer krümeligen Masse verreiben. Zucker, Zitronenschale, Eigelb und Wasser hinzufügen und mit einem flachen Messer zu einem glatten Teig verrühren. Auf einer leicht bemehlten Arbeitsfläche zu einer Kugel formen, in Frischhaltefolie wickeln und 10 Minuten kalt stellen.

3 Frischkäse, Zucker und Eigelb schaumig schlagen, Zitronensaft und Kondensmilch hinzufügen und glatt rühren.

4 Den Teig zwischen Backpapier etwa 3 mm dünn ausrollen. Mit einer gewellten Ausstechform Teigkreise mit etwa 7 cm Durchmesser ausschneiden und die Förmchen damit auslegen. Die Teigböden mit der Gabel mehrmals einstechen und 10 Minuten backen, bis sie leicht bräunen. Mit je 2 Teelöffeln Zitronenmasse füllen und weitere 8–10 Minuten backen, bis die Füllung fest wird. Etwas abkühlen lassen, aus der Form lösen und vor dem Servieren mit Puderzucker bestreuen.

Mehl und Butter mit den Fingern gleichmäßig zu einer krümeligen Masse verreiben.

Die Teigböden vor dem Backen mit der Gabel mehrmals einstechen, damit sie nicht aufgehen.

NÄHRWERTE PRO TÖRTCHEN
146 kcal; 3 g Eiweiß; 7 g Fett; 18 g Kohlenhydrate; 0,5 g Ballaststoffe; 41 mg Cholesterin

Orangen-Macadamia-Törtchen

VORBEREITUNGSZEIT: 40 MINUTEN + 15 MINUTEN KÜHLZEIT | GESAMTZUBEREITUNGSZEIT: 55 MINUTEN | ERGIBT 6 STÜCK

185 g Mehl Type 550
100 g Butter
3–4 EL eiskaltes Wasser

FÜLLUNG
240 g Macadamianusskerne
3 EL brauner Zucker
2 EL heller Maissirup
20 g zerlassene Butter
1 Ei, leicht verqirlt
2 TL abgeriebene Schale einer Bio-Orange
1 Prise Salz
Puderzucker zum Bestreuen

1 Den Backofen auf 180 °C vorheizen. Die Nusskerne auf einem Backblech verteilen und 8 Minuten goldbraun rösten. Abkühlen lassen.

2 Mehl und Butter in der Küchenmaschine 15 Sekunden krümelig rühren, den Großteil des Wassers zugeben und kurz mixen, bis ein glatter Teig entsteht. Bei Bedarf mehr Wasser zugeben. Den Teig auf einer leicht bemehlten Arbeitsfläche zu einer Kugel kneten und in 6 Portionen teilen. Jede davon zu einem Teigkreis mit etwa 8 cm Durchmesser ausrollen und kleine, gewellte Tarteförmchen dieser Größe damit auslegen. In den Förmchen 15 Minuten kalt stellen.

3 Die Teigböden mit Backpapier und Reis oder getrockneten Hülsenfrüchte beschweren und 15 Minuten blindbacken, dann Reis und Papier entfernen und weitere 10 Minuten fest und goldbraun backen. Vollständig abkühlen lassen.

4 Die Nusskerne in die Teigschälchen füllen. Zucker, Maissirup, Butter, Ei, Orangenschale und Salz verquirlen und die Törtchen damit bedecken. 20 Minuten backen, bis die Ränder goldbraun sind und die Sirupmasse fest ist. Vor dem Servieren mit Puderzucker bestäuben.

NÄHRWERTE PRO TÖRTCHEN
560 kcal; 7 g Eiweiß; 43 g Fett; 40 g Kohlenhydrate; 3 g Ballaststoffe; 80 mg Cholesterin

Die Macadamianusskerne auf ein Backblech geben und im Backofen goldbraun rösten.

Die Nusskerne in die Teigschälchen füllen und mit die Sirupmasse darübergeben.

Sommerbeeren-Tarte

VORBEREITUNGSZEIT: 35 MINUTEN + 20 MINUTEN KÜHLZEIT | GESAMTZUBEREITUNGSZEIT: 35 MINUTEN | FÜR 4–6 PERSONEN

125 g Mehl Type 550
90 g kalte Butter, gewürfelt
2 EL Puderzucker
1–2 EL eiskaltes Wasser

BELAG
3 Eigelb
2 EL feiner Zucker
2 EL Speisestärke
250 ml Milch
1 TL Vanilleextrakt
250 g Erdbeeren, geputzt und halbiert
125 g Heidelbeeren
125 g Himbeeren
1–2 EL Johannisbeergelee

1 Mehl, Butter und Puderzucker in der Küchenmaschine 15 Sekunden krümelig rühren. Wasser zugeben und mixen, bis ein glatter Teig entsteht. Auf einer leicht bemehlten Arbeitsfläche rasch zu einer Kugel kneten, ausrollen und eine Tarteform mit 20 cm Durchmesser damit auslegen. Überstehenden Teig abschneiden. 20 Minuten kalt stellen und den Backofen auf 180 °C vorheizen.

2 Den Teig mit Backpapier und einer Schicht Reis oder getrockneten Hülsenfrüchte bedecken und 15 Minuten blindbacken. Reis und Papier entfernen und weitere 15 Minuten goldgelb backen.

3 Eigelbe mit Zucker und Speisestärke steif schlagen. Milch in einem kleinen Topf erhitzen, bis sie fast kocht, und unter ständigem Rühren über den Eischnee geben. Die Eiermischung in den Topf füllen und bei schwacher Hitze 3 Minuten unter Rühren langsam aufkochen, bis die Creme eindickt. Vom Herd nehmen und Vanilleextrakt einrühren. Mit Frischhaltefolie dicht verschließen, damit sich keine Haut bildet.

4 Die Creme auf dem Teigboden verteilen und mit den Beeren belegen. Anschließend Johannisbeergelee erhitzen und die Beeren mit dem flüssigen Gelee bestreichen.

Die Creme in eine Schüssel füllen und die Oberfläche mit Folie abdecken, damit sich keine Haut bildet.

Johannisbeergelee vorsichtig erwärmen und die Beeren mit dem flüssigen Gelee bestreichen.

NÄHRWERTE PRO PERSON (6)
315 kcal; 6 g Eiweiß; 17 g Fett; 36 g Kohlenhydrate; 2 g Ballaststoffe; 133 mg Cholesterin

Leichte Maracujatarte

VORBEREITUNGSZEIT: 25 MINUTEN + 30 MINUTEN KÜHLZEIT | GESAMTZUBEREITUNGSZEIT: 1 STUNDE | FÜR 8 PERSONEN

90 g Mehl Type 550
2 EL Puderzucker
2 EL Vanille-Puddingpulver
30 g kalte Butter, gewürfelt
3 EL Kondensmilch

BELAG
125 g Ricotta
1 TL Vanilleextrakt
30 g Puderzucker
2 Eier, leicht verqirlt
4 EL Maracuja-Fruchtfleisch
(etwa 8 Früchte)
185 ml fettarme Kondensmilch
Puderzucker zum Bestreuen

1 Backofen auf 200 °C vorheizen und eine Tarteform mit 23 cm Durchmesser leicht einfetten.

2 Mehl, Puderzucker und Puddingpulver in eine Schüssel sieben und mit der Butter zu ein-einer krümeligen Masse verreiben. Ausreichend Kondensmilch hinzufügen, sodass ein geschmeidiger Teig entsteht. Auf einer leicht bemehlten Arbeitsfläche locker zusammenkneten, zu einer Kugel formen und in Frischhaltefolie gewickelt 15 Minuten kalt stellen.

3 Den Teig auf die Größe der Form ausrollen, die Form damit auslegen und Teigüberhänge abschneiden. In der Form 15 Minuten kalt stellen. Mit Backpapier und einer Schicht Reis beschweren und 10 Minuten blindbacken, dann Reis und Papier entfernen und weitere 5–8 Minuten goldgelb backen. Abkühlen lassen; die Backtemperatur auf 160 °C reduzieren.

4 Ricotta, Vanille und Puderzucker glatt rühren und mit Eiern, Maracuja und Kondensmilch mischen. Die Form auf ein Backblech stellen und den Belag in den Teigboden geben. 40 Minuten backen, abkühlen lassen und vor dem Servieren mit Puderzucker bestäuben.

Ricotta mit Vanille und Zucker glatt rühren, anschließend Maracuja und Milch hinzufügen.

Die Form auf ein Backblech stellen, damit nichts ausläuft, und vorsichtig den Belag hineingeben.

NÄHRWERTE PRO PERSON
180 kcal; 8 g Eiweiß; 6,5 g Fett; 25 g Kohlenhydrate; 3 g Ballaststoffe; 65 mg Cholesterin

Grundlagen

Damit der Teig gelingt

Was bedeutet „mit Butter verreiben"? Wie legt man eine Kuchenform mit Teig aus? Warum sollten manche Teigböden vor dem Belegen blindgebacken werden? Was kompliziert klingt, muss nicht schwierig sein. Hier finden Sie einige Tipps, bevor Sie loslegen.

Die richtige Masse

Die meisten Grundteige in diesem Buch können Sie entweder selbst zubereiten, oder Sie können ein Fertigprodukt verwenden. Häufig schlagen wir die Zubereitung vor, weil die Pasteten so am besten schmecken. Alle Gerichte in diesem Buch gehen von einigen wenigen Grundrezepten aus. Anfänger nehmen sich am besten zunächst Rezepte mit einfachen Grundteigen wie etwa Mürbeteig vor, während Blätterteig mehr Geschick erfordert und auch nicht immer gleichmäßig bäckt. Während sich für manche Teige Butter am besten eignet, ist es bei anderen Olivenöl oder Schmalz. Manchen Mürbeteigen verleiht etwas Zucker oder Ei die besondere Note, besonders bei Süßspeisen – auch wenn es mit Fertig-Mürbeteig ebenfalls funktioniert.

Die richtigen Zutaten

Die meisten Teige bestehen aus Mehl und der halben Gewichtsmenge Fett und werden mit etwas Flüssigkeit gebunden.

Mehl Am häufigsten wird (Weizen-)Mehl Type 550 verwendet. Für einen etwas kräftigeren Geschmack mischen Sie Vollkornmehl mit Mehl Type 550. Sie sollten Mehl immer luftdicht verschlossen lagern.

Fett In den meisten Rezepten kommt Butter zum Einsatz. Sie verleiht dem Teig seine goldgelbe Farbe und sollte auch wegen ihres Geschmacks nicht durch Margarine ersetzt werden. Für besonders lockere Teige wird oft Schmalz oder eine Mischung aus Butter und Schmalz oder Kokosfett empfohlen. Beides wird meist gekühlt und in Stückchen geschnitten verarbeitet, weil sich das Fett so leichter mit dem Mehl verbindet und der Teig geschmeidiger bleibt. Für manche Rezepte, etwa bei der Spinat-Pie, ist Olivenöl am besten geeignet, weil es dem Teig eine besondere Konsistenz verleiht.

Salz Salz verleiht sowohl süßen als auch pikanten Teigen mehr Geschmack.

Zucker Bei süßen Rezepten, vor allem Mürbeteigen, sollten Sie feinen Zucker verwenden, weil er sich besser verbindet.

Flüssigkeit Die meisten Teige werden mit kaltem Wasser gebunden, manche werden mit einem Ei oder Eigelb verfeinert. Oft werden Sie nur ungefähre Mengenangaben finden – die notwendige Menge hängt auch von der Mehlsorte, der Zimmertemperatur und der Luftfeuchtigkeit ab. Geben Sie Flüssigkeit immer nach und nach zu und verrühren Sie sie gleich, bis der Teig feucht genug ist, dass er beim Reiben mit den Fingern bindet.

Das richtige Werkzeug

Küchenmaschine Für die meisten Rezepte ist sie nicht nötig, erleichtert aber die Arbeit, etwa weil Sie die Masse nicht mit den Fingern verreiben müssen und sie daher kühl bleibt. Oft ist es günstig, nur Mehl und Butter in der Küchenmaschine zu vermischen und anschließend alles mit den Händen zu einem Teig zu verkneten.

Arbeitsplatte Auch wenn es nicht notwendig ist: Profis bevorzugen eine Arbeitsfläche aus Marmor, weil sie kühl bleibt und gut abwaschbar ist. Alternativ können Sie ein Blech mit kaltem Wasser auf Ihre Arbeitsfläche stellen, um sie zu kühlen, bevor Sie den Teig darauf ausrollen.

Nudelholz Es gehört zur Grundausstattung jeder Küche und ist traditionell aus Holz, aber auch in Marmor, Kunststoff oder rostfreiem Stahl erhältlich. Bestreuen Sie es vor dem Ausrollen mit etwas Mehl, damit es nicht klebt. Das Nudelholz ist auch nützlich, um einen Teigboden in die Form zu legen oder überhängende Teigreste abzutrennen.

Backpapier Rollen Sie Teig am besten zwischen zwei Schichten Backpapier aus, nehmen Sie dann das obere Blatt ab und kippen Sie den ausgerollten Teig auf dem Backpapier in die Form. Backpapier wird auch untergelegt, wenn Sie einen Teig zum Vorbacken mit Backkugeln, Reis oder Hülsenfrüchten beschweren.

Backkugeln Sie sind wiederverwendbar und werden zum Beschweren eines Teiges beim Blindbacken eingesetzt. Erhältlich sind sie im gut sortierten Fachhandel. Sie können sie aber durch eine Portion ungekochten Reis oder getrocknete Hülsenfrüchte, die Sie zu diesem Zweck gesondert aufbewahren, ersetzen.

Ausstecher Es gibt sie in allen Größen und Formen. Runde Ausstecher werden verwendet, um Teigböden und -deckel für kleine Törtchen und Pasteten auszuschneiden, andere für Dekoration. Tauchen Sie sie in etwas Mehl, damit der Teig nicht daran klebt. Ein umgedrehtes Trinkglas ist eine gute Alternative, wenn kein Ausstecher zur Hand ist.

Kuchen- und Tarteformen sind in vielen Ausführungen erhältlich. Für die Rezepte in diesem Buch haben wir Formen aus Blech, Glas und Keramik getestet. Am knusprigsten werden die Teigböden in den Blechformen.

Backpinsel zum Bestreichen Mit etwas Ei bestrichen, wird der Teig knuspriger und erhält eine schönere Farbe. Teigränder werden mit Milch oder Ei bestrichen, damit sie haften. Nur wenig Flüssigkeit verwenden, damit der Teig sich nicht vollsaugt.

Einige Tipps

1 Teigmassen sollten nie zu warm werden. Die Küche und die Arbeitsfläche sollten daher kühl sein. Im Sommer kühlen Sie die Arbeitsfläche am besten mit einem Blech voll kaltem Wasser, bevor Sie den Teig kneten oder ausrollen. Auch die Zutaten sollten so kühl wie möglich verarbeitet werden.

2 Auch Ihre Körpertemperatur wärmt den Teig an, daher sollten Sie ihn so wenig wie möglich mit den Händen bearbeiten. Kühlen Sie die Hände mit kaltem Wasser und verarbeiten Sie den Teig immer so rasch wie möglich – so bleibt er locker und wird nicht klebrig.

3 Je nach Mehlsorte variiert der Flüssigkeitsgehalt des Teigs. Arbeiten Sie deshalb bei der Zubereitung Flüssigkeit immer nach und nach unter und verreiben Sie etwas Teig zwischen den Fingern. Wenn er bindet, enthält er genug Flüssigkeit. Zu krümelige Teige lassen sich schwer in der Form verteilen, zu feuchte Teige fallen beim Backen zusammen.

4 Wickeln Sie den Teig in Frischhaltefolie und stellen Sie ihn 20–30 Minuten kalt, bevor Sie ihn verarbeiten. Im Sommer oder bei Hitze kühlen Sie ihn etwas länger.

5 Ausrollen lässt sich der Teig am besten zwischen zwei Schichten Backpapier.

6 Kuchen mit Boden gelingen am besten auf einem heißen Backblech. Erwärmen Sie deshalb ein Backblech mit, wenn Sie den Backofen vorheizen.

7 Die meisten Teige halten sich 2 Tage im Kühlschrank oder tiefgefroren bis zu 3 Monaten. Wickeln Sie den Teig in Frischhaltefolie und beschriften Sie ihn. Tauen Sie ihn auf einem Backgitter auf, damit von allen Seiten Luft dazukommt.

8 Am besten backen Sie Kuchen und Pasteten im vorgeheizten Backofen. Die Backtemperatur sollte schon erreicht sein. Hier ist ein Ofenthermometer praktisch.

9 Die meisten fertig gebackenen Pies und Tartes können tiefgefroren werden, wenn der Teig nicht schon gefroren war. Cremes und Füllungen mit Ei sollte man nicht einfrieren. Tiefgefrorenen Kuchen tauen Sie am besten bei niedriger Temperatur im Backofen auf.

10 Um zu prüfen, ob ein Kuchen durchgebacken ist, stecken Sie einen Holz- oder Grillspieß in die Mitte des Kuchens. Haftet beim Herausziehen Teig daran oder ist der Spieß kalt, muss der Kuchen länger backen.

Fertigprodukte

Wenn es schnell gehen soll, gibt es eine Reihe von tiefgefrorenen oder gekühlten Teigprodukten im Supermarkt. Filoteige sind oft als dünne Blätter, Blätter- und Mürbeteige als Rollen oder im Stück erhältlich. Wenn Sie in den Rezepten Angaben wie „2 Platten Blätterteig“ oder „250 g Mürbeteig“ finden, muss der Teig hierfür schon aufgetaut sein. Tiefgefrorene Teigblöcke sollten 2 Stunden vor Gebrauch aufgetaut werden, dünne Blätter brauchen bei Zimmertemperatur meist nur 5–10 Minuten.

Die Form auslegen

Den Teig zwischen zwei Schichten Backpapier oder auf einer leicht bemehlten Arbeitsfläche ausrollen. Rollen Sie immer von der Mitte nach außen und sternförmig anstatt vor und zurück. Wenn Sie Backpapier verwenden, nehmen Sie anschließend das obere Blatt ab, stürzen den Teig auf dem unteren Papier in die Form und ziehen dann das zweite Blatt ab. Achten Sie darauf, die Form genau auszulegen, da sich der Teig nachher nicht mehr zurechtschieben lässt, und drücken Sie den Teig an Boden und Rändern fest, damit er nicht bricht. An den Seiten der Form kann der Teig mit einer kleinen Teigkugel festgedrückt werden. Überhängende Teigränder können Sie mit einem kleinen, scharfen Messer abtrennen oder indem Sie mit dem Nudelholz über die Formränder rollen. Legen Sie die Form immer großzügig aus, da die Masse beim Backen etwas einsinkt. Den Teigboden in der Form 20 Minuten kalt stellen – er wird fester und sinkt beim Backen weniger zusammen.

Blindbacken

Bei Kuchen mit flüssigem Belag wird der Boden meist vorgebacken, damit der Teig sich nicht vollsaugt.

Dabei muss der Teig beschwert werden, damit er nicht aufgeht. Bedecken Sie Boden und Rand dicht mit Backpapier und füllen Sie Backkugeln, Reis oder getrocknete Hülsenfürchte hinein. Die angegebene Zeit (meist 10 Minuten) vorbacken, dann Papier und Backkugeln entfernen. Backkugeln können wiederverwendet, Reis oder Hülsenfrüchte in einem eigenen Behälter aufbewahrt und erneut zum Backen verwendet (aber nicht mehr gekocht) werden. Wenn Backkugeln und Papier entfernt wurden, den Teig je nach Rezept weitere 10–15 Minuten backen, bis der Teigboden fest ist. Vor dem Belegen vollständig abkühlen lassen.

Gekochte oder erwärmte Füllungen sollten ebenfalls auskühlen, bevor sie auf dem Teigboden verteilt werden, da eine heiße Masse den kühlen Teigboden ebenfalls aufweicht.

Register

Register

T

U

V

W

Z

DORLING KINDERSLEY
London, New York, Melbourne, München und Delhi

Verlagsleitung Juliet Rogers
Verleger Kay Scarlett

Projektbetreuung Kristin Buesing
Lektorat Glenda Downing
Konzept Layout Heather Menzies
Gestaltung Heather Menzies und Jaqueline Richards
Fotografie Valerie Martin
Food Styling Mary Harris
Rezeptzubereitung Jo Glynn
Text der Einleitung Leanne Kitchen
Produktionsbetreuung Liz Malcolm

Für die deutsche Ausgabe
Programmleitung Monika Schlitzer
Projektbetreuung Elke Homburg
Herstellungsleitung Dorothee Whittaker
Herstellung Mareike Hutsky

Bibliografische Information Der Deutschen Bibliothek
Die Deutsche Bibliothek verzeichnet diese Publikation
in der Deutschen Nationalbibliografie;
detaillierte bibliografische Daten sind im Internet
über http://dnb.ddb.de abrufbar.

Titel der englischen Originalausgabe:
HOMESTYLE PIES + TARTS

Produktion Print Company Verlagsges. m.b.H., Wien
Übersetzung für Print Company Susanne Müller, Wien
Lektorat für Print Company Bettina Snowdon, Hamburg

ISBN 978-3-8310-1976-2

Printed by I-Book Printing LTD in China

Besuchen Sie uns im Internet
www.dorlingkindersley.de